图书在版编目（ＣＩＰ）数据

大陈岛备忘录 / 台州市椒江区政协文化文史和学习
委员会编 . -- 北京：九州出版社，2020.9
　　ISBN 978-7-5108-9522-7

　　Ⅰ . ①大… Ⅱ . ①台… Ⅲ . ①岛 – 地方史 – 椒江区
Ⅳ . ①K295.55

中国版本图书馆 CIP 数据核字（2020）第 172257 号

大陈岛备忘录

作　　者	台州市椒江区政协文化文史和学习委员会　编	
责任编辑	姬登杰	
出版发行	九州出版社	
地　　址	北京市西城区阜外大街甲 35 号（100037）	
发行电话	（010）68992190/3/5/6	
网　　址	www.jiuzhoupress.com	
印　　刷	杭州富春印务有限公司	
开　　本	880 毫米×1230 毫米　　32 开	
印　　张	12.25	
字　　数	286 千字	
版　　次	2020 年 9 月第 1 版	
印　　次	2020 年 9 月第 1 次印刷	
书　　号	ISBN 978-7-5108-9522-7	
定　　价	45.00 元	

目　录

队员和老垦荒队员后代回信，高度赞扬"艰苦创业、奋发图强、无私奉献、开拓创新"的大陈岛垦荒精神，作出"大陈岛开发建设大有可为"的重要指示和建设"小康的大陈、现代化的大陈"的深情嘱托。在2019年1月3日召开的中共台州市五届三次代表大会上，大陈岛垦荒精神上升为新时代台州城市精神。孕育于大陈岛这片热土的垦荒精神，其底色就是革命精神、奋斗精神和奉献精神，与"红船精神"是一脉相承、高度契合的，始终感召着台州人民砥砺前行：它是忠诚担当的情怀，体现了对党和人民的无限忠诚，对事业发展的勇毅担当；它是战天斗地的豪迈，诠释了顽强拼搏的意志，彰显了"敢叫日月换新天"的气概；它是穿越时空的力量，始终激励着一代又一代台州儿女艰苦奋斗、奋发图强、无私奉献、开拓创新。

新时代的大陈岛，走上了创新发展、协调发展、绿色发展、开放发展、共享发展的快车道，向着打造"现代化海岛建设示范区"和中国红色旅游第一岛、海峡两岸交流合作示范岛、零排放生态美丽岛、现代化数字智慧岛、幸福宜居平安岛"一区五岛"的目标高歌猛进，"东海明珠"正闪耀出更加夺目的光芒！

一座岛屿，因为有了记忆，才有了完整的生命历史；阅读一座岛屿的记事，不仅仅是在作一次简单的回眸，更多的是让人们在为多样而精彩的历史概叹的同时，倾听一个时代的铿锵足音，感悟一个民族的不朽精神。

新石器时代晚期

在下大陈岛浪通门等处,曾出土石斧、石镰、石锛、石凿、石网坠等新石器时代晚期的劳动工具和夹炭陶片、夹粗沙陶片等文物,可证先民早在新石器时代就在此从事渔猎和耕作。

夏 商 周

为于越地。大禹第五世夏少康封庶子无余于会稽,号为于越。自夏历商至周,大陈岛皆属于越国。

周成王年间(约前1042—前1021) 于越民以海蛤、蝉蛇、文蜃及鱼皮之鞞、吴鲗之酱、鲛鲋利剑进贡周王室。

据传,徐国第三十二代国君徐偃王(前992—前926)于周穆王时期(前976—前922在位)联合淮夷三十六国西进反周,周穆王"畏其方炽,乃分东方诸侯命徐偃王主之"。后来,周穆王命造父联合楚王攻徐,徐偃王主张仁义不肯战,遂败逃,数万百姓感其义而随之。

案:宋陈耆卿《嘉定赤城志》载:"徐偃王故城,在(黄岩)县东南三十里大唐岭东。外城周十里,内城周五里……城上有高木可数十围,故老云即徐偃王城。城东有偃王庙、碑、墓。"又载:"徐偃王墓,在(黄岩)县东南二十五里胜果寺后院山,有土砖台址及石笋尚在。"又载:"徐偃王庙,在(黄岩)县东南二十五里,旧传庙前地尝产六芝。"徐偃王败逃何处,历来众说纷纭。《郡国志》《太平寰宇记》《大明一统志》等谓南逃浙江至于海隅,《嘉定赤城志》则记载南逃至黄岩境内,在大唐岭东建城(徐偃王城),死后葬在徐山。今浙江温岭市大溪镇大唐岭留有徐偃王城遗址。

西 汉

汉王元年（前206）　各地起兵反对暴秦，勾践后裔瓯越君长摇、闽越君长无诸率兵相助。及攻入咸阳，项羽自立为西楚霸王，分封汉王刘邦等18个诸侯王，独不封摇、无诸为王。故至楚汉相争时，摇、无诸乃率兵佐汉击楚。

高祖五年（前202）　二月，刘邦统一全国，在定陶（今属山东曹县）称帝，定国号为汉。后迁都长安（今陕西西安），史称西汉。因佐汉有功，无诸被封为闽越王，王闽中故地；摇被封为海阳齐信侯。大陈岛属闽越国。

高祖十二年（前195）　刘邦在清灭臧荼、张敖、彭越、韩信、卢绾、英布等异姓诸王后，复废闽越、东瓯诸王，并杀白马誓盟："非刘姓而王者，天下共击之；若无功上所不置而侯者，天下共诛之。"

惠帝三年（前192）　皇太后吕雉临朝称制，举高祖时佐汉击楚之功，复立无诸为闽越王，晋摇为东海王，都东瓯（今温岭大溪唐岭），故又称东瓯王。大陈岛属东瓯国。

景帝三年（前154）　二月，吴王刘濞以诛权臣晁错为名起兵，吴国举兵响应，东瓯国亦派兵相助，史称"吴楚之乱"或"七国之乱"。刘濞被汉将军周亚夫击败后投奔东瓯，东瓯王杀濞向朝廷折罪，刘濞之子子驹逃亡至闽越。

武帝建元三年（前138）　子驹怨东瓯杀其父，劝闽越攻击东瓯。闽越国发兵围攻东瓯都城，东海王求助于汉朝廷，汉武帝派遣大

将卫青至会稽,指挥中大夫庄助(严助)领兵从海道往救,汉兵未至而闽越兵退。《宋书》卷三十六《州郡志二》云:"徙其民于江淮间,虚其地。后有遁逃山谷者频出,立为冶县,属会稽。司马彪云,章安是古冶,然则临海亦冶地也。"

建元六年(前135) 朝廷封余善为东越王,尽占闽越之地,建闽北乌坂、大潭、崇安、汉阳、临江等六城,并于龙头山麓(今属莆田涵江)建造行宫。大陈岛属东越国。

元鼎二年(前115) 朝廷置会稽郡东部都尉于鄞县回浦乡(今台州椒江章安),主要负责"通烽火、备盗贼",兼管地方民政事务。其管辖范围很大,历史上曾有"东南一尉、西北一侯"(扬雄《解嘲》)之称。东部都尉设有"司东鳀事者",《后汉书·东夷传》:"会稽海外有东鳀人,分为二十余国。"东鳀即后夷洲今台湾,这是中国最早设立的涉及台湾事务机构。至汉献帝时(189—220),东部都尉尚在章安。大陈岛在其管辖范围。

元鼎五年(前112) 南越国起兵反汉,东越王余善请以卒八千人从楼船将军击之。次年秋,余善闻楼船欲诛之,遂反,并刻"武帝"玉玺自立。汉武帝遣横海将军韩说率兵由句章(今宁波余姚)从海道出兵讨伐,越衍侯吴阳、繇王居股等杀余善。汉武帝以东越狭多阻,闽越民强悍,数度反汉,遂虚其地,徙民处江淮之间。

元封元年(前110) 于东越国濒海之旧地置回浦乡,属鄞县。大陈岛在其管辖范围。

昭帝始元二年(前85) 以鄞县回浦乡置回浦县,县治回浦(今属台州市椒江区),属会稽郡,隶扬州。回浦县辖境大致包括今台州、温州全境和宁波、丽水部分地区及福建北部地区,地广千里。此为台州建县之始,大陈岛在其管辖范围。

成帝阳朔元年(前24) 会稽郡东部都尉自回浦迁鄞县,旋移句章;后又迁归回浦故地。

案:越失其国,人民四散,滨于江南海上。秦汉时期的东越、瓯越、闽越等百越小方国,都与越国有着极深的渊源。越人与东瓯土著同化后,一起农耕、渔猎、冶炼、制陶、纺织……创造了灿烂的台州文明。据《台州金石志》记载,章安曾出土西汉昭帝"元平元年(前74)""永光元年(前43)八月十"、东汉安帝"永宁元年(120)"及桓帝"延熹四年(161)"等字样的残砖,砖文笔法浑古。

关于回浦设县时间,主要有昭帝始元二年(前85)和武帝末年(即建元三年,前138年)两种说法。明嘉靖《浙江通志》、民国《台州府志》、民国《临海县志》及新编《台州地区志》《台州市志》《椒江市志》《椒江区志》《临海县志》等均持昭帝始元二年说;然《汉书·地理志》《后汉书·郡国志》《晋书·地理志》《宋书·州郡志》《两唐书·地理志》《宋史·地理志》《元史·地理志》《明史·地理志》《清史稿·地理志》等历代正史和《元和郡县图志》《太平寰宇记》《太平御览》《大明一统志》《大清一统志》等全国性地理总志,均持武帝末年说。章安也曾出土"建元三……"字样残砖。两说设县时间相差53年,以何为是,于此存疑。

会稽王太平元年(256)　太常博士、辞赋名家成公绥任章安县令,曾登章安赤栏桥,临风凭眺作《云赋》,登长嘉屿作《啸赋》等,后又把办公场所移到桥亭之中。《临海记》云:"章安县有赤栏桥,世传成公绥作县,此桥上作厅事。"其所作《隶书体》是中国书法史上第一篇研究隶书的理论文章。

太平二年(257)　析会稽郡东部置临海郡,隶属扬州,辖章安、临海、始平、永宁、罗阳、松阳、罗江七县,郡治设于章安。此为台州建郡之始,辖境大致包括今台州、温州、丽水全境和绍兴之新昌、金华之磐安两县部分地区及福建省北部罗源、连江两县大部分区域。

太平三年(258)　七月,孙权第五子孙奋封为章安侯,与临海太守奚熙招兵买马,扩大武装。

景帝永安三年(260)　析会稽郡南部地区置建安郡。

元兴二年(265)　章安建造赤栏桥。

建衡二年(270)　吴帝孙皓沉溺酒色,专于杀戮,昏庸暴虐。适左夫人王氏去世,孙皓治丧于内,半年不出,民间传孙皓已死,孙奋将登大位。豫章太守张俊前往祭扫孙奋生母仲姬陵墓,被人密告,孙皓车裂张俊,灭其三族。

凤凰三年(274)　孙奋四处活动,扩大势力范围,民间广传"章安侯孙奋当为天子",临海太守奚熙与会稽太守郭诞联络,遭郭告密。孙皓遣三郡总督何植率兵海陆两路长驱章安,孙奋和奚熙组织力量,断绝河道,用铁栅堵塞台州湾口,何植兵不得进。未几,部将反戈,杀奚熙、献首级,逮孙奋至建业。孙皓诛杀孙奋及其五子,章安侯国废除。

西　晋

　　武帝太康元年(280)　晋灭吴,蒋秀以灭吴有功封临海郡太守于章安。同年,析章安县北部、鄞县南部置宁海县,设治于白峤,属临海郡。复改始平为始丰,改安阳为安固(今瑞安)。

　　太康三年(282)　析建安郡置晋安郡,划临海郡所辖之罗江归晋安。

　　太康四年(283)　析安固县(即前之罗阳,后曾改安阳)横屿船屯置始阳县,不久改称横阳(今苍南、平阳、龙港),因横阳江(即今鳌江)而得名。临海郡辖章安、临海、始丰、永宁、宁海、安固、松阳、横阳八县,户四千三百。

　　惠帝永兴二年(305)　十二月,右将军陈敏举兵反叛,尽占吴越之地,自称大司马、楚公,封十郡、加九锡。

　　怀帝永嘉元年(307)　陈敏割据江东后,曾遣其弟陈斌至章安,经略临海郡。是年陈敏兵败,遭灭族。

　　愍帝建兴四年(316)　西晋皇室八王之乱招致"五胡乱华",进入五胡(匈奴、鲜卑、羯、氐、羌)十六国时期。大批中原人士为躲避游牧部族入侵,纷纷自拔南奔,是为我国历史上第一次北人大规模南迁。

东 晋

明帝太宁元年(323) 析临海郡温峤岭以南之永宁、松阳、安固、横阳四县置永嘉郡,治所设于永宁峤南(今温州市区)。临海郡辖章安、临海、始丰、宁海四县。

成帝咸和二年(327) 章安人任旭卒。任旭"洁静其操,岁寒不移,精研坟典,居今行古,志操足以励俗,博学足以明道"。列《晋书·隐逸传》,为见于正史的第一位台州人。

咸康年间(335—342) 著名文学家孙绰自征西将军庾亮府参军荐为章安县令,曾游天台山,撰《游天台山赋》,称天台山"穷山海之瑰富,尽人神之壮丽"。自孙绰一赋,天台山"光价殆十倍",自此名扬天下。

穆帝永和三年(347) 析始丰县置乐安县(今仙居)。临海郡辖章安、临海、始丰、乐安、宁海五县,这个境域基本成为后来各朝的台州辖境,面积约13000平方公里。

升平年间(357—362) 临海太守郗愔修黄老之术,寄心于辟谷养生,后托病离职,在章安湖畔置田庄、建别墅。

武帝宁康二年(374) 析永宁县置乐成县(今乐清)。

太元十七年(392) 六月,浙东大风雨,潮水倒灌,近海溺死者甚众。

安帝隆安三年(399) 十月,寓居会稽的琅琊(今山东临沂)人孙恩率"五斗米道"教徒在翁山(今浙江舟山)起事,连下上虞、山阴,杀内史王凝之。孙恩自称征东将军,号起义军为"长生人",江南八郡一齐

隋

文帝开皇九年(589) 隋灭陈,中国分裂两百七十多年后复归统一。为巩固统一,加强中央集权,隋文帝实行废郡置州政策。废临海、永嘉两郡置处州,州治设于括苍(今丽水)。临海郡所属各县并为临海一县,县治设在章安。大陈岛在临海县管辖范围。

开皇十年(590) 十一月,乐安蔡道人响应婺州汪文进、越州高智慧、永嘉沈孝彻、杭州杨宝应等起兵反隋。汪文进、高智慧自称天子,蔡道人自称大都督,攻州陷县。隋文帝命越国公杨素为行军总管,领兵攻击各地义军,在临海、乐安等地前后百余战,悉破之。

开皇十一年(591) 隋朝改革官制,创设十二卫府统领全国军队,于边关要冲设镇、戍、关,分置镇将、戍主、令远。诏设临海镇于大固山麓(今临海市区),并移其县于镇,临海县治从章安迁出。

开皇十二年(592) 改处州为括州,辖括苍、松阳、永嘉、临海四县,州治设于括苍(今丽水),属吴州总管府。

炀帝大业三年(607) 朝廷将所有州改为郡,实行郡县两级制。改括州为永嘉郡,郡治仍设于括苍,属扬州,辖永嘉、括苍、松阳、临海四县。大陈岛在临海县管辖范围。

大业中期(610—615) 章安栖道寺改名摄静寺。

唐

高祖武德四年(621) 为示恢复开皇旧制,改永嘉郡为括州,设置总管府,辖括苍、永嘉、松阳、临海四县。

武德五年(622) 析临海县为章安、始丰、乐安、宁海、临海五县,因"取天台山为名",置台州,属括州总管府。章安县治所章安,大陈岛在其管辖范围。

武德七年(624) 唐灭群雄,统一全国。改括州总管府为都督府,并宁海县入章安县。

武德八年(625) 撤台州,原所属各县复并为临海一县。自此,章安不再设县。

太宗贞观元年(627) 分全国为十道。废括州都督府,台州隶属江南道越州都督府。

贞观三年(629) 于椒江北岸章安黄礁黄石岙置栅城,调拨州兵三千驻防。

高宗显庆元年(656) 九月,浙东海水泛滥,台州、永嘉沿海受灾不计其数。

上元二年(675) 析括州之永嘉、安固置温州,因地处温峤岭以南,民多火耕,虽隆冬而恒燠,故名温州。析临海县南部置永宁县(今黄岩),县治设于永宁山下(今黄岩城区)。

调露二年(680) "初唐四杰"之一的骆宾王从侍御史贬为临海县丞,郁郁不得志。武后光宅元年(684)九月,徐敬业于扬州起兵反唐,骆宾王弃官投徐,任为艺文令,起草著名的《为徐敬业讨武曌檄》,遍传天下。十一月兵败后,徐敬业被杀,骆宾王不知所之。

睿宗垂拱二年(686)　孟子第三十一世孙孟诜自凤阁舍人贬为台州司马,任职至永昌元年(689)。孟诜在上奏中曾言及"海中有东镇山"。

武后天授元年(690)　改永宁县为黄岩县,因黄岩山而得名。

中宗神龙元年(705)　析宁海县、鄞县部分地置象山县,设治于彭老村,属台州。

玄宗先天元年(712)　分天下为二十四都督,以统属州,台州隶属越州都督府管辖。

开元二十一年(733)　分全国为十五道,道设采访使(犹汉朝之刺史),台州隶属江南东道采访使管辖。

天宝元年(742)　台州复称临海郡。由于唐前期奖励婚嫁,兴修水利,推行均田制,生齿日繁,全郡共计8.39万户,48.9万人。

肃宗至德二年(757)　十二月,广文馆博士、著作郎郑虔被贬台州,任司户参军,首办官学,以教化民众为己任,老死台州。

乾元元年(758)　复改临海郡为台州。建静海军牧(使),兼统台州、明州(今宁波)、温州。

乾元年间(758—760)　于椒江北岸章安置新亭盐监,征管课税,兼管台州湾治安捕盗,著名诗人、画家顾况(727—814)为首任盐监。新亭盐监是台州盐远销处州、婺州、衢州等地的集散地,是当时江南十大盐监之一,止于北宋宣和四年(1122),前后存在了三百六十多年。

代宗宝应元年(762)　"安史之乱"后,浙江成为朝廷主要财源地之一,地方官员加紧搜括,导致民不聊生。八月,临海人袁晁率众在唐兴(今天台)起义,不久便攻占临海。继而,兵分三路,东取明州(今后周广顺三年(953)　　钱元瓘第十三子钱泓仰任台州刺史。

后周显德六年(959)　　钱弘俶养子钱惟治任台州刺史。

案：钱氏王朝统治72年间，奉行"国以民为本，民以食为天"政策，礼贤下士，广罗人才，兴修水利，奖励农桑，繁荣商业，使包括台州在内的吴越国经济社会发展水平远超北方。如钱镠统治时期开凿的官河，自黄岩县城关起，绵亘灵山、驯雉、飞鼍、繁昌、太平、仁风、三童、永宁八乡而至峤岭，全程一百三十里，又另辟九河，各二十里，支为九百三十六泾，以丈计算共75万丈，分为200余塘，溉田农田71万多亩。这一时期，台州海上丝路亦十分繁忙，高丽(今朝鲜)、新罗(今韩国)商人经常来台州经商，海船以大陈岛为指示标志或在大陈港停泊。宋陈耆卿《嘉定赤城志》载："高丽头山，在临海县东南二百八十里，自此山下分路入高丽国，其峰突立，宛如人首，故名。"高丽头山，即今上大陈岛东南隅之高犁头礁。

北　宋

太祖建隆元年（960）　正月，后周大将赵匡胤发动陈桥兵变，即皇帝位，定国号为宋。

开宝八年（975）　吴越王钱弘俶拒绝南唐后主李煜求援，率兵五万助宋攻下常州，灭了南唐。

太宗太平兴国三年（978）　正月，钱弘俶克奉"重民轻土"祖训，尽献十三州之地归于宋版图，吴越国除。此前，钱弘俶曾令毁台州府城城墙，以示不设防也。

至道三年（997）　朝廷分天下为十五路，台州属两浙路。

真宗咸平三年（1000）　于今温岭新河高桥建迁浦盐场，自是年始，岁纳一万五千余石。台州开始以计丁盐方式征收盐课。

景德四年（1007）　以其"洞天名山屏蔽周卫，而多神仙之宅"，诏改永安县为仙居县。

大中祥符四年（1011）　朝廷令取福建占城稻（俗称金城稻）种遍播江淮、两浙之地。这种水稻即间作稻，耐旱，不择地而生，八月间即熟，一年可以两熟，"上田收米三石，次等二石。"

天禧五年（1021）　时，台州为两浙主要海盐产地之一，与杭州、秀州（今嘉兴）、明州（今宁波）、温州同列为煮海盐的五个州。

仁宗天圣元年（1023）　有渔人得虾于台州湾，中使吴仲华绘其像，仁宗下诏命名为"神虾"。《临海县志》卷四十二称"长三尺余，前二钳二寸许，末有红须尺余；首如数升器，若绘画然；双目，十二足，在率五彩皆具"。

明道元年（1032）　二月，免除台州、温州、明州（今宁波）海蛤沙地民税。

宝元二年（1039）　家事西保（今属椒江葭沚）叶净住造石函等入枫山清修寺塔供养，并作《石函盖记》。

庆历六年（1046）　夏季海水大作，淹没沿海村庄，居民死亡万余。

英宗治平三年（1066）　英宗赵曙为东镇山（大陈岛）悟空院赐额。

神宗熙宁三年（1070）　因新涂外淤，老涂地养淡，椒江北岸产盐区东移，开始修筑杜渎坝（今临海杜桥镇）建盐田，越二年建成。

熙宁七年（1074）　司天监沈括奉旨考察两浙水利后，上书称："温、台、明三州以东海滩涂地，兴筑堤堰，围裹耕种，顷亩浩瀚，可以尽行根究修筑，收纳地利。"宋神宗采纳了沈括建议，并命他委选官吏付诸实施，动用"陂湖遗利钱"（即公田税赋收入）以充经费。

熙宁十年（1077）　两浙路合为一路，共有二府十二州七十九县，内含台州。

哲宗元祐四年（1089）　章安人杨蟠任杭州通判，助知州苏轼疏浚西湖。

元祐七年（1092）　罗适任浙东提刑，督修台州水利。因工程巨大、府库不足，罗适以出卖僧尼度牒（资格证书）获取资金。罗适在沿海分段建闸以代替埭坝控制水量，旱则闭闸蓄水，涝则开闸泄水。自此以后，沿海民众大受其益，亦解决了沿海乡民为蓄水排水发生打斗之事。

绍圣二年（1095）　杨蟠以承议郎知温州。在任两年间，杨蟠勤政爱民，整修城内街坊，重定三十六坊名；并作《永嘉百咏》，盛赞温州嘉定二年（1209）　七月，台州大风雨激海涛，漂圮2280余家，溺死万余众。

嘉定十五年（1222）　移管界寨于海门，额兵128人（旧额184人）；亭场寨（在今章安黄礁）额兵112人（旧额177人）。

嘉定十六年（1223）　章安人陈耆卿修撰之《赤城志》成书。书中记述东镇山地形地貌特征，列于黄岩县属境。

理宗端平年间（1234—1236）　日本商人入台州以货易钱，至市面一度铜钱匮乏。其时，台州与扶桑（今日本）、新罗（今韩国）、高丽（今朝鲜）等国商船往来频繁，并开始使用天然航标。

宝祐二年（1254）　台州、温州、庆元三府组织"民船数千只，分为十二番，岁起船三百余只，前往定海把隘，及分拨前去淮东、镇江戍守"，使得"民不堪命，日不聊生"。

端宗景炎元年，即元世祖至元十三年（1276）　三月，右丞相文天祥从镇江元兵军营逃险，辗转至南通，与台州三艘姜船一起进入浙东沿海，在船上写下《入浙东》："惊魂犹未定，消息问金鳌。"从临海仙岩港（今属三门）上岸，化名刘洙，在花桥与当地豪绅张和孙及随行的杜浒、吕武等商议抗元复宋大计。四月初一，文天祥乘舟自仙岩港绕渔西过桃渚入海门至章安，登金鳌山，于善济院留宿，跪拜院内宋高宗御座，并作《夜潮》等诗。四月初八，文天祥离开章安后至黄岩，弃舟陆行，作《过黄岩》诗寄于张和孙，告诉张，自己就是文天祥。后来，张和孙等曾响应文天祥举事，遭元军捕杀。

南宋时期，台州人口剧增，各行各业复兴，大陈岛人烟渐渐稠密，已蔚成海上集市。

元

世祖至元十三年(1276)　元怀远大将军囊加歹与阿剌罕、董文炳率兵攻占台州,置台州安抚司。

至元十四年(1277)　把全国划成十一大行政区域,都城所在区域直属中书省,行省下面分路、府、州、县各级。改台州安抚司为台州路总管府。

至元二十年(1283)　设温台海运千户所于岩峤(今椒江市区),专管水上粮食转运和进出口货物。台州海运漕粮以岩峤、章安为始发港,并经大陈洋,与日本、高丽等国有海上贸易往来。

至元二十二年(1285)　置中万户府于临海,府设达鲁花赤(蒙古语,意为镇守者)和万户、副万户各1人,统兵五千。

成宗元贞元年(1295)　黄岩县因民户超过五万,升县为州。大陈岛在其管辖范围。

元贞二年(1296)　八月,命江浙行省调集船舟五十艘,水兵两千三百人,沿海巡禁私盐。

大德年间(1297—1307)　辟椒江南岸赤山以下滨海之地为产盐区,官府招徕盐民,立甲编团发给煮具,官收场产。

大德六年(1302)　于庆元(今宁波)设置浙东道宣慰使都元帅府,领庆元、绍兴、衢州、婺州(今金华)、温州、台州、处州(今丽水)七府。

武宗至大二年(1309)　设台州海道巡防千户所。

文宗至顺二年(1331)　秋,雨水暴溢,飓风激海水,相辅为害,倾堤塘,破庐舍,败城郭,为害甚烈。

顺帝至正元年(1341)　黄岩沿海有名李大翁者,啸众倡乱台州湾,"出没海岛,劫夺漕运舟,杀使者"。

至正二年(1342)　十月,台州、温州、杭州、嘉兴、绍兴等路各设检校批验盐引所,专掌批盐商引目,均平袋法、秤盐等事。

至正四年(1344)　七月初,台州飓风大作,海水溢,地震。海潮上平陆二三十里,死亡人数众多,受灾面积极广。

至正八年(1348)　五月,台州台风大作,海舟被吹上平陆二三十里,死者无算,农业绝收。秋后,巡检以拖欠租赋为名到黄岩洋屿(今属台州路桥新桥镇)捕捉方国珍,方国珍刺杀巡检,与二哥国璋、四弟国瑛、五弟国珉率佃户渔民起义,四起响应,"旬日得数千",揭开元末农民起义序幕。

至正九年(1349)　因遭官府围捕,方国珍率众退驻大陈岛,梗阻海道,劫掠元王朝海运粮船,先后活捉海道千户德流千宝、江浙行省参政朵尔只班,朝野大震。元廷下诏招安,授方国珍庆元定海尉官,不受。

至正十年(1350)　十二月,方国珍率众攻占温州。

至正十一年(1351)　六月,方国珍屯兵大陈岛,操练水师。复与元军水师大战于大闾洋,活捉江浙行省左丞相孛罗帖木儿。七月,方国珍接受元廷招安,兄弟五人"授官有差"。

至正十二年(1352)　三月,方国珍"复入海以叛";闰三月,方国珍率小船两百余艘突入海门港,直攻三江口,于马鞍山下王林洋杀死浙东道宣慰使都元帅、台州达鲁花赤泰不华。六月,攻占黄岩县城;八月,攻打台州城。

至正十三年(1353)　三月,方国珍再次降元,向朝廷表示"愿率洪武十五年（1382） 四月,浙江都指挥使上奏,称"台州、宁波两卫舟师宜于海门巡御"。

洪武十六年（1383） 八月,朝廷赏温州、台州两卫将士擒杀倭寇有功者凡1968人,有文绮、纱布、衣物等。

洪武十七年（1384） 正月,朱元璋以"控海乏力",命信国公汤和巡视东南沿海。在海门,汤和接受曾任海门中营守备的方鸣谦"倭海上来,则海上御之耳。请量地远近置卫所,陆聚步兵,水具战舰,则倭不得入,人亦不傅岸"的建议,命人修筑海门、松门诸卫城。闰十月,台州"倭人登岸,杀其巡检",因守御官兵未能尽职,朝廷逮指挥陈亮、赵全至京师治罪。

洪武十九年（1386） 五六月间,信国公汤和再次奉旨携广洋卫指挥方鸣谦等巡视东南沿海防倭抗倭。十二月,置新河、松门千户所。

洪武二十年（1387） 二月,置海门卫指挥使司,领左、右、中、前、后五个千户所,附辖健跳、新河、桃渚三个千户所。十一月,拆黄岩县城城墙抢筑海门卫城。海门卫城城墙高二丈五尺,长一千三百一十丈,周回五里三十步,垛口八百三十个。城设五门:东曰晏清、西曰宁远、南曰德风、大北门曰临江、小北门曰靖波。卫所城筑成后,户民四丁以上者取一丁戍之。农户变军户,民众虽受军需之劳,倭寇却得到有效防御。是年,置桃渚、健跳千户所。

同年 升松门千户所为卫,下辖左、右、中、前、后五千户所,附辖隘顽、楚门两个千户所。松门卫城城墙高二丈四尺,周回九里三十步,旗军2025名,有各种型号火炮30门。《台州府志》称:"松门港,纡萦屈曲,海中小山最多。若贼由温州来此,径抵城下;若自外国来,止过大陈、披山、大鹿登岸,皆为贼巢。港内难以捍贼,必出大陈迎战海中乃得。"

　　洪武二十一年(1388)　六月初九,朝廷下令将浙江昌国(今舟山)废县徙民。17天后,又下令徙民范围扩大到浙南凤凰山(今大陈岛)及南田、玉环、高亢、南麂、东洛诸岛。

　　洪武二十八年(1395)　前千户所城建成,城墙高二丈三尺,周回三里六十九步,垛口三百二十个。管辖画眉山(在今陈岙村)炮台和中山、长沙(今上盘城山村)、轻盈(今轻盈山)、磊石(今磊石坑)四个烽堠。

　　洪武二十九年(1396)　朝廷颁布沿海捕捉倭寇赏格,鼓励军民防倭抗倭。凡各卫指挥获倭船一艘及贼者,佥事升同知,同知升指挥使,仍赏白金50两、钞50锭;千户擒获者升指挥佥事,百户擒获者升千户,其赏俱与指挥同;在船军士能生擒及杀获倭贼一人者,赏白金50两;将校、军士与倭贼陆地交战,能生擒或杀获倭贼一人者,赏白金20两、钞20锭。

　　惠帝建文四年(1402)　六月,翰林院文学博士、台州宁海人方孝孺,因拒绝为发动"靖难之役"的燕王朱棣草拟即位诏书而被凌迟处死,诛及十族,三次抄捕,杀873人,充军流放者数千人。

　　成祖永乐三年(1405)至宣德八年(1433)　三宝太监郑和七次下西洋,先后抵达三十多个国家和地区,往来皆经过大陈海域。郑和船队绘有航海图,详细记载沿海岛屿和航海针路,大陈山、洋琪山等见于是图。

　　永乐十六年(1418)　五月,倭寇占大陈岛,继陷松门卫、金乡卫,登岸焚劫,受害无算。是年,诏修海门卫城。嘉庆《太平县志》卷七《海防篇》载:"松门港东为积谷山及下洋、大陈诸处,海中小山最多,外即大洋,直抵日本。若自外国来此,港内迂曲,捍贼尤难,必出大陈而迎战于海中,方能得之。"

　　永乐二十二年(1424)　七月,台州湾飓风大作,海潮暴溢,杀人无算。

英宗正统二年（1437） 浙东沿海倭患加剧,朝廷诏告闽浙两省就地募兵。

正统四年（1439） 五月,倭寇入侵浙江,连破昌国卫和宁波大嵩、临海桃渚等千户所,肆意焚掠,甚至用沸水烫婴儿,剖视孕妇,以此赌酒取乐。

正统八年（1443） 八月,海门海潮泛滥,破坏城郭、官亭、民舍、军器。

宪宗成化五年（1469） 十二月,析黄岩县南部方岩、太平、繁昌三乡7349户、29581人及乐清北部地区置太平县(今温岭)。大陈岛在其管辖范围。

成化十二年（1476） 析乐清北部下山等六都之地4400户、18727人归属太平县(今温岭)。

孝宗弘治年间（1488—1505） 围筑丁进塘。海塘北起海门赤山,经古沙岗、沿横街山,通过霓岙,至新河寺前山,全长六十华里。这是台州湾南岸第一条官修海塘。

正德初期（1506—1511） 围筑洪辅塘。海塘北起海门奶庵,经下梁,南至金清港岸,长约五十华里。

正德后期（1512—1521） 李退官(俗称四府)主持围筑四府塘。海塘北起海门赤山,经南野份、水陡门、小五份、坦头沈、卷洞桥、陡门闸,南至金清港岸,长约五十华里。

世宗嘉靖二年（1523） 朝廷将进出口贸易驱赶至海上,大陈洋至象山半岛一线民间海上走私贸易十分猖獗。一直延至二十七年(1548),都指挥卢镗从海门港出发,捣毁双屿走私场所,杜绝民间贸易。

嘉靖二十六年（1547） 朝廷命右副都御史朱纨为浙江巡抚兼

军胡震等六人。因大陈岛"山岙阔大,外海别无岛屿,明初以来倭俱假此栖泊",朝廷遂派兵驻守。此为大陈有可考官治之始。

神宗万历二十七年(1599) 七月,台州湾风雨大作,海溢杀人。

万历三十八年(1610) 九月,浙江巡抚高举以"沿海官军于大陈山击败倭寇",奏赏有功人员。

万历四十二年(1614) 夏季,海门卫、松门卫先后发生兵变。

万历四十四年(1616) 五月,倭船两艘侵扰大陈岛,水师把总童养初率军与之激战,倭寇旋遁去。

万历四十七年(1619) 七月十五日,因有司克扣粮饷,松门卫发生兵变,百余人反叛。有司急召海门卫援兵弹压,叛军遁入大陈岛,至九月二十日始平。

万历四十八年(1620) 六月,因缺粮饷,海门卫兵勇围困并烧毁松海把总署;二十一日,拥入台州府城,抢劫大姓富户八十余家;至次月二十一日始平息。

思宗崇祯元年(1628) 郑成功遣部将周三攻昌国(今舟山)、石浦、爵溪,不克,屯兵大陈岛。巡海副使萧基会同台州舟师往剿,以火器焚舟三十余艘,周三遁去。

崇祯四年(1631) 八月,海门卫兵勇作乱,烧毁备倭公署;闰十一月,兵勇七千人围困台州府城。

清

世祖顺治二年（1645） 驻守海门卫之明军因缺饷发生兵变，抢劫黄岩，冲击台州府城。

顺治三年（1646） 八月，清兵南下台州，明鲁王朱以海以张廷绶为都督金事，驻守海门。九月，明右金都御史张煌言率兵抗清失利，转进至海门卫，复遭清兵围捕，以数骑突围。

顺治五年（1648） 清军在定海设立定海镇总兵官，管辖宁波（含今舟山）、台州、温州三府防务。

顺治八年（1651） 清军分三路夹击昌国（今舟山）明军残部，其中一路由海门卫集结从海上出发。

顺治九年（1652） 明右金都御史张煌言秘密至海门、天台等地，联络抗清力量。

顺治十一年（1654） 移定海镇总兵官驻海门；十三年，改称台州镇总兵官。

顺治十二年（1655） 八月，郑成功以张名振为帅，陈辉、洪旭、陈六御副之，自福建北上抗清，游弋台州湾。清廷严禁商民下海交易，犯禁者不论军民一律处斩，货物没收。九月，郑成功军进驻大陈山、玉环山、牛头门等处，与厦门遥为犄角，并作操练水师基地；十月二十八日，郑军攻陷舟山，复攻温（州）、台（州）各地。

顺治十三年（1656） 正月十二日，台州协副将马信杀临海县丞刘圣拉，绑宁绍台兵备道傅梦吁、台州知府刘应科、通判李永盟、临海知县徐钰统等,一并押送郑成功处。春,为隔绝沿海居民与郑成功联系,朝廷宣布禁海,严禁商民船只出海交易,不许片帆入海,违者不论官民一律处斩,货物入官,犯人财产皆赏与告发人。

顺治十四年(1657) 七月底,郑成功以张英为统帅、马信为先锋率军北上;八月上旬,兵屯大陈岛休整;八月十二日,抵达海门港,遭清军海门守将张捷、前所守将刘崇贤大炮夹击。郑军绕开海门攻黄岩,汛官王戎缚知县刘登龙降。十八日,围困台州府城;二十六日破城,活捉台州知府齐维藩、台州协副将李泌、临海知县黎兵詹等。府城既得,台属各县闻风丧胆,太平守将高棉祖、天台守将韩文盛投降,仙居守将弃城逃走。九月八日,郑成功转攻海门卫城,守将张捷献城;次日,前所亦献城。十七日,郑成功率军救援福建闽安,离开海门。

顺治十五年(1658) 八月,郑成功亲率大军,与张煌言合兵北伐;八月十日,郑军在洋山附近遭遇飓风,溺水而死者八千余人。九月十日,郑军攻象山受阻,二十五日转攻海门,与清军激战台州湾,郑军周全斌部在栅浦登陆;十月六日,攻占海门,清军弃城而逃;次日,郑军渡江攻前所,复攻三山;十一日,郑军固守前所、海门、葭沚、三山一线,与来援清军展开决战,阵亡三百余人,撤回海门大营,后退至海上。

顺治十六年(1659) 五月,郑成功、张煌言统舟师再次北伐,进长江,抵瓜洲。后郑成功失利,退回海上;张煌言焚舟登陆,间道两千余里,于八月潜至海门,再至天台、宁海。

顺治十八年(1661) 十月,朝廷以沿海居民接济郑成功、张煌言等抗清为由,派工部尚书兼户部尚书苏纳海至海门,令"宁波、温州、台州三府沿海居民内徙,以绝海盗之踪迹"。沿海各县弃地纵深30余里,南北长数十里,设桩作遣界,拆民房作木城,所有船只全部烧乾隆二十二年(1757)　清廷怕生弊端，又颁禁令，封闭海关，仅限广州粤海关一口对外贸易，封闭江、浙、闽海关，家子分口亦随之关闭。

乾隆二十六年(1761)　大陈洋常发生盗割渔网之事，黄岩镇总兵林洛收受渔民钱财，派兵一哨巡守，遇风浪致陈云奇等九人溺水死亡。林洛谎称官兵出海遭遇海盗，陈等九人被带走而不知去向，乾隆严旨查办。八月，朝廷议决林洛死罪。

乾隆四十四年(1779)　春夏之际，大陈岛附近海域接连发生宁波船抢劫、福建船聚众闹事案件。七月，拿获傅廷贵等五十余人。

乾隆五十四年(1789)　大陈洋海盗猖獗。五月十二日，游击张殿魁在大陈岛与海盗展开激战，毙伤海盗四名。

乾隆五十五年(1790)　六月，大陈岛连续遭遇大风雨，拔树毁屋，杀人无算。

乾隆五十八年(1793)　六月，浙江巡抚罗长麟以大陈山各岛居民甚多，制度废弛，派员整顿。令每岛各设岙长一名，每十户设甲长一人，每十甲设总甲长一人，实行甲内互保，严防通盗。

乾隆年间(1736—1795)　黄岩镇总兵于上大陈岛设红美汛，检查进出渔船，每次收规费银洋一圆，查验完毕于船尾打"验讫"棕印，俗称"打胯臀"，渔民不堪其苦。

仁宗嘉庆二年(1796)　七月十七日，夜，大雨，海溢，平地高丈余，濒海居民死者无算。

嘉庆五年(1800)　三月，清军在大陈洋等处捕获海盗一百七十多人。六月，安南(今越南)阮平光海盗帮勾结福建海盗帮共上百艘船只、七千多名盗匪侵入台州湾，屡次劫掠大陈岛和沿海村庄。浙江巡抚阮元督率定海、黄岩、温州三镇水师，会师海门，率数十战船伪装成货船，伺机出击，大胜，擒获盗匪三百余名，擒斩安南伦贵利等总兵

四名。

嘉庆十三年(1808) 三月,黄岩镇总兵童镇陞率水师在大陈岛扬旗(洋岐)洋面斩杀海匪李知机、葛德等92人。

嘉庆十四年(1809) 九月,福建同安海匪蔡牵进犯台州湾,黄岩镇总兵童镇陞率水师在大陈岛南积谷山洋面予以拦截,击沉两艘匪船,活捉头目许但等六人,毙匪八十余人。后与驰援的定海、温州两镇水师合围于渔山绿水洋,全歼海匪蔡牵股。

宣宗道光元年(1821) 台州开始种植罂粟,称"台土",又称"台浆",以黄岩、太平两地为最。

道光六年(1826) 二月,葛云飞授黄岩镇中营守备,驻防海门,管辖北至石浦、南至玉环的海域。八年,升任瑞安协副将;十一年,升任定海镇总兵;二十一年八月,在定海与英军血战中阵亡。

道光十年(1830) 走私鸦片大量进入浙东南沿海,烟贩获利,诱使台州地区山农广泛种植罂粟,熬制土烟。御史邵正笏上奏称:"浙江如台州府属,种者最多。有台奖、葵奖名目,均与外洋鸦片无异,大颗、小颗到处分销。"

道光十八年(1838) 台州广泛栽植罂粟,居民熬成烟膏出售,吸鸦片成风。鸿胪寺卿黄爵滋奏请禁烟,称台州"上至官府缙绅,下至工商优隶以及妇女僧尼道士,随在吸食,买卖烟具于市日中"。浙江巡抚刘韵珂上书更称:"黄岩一县,城乡吸烟,高高日出,阒无其人,月白灯红,乃成鬼市。"

道光二十年(1840) 四月,浙江巡抚奉旨查禁台州、温州鸦片,遣官分赴各县查禁鸦片。六月,鸦片战争爆发。七月,英军攻占定海。

道光二十四年(1844) 十一月底,三艘英船进入台州湾,擅自测量港口水道,绘制海图。

道光二十六年（1846）　台州海防同知府自亭旁迁至葭沚，以加强对台州湾沿线的控制和管理。

嘉庆（1796—1820）至道光（1821—1850）年间　以大陈岛为核心的台州列岛海盗猖獗，商旅裹足。总兵罗光炤、守备孙玉龙、游击张君昌、千总叶万青、知县靳琨等，因剿匪不力先后受到严惩。

文宗咸丰元年（1851）　十月二十六日，广东海匪布兴有部攻占海门卫，焚烧粮厅及民房数千间，卫城官民房舍殆尽，盘踞十余日始退。是年，钓捕带鱼的方式从福建省惠安县传入大陈岛。

咸丰二年（1852）　浙海关家子分口迁至海门，俗称"台大关"，标志着海门港正式开埠。

咸丰四年（1854）　七月五日至七日，飓风洪潮，海塘决口倒塌，温黄平原自三塘以下，庐舍荡然无存，溺死民众达五六万人，灾后霍乱流行，为百年未遇之大灾难。

咸丰十一年（1861）　五月，太平天国侍王李世贤率大军攻克金华，建造侍王府。十月，李世贤进军台州，六日克黄岩县城；九日占葭沚，焚毁台州海防同知署舍；十一日，曾任江苏候补道的栅浦民团首领苏镜蓉被推举为台州民团总董，率众攻占黄岩县城；十六日，太平军信天义何松泉再次攻克黄岩县城；十七日，苏镜蓉败退至葭沚，随后与黄秀德等潜逃至大陈岛；十九日，何松泉部占栅浦、葭沚、海门，封海门徐镜清为将军，葭沚周大统为军师，主管海门六里政务。

穆宗同治元年（1862）　正月十三，何松泉与苏镜蓉会晤于葭沚，苏镜蓉表示拥戴太平天国。二月，李世贤把海门从黄岩划归临海，由耿天义李鸿钊分兵接收，晋徐镜清为揖天侯。三月，大汾李氏家族组织民团，诱杀太平军数十人；二十七日，黄秀德自大陈岛返回，联合李氏民团攻海门，椒北卢、蔡、王、叶四大姓民团趁机并起围攻太平军。四月一日，椒江两岸民团合力攻三山，李鸿钊战死；十日，台州年,法国仁爱会修女到海门向天主堂孤儿院孤女传授台布、龙鳞档刺绣工艺,俗称"天主堂花";李思聪购置德国产长机19台,于西门创设天主堂袜厂,向孤儿传授织袜技术。

光绪三十四年(1908)　十二月,清政府颁布《城镇乡自治章程》,规定府、厅、州、县衙门所在地的城厢地方为城,其他市镇村落地方人口五万以上为镇,人口未满五万者为乡。县以下划分为城区、镇、乡等自治区域。

宣统元年(1909)　清政府开始进行第一次全国人口普查。再颁《变通初等小学章程》,分初等小学为三种:五年完全科,四年简易科和三年简易科。私塾均改为初等小学堂或简易识字学堂。

宣统二年(1910)　六月,改海门镇总兵为浙江外海水师巡防队,设统领一人、帮统一人,分统三人带南、中、北三路。中路分统驻海门,有"永福"小兵轮一艘,艇船一只,钓船45只,兵额679名。改台防、台协为右路陆师巡防队,兵额1869名。

宣统三年(1911)　10月10日,武昌起义,辛亥革命成功。11月7日,成立浙江军政府,宣告浙江光复。9日,台州军政分府成立,至次年5月19日撤销。

案:嘉庆《太平县志·叙山》载:"东南海岛惟大陈最大,有淡水,地膏腴。明季倭巢于此,防守至切。内港迂曲,难以拒贼,必至此迎战,伎乃得展。相近有南赤礁、夏公岙,皆海中小山,可用伏。出大陈、披山,则大洋无际矣。"清代学者邹代钧《西征纪程》云:"大陈山西图,名为台州群岛,南北两大岛对峙,四周皆小岛环列,中间水深至百尺,为收泊轮船妥处。明人记载,谓台州之山,惟大陈膏腴,且有淡水,每为倭寇所据,故防守最切。大陈之西北三五里有竹屿,亦轮船寄泊处。竹屿之西为台州湾,湾内为海门港。"

中华民国

1912年

1月1日　孙中山在南京就任中华民国临时大总统,宣告中华民国成立。通令改用阳历,定该日(黄帝纪元4609年11月13日,即农历辛亥年十一月十三日)为民国元年元旦。

2月　改太平县民事长为太平县知事。首任知事王万怀到任后发布通告:男子剪除辫发,禁止妇女缠足。

同月　玉环厅改为玉环县。

3月17日　孙中山颁布《开放疍户惰民令》,沿海部分"撑网对"渔民和少数村落从事吹鼓手、喜娘等"小姓"居民获得开放,享受平民同等待遇。

春季　太平县警察署在大陈岛设立凤尾山派出所,配备警长一名、警员二十四名,驻上大陈岛关帝庙。

7月　临时政府教育部颁布《小学校令》,学堂一律改称学校,小学分初等(由乡镇设立)、高等(由县设立)两级,初小四年、高小三年,凡官立的改为县立。台州各地小学堂分别改称初等小学校、高等小学校、初等高等(两等)小学校,堂长、监督一律改称校长。并规定,学校附近一里半以内的私塾一律停办。

8月　《赤霞报》在海门创办,发起人赵见微、吴全清,经理柳金山。该报历两年停办,是为台州近现代报业之始。

9月　印山初等商业学堂改名为椒江甲种商业学校,为台州有商业职业学校之始。

1912年　太平县在大陈岛设立凤尾区,辖上大陈岛红美、黄土两乡和下大陈岛沙头、南坑、南浦、凤尾四乡。

1916年

年初　革命党人张协先计谋在海门组织起事,未举而事泄,被台州镇守使所杀。

春季　温岭县改警察署为警察所,凤尾山派出所改为警察分所,裁减警额,配备警佐一名、警员十二名。

4月12日　浙江宣布独立,以反对袁世凯独裁统治,浙江都督朱瑞逃亡天津,屈映光暂兼都督,王文庆为省议会议长。

5月26日　浙江宣布独立期间,省议会以地方行政机构层级过多,决定废除道一级建制,将钱塘、会稽、金华、瓯海四道一并裁撤。

7月1日　浙江地方实业银行在海门设立分行。

8月26日　孙中山偕胡汉民等视察三门湾,称"三门湾为实业之要港"。

秋季　诸暨人宣侠父考入设立在葭沚的浙江省立甲种水产学校渔捞系。宣侠父于1920年夏毕业后留学日本,1922年秋回国,在杭州等地从事革命活动。浙江甲种水产学校的设立,开台州高等教育先河。

10月　裁撤台州镇守使署,改立宁(波)台(州)镇守使署,署址设于宁波。

1917年

1月25日　下午1时许,台州湾沿岸发生地震,树木摇动,不少房屋倾斜,杂物纷翻。

2月6日　温岭县试办盐税,取缔食盐私制私销,遭到广大盐民抵制。

3月　《椒江日报》创刊,因思想激进,未及半年即遭查封。

夏末秋初　大陈岛连续遭遇强台风袭击,倒塌房屋无算。

8月25日　"护法国会"成立于广州,组织军政府、选举孙中山为大元帅,以反对段祺瑞"废除约法、解散国会"的独裁行径。

8月　黄崇威在葭沚创办恒利电灯公司,配备15千瓦柴油发电机组。

秋季　临海人金剑青以浙江省议员身份担任浙江省立甲种水产学校监督(校长),并移居葭沚;1923年定居海门,曾任海门慈幼院小学校长。

1918年

1月 驻海门之浙江省外海第一警察总署第二区发生内讧,区长兼第3游巡队长章翔绶辞职,由卢家友接任。

同月 温岭县通俗讲演所成立。

2月13日 下午,台州湾沿岸发生地震,房物皆动。

2月 温岭人江浩、狄翚向温岭县知事欧阳忠浩上书,为盐业税问题为广大盐民请命。

5月 盘踞大陈岛之海匪项永恩股百余人,向浙江省外海第一警察总署第二区缴械投诚。

6月 东山头人、两浙监狱学校校长周笃孚当选为浙江省第二节省议会议员。

10月 温岭温峤人王行健当选为中华民国第二届国会(安福国会)众议院议员。王行健为1914年太平县改名为温岭县的倡导者。

1922年

春季 《海门商报》创办,《赤城报》自临海迁址海门。

5月1日 温岭县设立电报房。

5月28日 大陈岛、石塘等地遭大股海匪洗劫,死伤渔民十余人,损失渔船百余艘。

夏秋之际 台风暴雨频发,台州出现大水灾。沪甬赈济会在宁波作出决定,拨杂粮2600包赈济台州灾民。

9月30日 台州湾海溢,致平地积水近丈,晚稻颗粒无收。

10月 驻海门之原浙江省外海第一警察总署改称浙江省外海水上警察厅第二区。后遭裁撤,改由第六水巡队驻海门,管理台州海上治安,兼管内江。

1922年 王公亮于海门万济池畔创办厚生皂厂,生产"无敌牌"肥皂。此为台州有日用化学工业之始。

1923 年

1月　台州盐禁开放,准许酱坊用盐直接到盐场购买,每担征税一元。

3月23日　浙江地方实业银行实行官商分家:海门和杭州、兰溪三分行归官股接办,改名浙江地方银行;上海、汉口两分行归商股接办,更名浙江实业银行。

3月　航行金清至宁波的"永清号"客轮在大陈岛附近海域沉没,六百四十多名乘客落水遇难。船主魏福林走避,魏妻被死难者家属殴打致死;魏福林后来获刑4年11个月。

6月25日　台州湾风雨大作,温岭沿海房倒人溺,财产漂没殆尽。

8月7日　台州湾飓风大作,沿岸皆成汪洋,死亡不下万人;10日,又大作,海堤决口。

8月　北岸海匪喜隆帮三百余人逐户洗劫大陈岛,岛民无分贫富均受其害。

同月　温州翰墨林铅印局迁址海门,台州始有铅字排印。

10月9日　台州湾风雨大作,大陈岛海潮高数丈。

秋冬季　黄崇威雇工匠在葭沚打造200吨至300吨大型木帆船三艘,形制分"花屁股""鸭屁股""荷叶屁股"三种。

1924年

1月20日　中国国民党第一次全国代表大会在广州召开,提出"联俄、联共、扶助农工"的新三民主义,第一次国共合作形成。

2月　南来海匪志云帮从下大陈岛土地堂登陆,岛民鸣锣齐集,奋力反抗,击退海匪。事后,岛上绅商呈请浙江省外海水上警察厅,借拨到一批枪支弹药,成立了大陈岛临时水警分队,由水警厅委派队长,岛民负担薪饷。

春季　宣侠父与周梦莲到葭沚,在浙江省立甲种水产学校发展金辅华、江潭(江雄风)、樊崧华、章尚友加入中国共产党,成立台州第一个党组织——中共海门小组。

5月　葭沚发生火灾,延烧三个多小时,烧毁房屋125间。

夏季　国民革命军第一师第二团驻防海门,并设立台属戒严司令部,以第二团团长姚琮为司令。

秋季　浙江省沙灶垦放局海门分局成立,办理临海、黄岩、温岭等县垦荒、围涂事宜。

9月　金辅华从海门回到温岭,创办方城初级中学,并进行发展中共党员等革命活动。

10月　《椒江民报》在海门创刊。

同月　海门发生抢米风潮。

8月10日　温岭县总工会成立。

8月16日至17日　大陈岛遭遇飓风大潮。

10月1日　《温岭日报》创刊,此为温岭最早的报纸。

11月　浙江省政府在海门设立浙江省船舶管理第六区事务所,管理台州湾进出船舶业务,兼管象山、宁海、南田、临海、黄岩、温岭、天台、仙居等地沿海及内河船舶。

12月　中共海门独立支部遭到驻守海门的浙江省防军第五团破坏。

1927年　大陈岛上曾试种原产于中美洲的"脱字棉"(脱来司棉花)。

1928年

1月16日　宁(波)绍(兴)台(州)温(州)四属剿匪司令部在宁波成立。1932年1月裁撤。

1月　中共温岭县委成立。随后,相继建立工人运动委员会、农民运动委员会、青年团温岭县委。

2月13日　驻防海门的浙江省防军第五团机枪连在中共党员石瑞芳等的策动下起事,全连士兵以反对克扣军饷为由携枪逃跑,遭第五团团长林显扬镇压,枪毙六人,兵变失败。

2月　中共临海县委机关迁至海门义士街何金彪"马带店",因房东在取活动经费时遭遇意外而撤离。下旬,共产党员俞宪卿、徐爱云在海门被捕,即遭杀害。

3月　浙江省防军第二团调防海门,团长杭毅。

5月26日　中国共产党发动亭旁起义,诞生浙江省第一个苏维埃政权——亭旁区苏维埃政府。次日,遭浙江省防军和临海、宁海两县驻军围攻,起义失败。

夏季　浙江省渔业事务局于海门成立保卫团,共十个大队,各设三个小队,每队40人。

7月　中共温岭县委领导农民起义,成立坞根游击队。

8月　浙江省立第六中学由临海迁至葭沚,借原浙江省立甲种水产学校校址办学。

秋季　海门渔民将在大陈洋面上捕获的鲸鱼一尾上献,鲸鱼骨骼今藏浙江省博物馆。

9月　中共浙江省委指定龙大道为浙南巡视员,到浙南地区筹建特委。下旬,中共温台地区联席会议在天台栖霞蓝田村召开,选举产生中共浙南特委,管容德任书记(后叛变),特委机关设海门。

10月　设在葭沚的浙江省立第六中学向浙江省童子军司令部申请建立海门童子军,被编为童子军直属第十四团。不久,私立东山初级中学等规模较大学校亦相继成立童子军。

同月　浙江省防军改为保安队,以第五团驻防海门,团长李士珍。1931年第五团移防仙居。

11月8日　中共浙南地区第二次代表大会在椒江北岸道感堂村李联芳家中秘密召开,会议选举卢经训为中共浙南特委书记。

12月15日　址设海门椒济巷杨步周屋内的中共浙南特委机关,因保卫人员手枪走火,遭到浙江省保安第五团包围,包昭光、周尚文、叶信庄、梅其彬、李联芳等三十余人先后被捕。

1928年　编制欧美式草帽工艺传入台州,适逢台州各县遭遇洪涝、干旱灾难,民间纷纷以编织草帽度荒,仅海门就有麻帽行七十余家。是年,共收购草帽214.7万顶,为全省之冠。

是年　温岭县开展自民国以来的第一次人口普查,全县共九万六千零三户,三十九万六千五百十四人。其中,凤尾乡(大陈岛)一千五百三十七户,六千三百十八人。

1932年

3月　浙江省立第六中学从葭沚迁至海门,借小粮子营房为校舍。

4月　《台州国民新闻》创刊,社址设在海门北中正街。

8月　根据国民政府行政院公布的《行政督察专员暂行条例》,浙江省划分为六个区,台州为第五区,张炯为首任专员。

秋季　改大陈岛沙南初级小学为温岭县立凤尾小学,增设高级班,学制六年。

9月　海门民众教育馆创立。

10月1日　温岭县新金清闸动工兴建。

10月　《海门教区月刊》在海门天主堂创办。

11月　海匪杨竹卿聚众数百人占据大陈岛之卫星岛竹屿等处,横行海上,抢掠渔船、商船。17日,浙江外海水上警察局派兵前往清剿,死警员10余人,杨竹卿股匪遁去。

12月15日　《台州童报》在海门创刊。

12月　杨竹卿股海匪自大陈岛出发,攻占温岭松门。浙江外海水上警察局和驻海门浙江保安五团水陆合围,全歼杨竹卿股。

1932年　国民政府在葭沚征地六百亩,修建小型军用机场,黄泥碎石跑道。后因抗日战争爆发,机场未及完工。

1933年

1月12日　瓯海关海门支关正式设立,至1949年5月16日关闭。

1月13日　由海门开往宁波的"新宁台"轮在镇海三山头海面触礁沉没,死亡500余人。

春季　温岭县政府改上大陈岛为鸿美乡,改下大陈岛为凤尾乡,并推行保甲制,上、下大陈岛共设立20保、203甲,共有住户2091户。

4月　浙江省复划分为七个区,台州为第六特别行政督察区,行政督察专员公署办事处驻海门(次年8月迁临海)。

同月　国民政府通令币制改革,推行划一新制度量衡器,废银两改用银圆,规定所有公私款项往来及一切交易一律改用银圆。从6月开始,没收所有旧衡器,当众销毁。

5月25日　海匪李三玉股劫持货轮至竹屿;次日,闻李三玉等潜至金清小老爷殿,温岭县派兵将其包围,击毙李三玉等匪徒。

6月　国民政府颁布《兵役法》,规定分国民兵役和常备兵役,常备兵役分现役、正役、续役,现役三年,正役六年,续役由正役期满者充之。

7月　《台州导报》在海门创刊,至1948年停刊。

9月18日　大陈岛台风暴雨,降雨量超过228毫米。

11月　浙江外海水上警察局自镇海迁至海门东山脚下之济公坛。

12月　海门印山俱乐部(又称总理纪念堂)建成,座位500多个,影、剧两用。1939年被日军飞机炸毁。

1934年

2月　温岭县第二公安分局从大陈岛迁往新河财神庙,大陈岛改设第二分局第一派出所,仅留警员3名。

初夏　海盗方云亭股、梁成源股先后占据洋旗、竹屿,抢掠沿海村镇和海上过往船只,地方为之不安。

7月　温岭县派兵清剿,捕获方云亭等盗匪。

8月8日　大陈岛狂风暴雨,海潮暴涨,刮倒民房,漂失渔船。

8月　温岭新金清闸建成,共22孔,为浙东最大出海闸。

秋季　下大陈岛乡绅陈炳麟出资,在观音堂创办大陈短期小学,招收12至14岁的失学少年儿童免费就读,半年后停办。

10月1日　新(昌)天(台)临(海)公路正式通车。

10月　温岭县自卫队会同海门水警队,渡海围剿竹屿梁成源股海盗,激战一昼夜,击毙悍匪梁小玉、带班老大张狡扰等18名,缴获枪支十多支,解救福建民众两人。匪首梁成源带伤逃走,12月16日在上大陈岛被驻大陈岛水警分队击毙。

11月　泽清馆(泽国—乐清—馆头)公路建成通车。

1934年　蒋介石推行新生活运动,以把"礼义廉耻"结合到日常"衣食住行"为主要内容,以期革除陈规陋习。驻防海门的浙江省保安第五团团长杨志渠严刑惩治地痞、流氓,禁止嫖、赌、吸毒等恶习,枪毙十多人,对赤膊上街、帽子歪戴、户外穿拖鞋者均施以鞭刑,一时海门人"谈杨色变"。

年战时服务团(简称"青战团")成立。后发展至68个分队、1000余人,系当时台州最大的抗日救亡团体。

10月　海门抗日宣传队春野救亡剧社成立,由林匡、贺鸣声、方正中、丁介士、陶普汉、张燕任理事,编排《放下你的鞭子》《被击落的武士道》《血流地狱》《伤兵之友》等抗日剧目和《搬夫曲》《中华颂》《抗战歌》等歌曲,在台州各地巡回演出,把抗日救亡的火种撒向广大城乡。

11月15日　浙江省第七行政督察专员公署从临海迁海门。国民革命军八十六军暂编第十二旅驻防海门,负责石浦至温州沿海防卫。

11月20日　国民政府宣布迁都重庆。

11月　中共浙江省临时工作委员会宣传部部长张崇文到台州,负责党组织重建工作。次月起,中共台州临时工作委员会和各县工委先后成立。

12月13日　南京沦陷;24日,杭州沦陷。

12月　浙江省立第六中学改名为浙江省立台州中学。

据1937年底统计,大陈岛共有居民1760余户,百分之九十以捕鱼为生,其余以贩鱼为业。

1938 年

1月　温州与台州组成"温台各县战时青年服务团"联合办事处，总部设在海门。

2月20日　东山中学成立学生救国会，下设总务、救亡工作、生活改造三个股，救亡工作股分设喜剧、歌咏、教育、谈话、读报、壁报六个组。

3月14日　椒江口自南岸牛头颈至北岸小圆山一线以粗木桩、沉船等实施封港。

3月25日　《统一》杂志在海门创刊。

4月1日　《怒潮》杂志在海门创刊。

4月　椒北黄礁何、洪两姓为河道疏浚发生械斗，死伤百余人。

5月　东山中学成立中华民族解放先锋队（民先队）组织，开展抗日救亡活动，由王福林任队长。不久，台州中学、海门街道等也相继成立民先队组织。

同月　中共东山中学支部成立，张燕任书记。

同月　国民政府军统局委派二处处长胡之萍到海门建立军统局海门直属组，由军统局直接管理；设立海门军警联合稽查处、海门邮电检查办事处等。该组织于抗日战争胜利后撤销。

7月10日至8月20日　中共台属特委在东山中学举办"青年运动骨干训练班"，学员来自台州各县和乐清等地，共四十余人。

8月9日　日军兵舰侵袭台州湾，在大陈岛附近海域及台州湾内击沉渔船39艘，并在大陈岛投下数十枚炸弹，死伤十余人，毁房三十余间。

8月　国民政府中统局在海门设立直属组，娄月初任组长，先后成立别动队、椒南情报站等,导致岙里庙、东山中学等党组织遭破坏。

9月15日　日军数十人登陆上大陈岛,在岛上进行测绘,并竖立木牌,上书"昭和十三年九月大日本海军用地"字样。

9月24日　日军飞机第一次轰炸海门,投弹18枚,炸死34人,炸伤28人,炸毁房屋66间。

9月30日　日军兵舰在大陈洋旗岛海域毁坏大陈渔船六艘。

9月　临海县咸鲜同业公会在海门成立,共有商号75家(其中大陈岛35家)、鱼商船79艘(其中大陈岛30艘)参加。

10月中旬　大陈岛一艘商船在前往宁波途中遭日本军舰拦截,船上1人被射杀,9人被活活烧死,仅1人跳海逃脱。

11月12日　台州学生救国联合会在东山中学成立。

11月　中共海门街道支部获悉温岭大地主张翰庭将大米从温岭运至海门装船,欲卖给上海的日本商行,立即发动工人、船工、洗衣妇女等千余人齐集码头,阻止漏米资敌行为。

同月　《火炬报》在海门创刊。

同月　浙江省海外水上警察局机关由镇海迁址海门。

10月4日　日军飞机、军舰侵入海门投弹炮击,炸死民众七人、伤两人,毁房二十余间。

10月　海门民众打造汪精卫、陈璧君夫妇跪像,置于城门头抗日阵亡将士纪念碑前示众。次年4月,日军侵占海门时捣毁跪像,并扔进附近深井,复填实深井。

11月　台州守备区指挥官蒋志英派兵在大陈岛及周边岛屿剿匪,毙伤土匪200余人。

12月　大陈岛尤明秀股海匪125人接受国民政府台州专员公署收编。

1941年

3月23日　日军一部在前所登陆,杀人放火,无恶不作,至4月7日方退。

4月16日　上午,日军飞机共45架次飞临海门轰炸,投弹三百三十余枚,炸死民众三人,毁房一百三十余间。

4月17日　上午,日军飞机40架次分两次轰炸海门,投弹四百余枚,炸死炸伤民众十数人,毁房一百余间。

4月19日　凌晨2时许,侵华日军第五师团黑田部两千余人入侵海门,台州守备指挥官蒋志英阵亡。日军杀人越货,烧毁东山初级中学、慈幼院小学、海门民众教育馆及商店、民房一千余间,百姓纷纷逃离避祸。至5月3日,日军方才撤离。

4月22日　驻海门日军经当角桥、东山头至路桥,大肆劫掠,捆载而返,并焚路桥区署及及路桥、东山、沙北各中心校。

4月23日　日军一部占领石塘、松门、淋川,焚毁房屋97间,杀害民众十余人,至26日方退。

4月中下旬　曾洗劫过大陈岛的匪首西村老五欲投靠王相义,王诱其至岛,沉海处死。

4月下旬　浙江外海水警局驻大陈岛分队李普寿勾结海匪,胁迫其他警员,携轻重武器23支,下海为匪。

4月29日至5月1日　驻海门日军进入黄岩县城,烧毁县党部、县政府、县警察局和城隍庙、天后宫及澄江街商铺。

5月　浙江省外海水上警察局从海门移驻涂下桥(今临海杜桥镇)。

6月　浙江省第七行政督察专员公署自海门迁至临海。

7月27日 海门各界代表人士商讨成立海门义勇警察队,并于8月16日起集训三个月。

8月上中旬 大陈岛连续遭遇大风暴雨,倒塌房屋628间。

10月 日军在大陈岛海面枪杀渔民两人,毁坏渔船四艘。

日寇封锁海上后,强迫出海渔船悬挂太阳旗,每旗缴费五十元;遇上海匪,又得交"购名片费"数十元至数百元不等;渔船回港,还得向水警队缴保护费数十元,大陈岛渔民内外交困,致海上渔船几近绝迹。

1944年

2月　下旬,盟军飞机两架飞临大陈岛上空,散发传单,劝岛民速速避离。一个多小时后,飞机复至,投下炸弹四枚,再用机枪扫射,炸沉日舰一艘,日伪军死伤十数人。

3月3日　前数日,王相义接获留在大陈岛上的原凤尾乡乡长陈香玉"岛上部分日伪军他调"情报,先遣一支队伍在上大陈岛双架岙一带潜伏。是日晚,王相义率所部600人和附近地区借来的民团四百余人,分乘五十多艘大小船只,分六路进攻大陈岛。将日伪军营地团团围住。是役,共毙伤日伪军20人、收降日伪军375人,缴获长短枪械五百余支,一举光复大陈岛,声震东南沿海。

3月18日　日军军舰三艘侵入椒江口,并放下两艘小汽艇进海门港,遭护航队阻击。未几,两架盟军飞机前来助战,日舰仓皇逃逸。

4月6日　日军舰艇六艘驶抵大陈岛海域,向岛上炮击后离去。

4月　台州专区抗战时期首届学生运动会在温岭县大校场举行。

6月5日　浙江省温(州)台(州)沿海护航委员会委派人员前往温岭松门白岩山,点验王相义所部,共计1007人,改编为温台护航委员会第七区海上抗卫支队,委任王相义为支队长。

7月　王相义奉命在温岭石塘雷公山秘密建立雷达站,为盟军轰炸在东海上航行的日军舰艇提供情报。

8月　浙江省温(州)台(州)沿海护航委员会撤销。

9月16日　日军海军陆战队侵占上大陈岛,并在风门岭构筑营房、碉堡。次月,盟军飞机多次飞临大陈岛上空,日军遂于10月29日撤离。

1945年

2月10日至13日　大陈岛大雪连日,积雪盈尺。

2月20日　王相义率部突袭停泊在温岭石塘渔港内的两艘日舰,击伤一艘,俘获日舰"飞鳌丸",生擒伪军头目蔡功等33名,缴获枪支及文件等。

3月3日　王相义部在温岭石塘海面俘获日军木村玉次郎等四名、伪军四名。

3月17日　日本海军联合舰队第四南遣舰队司令长官山县正乡中将座机误降椒江口,在葭沚附近江面遭到海上抗日护航支队王莲森中队和浙江省外海水警队的围歼,山县正乡等二十一名日军被歼,六名日军被俘。山县正乡是抗日战争中在浙江境内毙命的日军最高军衔将领。次月5日,蒋介石传令会嘉奖参与围歼山县正乡的有功人员。

3月　王相义部在象山石浦船夫的协同下,杀死日军江户波、三宅胜男和汉奸节叔仁。

4月4日　王相义部在石浦海面俘获日军冈田俊助、内山胜雄等,缴获高射机枪一挺。

4月12日　王相义部在大陈岛附近海面袭击日军船舰,毙敌多人,俘获日军11人,缴获机枪一挺。

4月　海上抗日护航支队第一大队追击迫降于椒江北岸的一架日军飞机,击毙和俘获日军各一名,缴获机枪一挺。

5月19日　王相义部在温岭松门海面掳获日军篷船三艘,内载白糖六百包,缴获重机枪1挺、步枪3支。

6月3日　王相义部在温岭松门海面截获日船五艘,缴获步枪十二支、大米一千包。

6月中旬　王相义部于温岭箬山海面截获由上海驶往福建的日军油船一艘,击毙日军六名、俘获一名,缴获汽油十八桶、枪四支。

6月28日　由温州北撤之日军第22、第24混成旅两万余人向台州流窜。当一部日军自泽国靠近路桥时,王相义率部从鉴湖抵达联洋,傍晚从南山炮击路桥,一弹中敌队右侧。日军一股向东山、洪家撤退至葭沚、海门,王部追击,毙伤日军五名,俘获一名;一股向石曲、新桥、横街、灵山、启明掳掠,遭到民众自发组织抵抗,乡民死亡十余人,日军退至沙北、界牌头,进入海门。

6月　于海门东山之上营造抗日阵亡将士墓,旁建忠义亭一座。

7月2日　日军飞机侵扰海门,用机枪扫射,民众死伤百余人。

8月15日　日本宣布无条件投降。消息传来,台州民众狂欢庆祝,爆竹连天。

9月3日　温岭县各界人士在太平镇西郊场召开庆祝抗战胜利大会。

10月　国民政府对海上抗日护航支队进行裁减,八个大队减缩为三个,归属浙江外海水上警察局。

1945年　抗日战争胜利后,浙江省重划为六区,台州各县属第五区。

1949年

元旦 《海门民众新闻》创刊。至3月17日,被勒令停办。

1月 国民党浙东师管区临海团管区迁至海门,4月撤离。

2月12日 王相义召集旧部,在温岭箬横成立"温岭县反共自卫总队",自任总队长。

2月20日 13时40分至15时50分,海门西北方向出现海市蜃楼,持续达两个多小时。

2月 中共椒南工委创办机关报《浙东通讯》,社址先设在海门,后迁栅浦水门村贺鸣声家,再迁东山上洋周村周承训家。至5月中旬停办。

4月 原驻温岭的国民党军一〇三师七十六团三营移防海门。

5月3日 解放军攻克杭州,国民党浙江省政府迁往舟山,浙江省保安副司令王云沛率三千余人占据椒江两岸,并在海门设立浙南行署,封派各县县长,收罗沿海土匪。

5月7日 中共椒南工委派员与驻扎在洪家场的三营副营长兼七连连长金能春取得联系,策反起义。13日,金能春会同三营营长陈光裕率四百余人开往温岭箬横驻扎。15日,中共椒南工委派员接收这支起义部队。

5月16日 国民党省政府委任浙江省内河水警局局长童葆昭为温岭县县长。23日,童葆昭带兵上任,妄图阻止温岭解放。

5月20日 王云沛把浙江省外海水警局机关迁移至上大陈岛,并将原有武装力量编为两个大队,第一大队驻老鼠屿,第二大队驻杜桥,另有保安一大队驻海门。

5月28日 解放军攻克温岭县城,国民党温岭县县长童葆昭自

杀。王相义自任"温岭县县长",设县府于松门。

6月5日　解放军华东军区政治部决定成立浙江省第六区专员公署,刘鸿若任专员。下辖临海、黄岩、天台、温岭、三门、宁海、仙居七县和临海城关、海门两个直属区。海门直属区辖海门镇、葭沚乡、三山乡、山东乡。

6月9日　浙南游击纵队第三支队周丕振所部,在中共椒南工委徐德等的带领下分三路进攻海门,驻海门国民党水警大队下海逃逸。当晚部队撤离,海门成真空状态。

6月12日　黄岩县人民政府成立。

6月17日　临海县人民政府成立。

6月18日　中共温岭县委正式开始办公,张学义任县委书记。29日,温岭县人民政府成立,张学义兼任县长。

6月25日　解放军第七兵团二十一军六十二师一八四团从前所渡过椒江,海门正式宣告解放,海门直属区工作人员随军接管海门。一批国民党军队和土匪武装聚集至大陈等岛屿,主要有:浙江保安司令部副司令王云沛及其残部,海军中校李丕绩及所部温台巡防处,王祥林独立第七纵队,袁国祥独立第二十八纵队等。

7月3日　王云沛率中、小军舰各一艘从大陈岛出发,在四架飞机的掩护下,于海门外沙登陆。一八四团一部在冯福林副团长的指挥下,沉着应战。经近五个小时的激战,毙敌十余名,俘敌三名,缴获轻机枪一挺。

7月8日　中共浙江省第六(台州)地委决定建立中共海门区工作委员会,陈振中任书记,陈常修、来成桢、徐德任委员;建立直属海门区人民政府,梅法烈任区长(次月由徐德任代区长)。

7月　国民政府委任王云沛为"浙南行署"主任,以下大陈岛为据点,负责温岭、玉环、临海、黄岩、仙居、磐安、缙云等七县残局。8月中旬,"浙南行署"由大陈岛迁往洞头岛。10月7日,解放军进剿洞头岛,俘获王云沛,国民党"浙南行署"及其残部瓦解,李丕绩等逃回大陈岛。

8月16日　浙江省外海水警局从大陈岛派遣特务组在海门潜伏,被海门驻军查获,逮捕特务六人。

8月　台州中学自海门迁往临海,海门留下初中六个班级,称台州中学海门分部。

8月至9月　海门驻军全力清剿椒江南北土匪,共击毙18人、打伤18人、生擒8人。

9月23日　解放军第七兵团司令员张爱萍在乐清柳市召开二十一军洞头参战部队团营干部会议,传达华东军区司令员陈毅有关解放沿海岛屿的指示,制定了具体作战计划。

1950年

1月13日 下午,两架国民党军飞机自大陈岛窜入海门上空,投弹四枚,炸毁机帆船一艘、小民船三艘,炸死五人、炸伤三人。

1月 国民党台湾当局改"浙江绥靖总司令部浙南指挥所"为"台州专员公署",委任叶苕中、卢伯炎为正、副专员。至5月撤销。

2月3日 根据潜伏特务胡应华提供的情报,两架国民党军飞机到海门马路桥、陶家一带狂轰滥炸,炸死民众35人、炸伤17人,毁房八十间。次日,又轰炸西门粮食仓库,炸死正在交售粮食的农民和群众76人、炸伤17人,毁房13间。

2月16日 驻扎大陈岛的国民党"天台山挺进纵队第十四支队"副总队长刘青率十余人在岩头登陆,被乡干部发现后报告部队围截,刘青和中队长两人被抓获,其余被击毙,缴获长短枪11支。

2月下旬 王莲森股土匪从大陈岛潜至海门义士街一带,烧毁杨家桥茅屋三十余间,枪杀妇女三人,绑架义士小学教员三人、工友一人。

3月14日至18日 王相义部趁解放军驻台部队调防之际,有组织地骚扰台州沿海,先后在温岭松门、淋川、贯庄和南田、三门一带大股登陆,杀害干部群众8人,被抓39人,烧毁房屋62间。驻台部队集中力量反击,毙伤匪徒一百三十余人。

3月 直属海门区所辖涌泉、玉砚、章安、前所四个乡镇划归临海县管辖。

4月 毛人凤抵达大陈岛,创办"大陈岛清白干部培训班",毛自任班主任,吕渭祥任少将副主任。

5月5日 解放军攻克舟山群岛,国民党七十三军、七十四军和

青年军等溃兵大量涌入大陈岛。

6月1日　驻海门解放军某部破获自大陈岛潜至海门的国民党军七十二师一支队海门招兵站和"反共救国军"海门情报站,抓获骨干分子11人。

6月25日　大陈岛"江浙反共突击军第七纵队"大队长邱开鼎率一百多人在椒江口登陆,袭击三甲乡政府,洗劫三甲街。乡长丁恕带领乡武装班和民兵退出乡政府后在王村设伏,深夜11时进行突袭,击毙邱开鼎等数人,余众入海逃逸。

6月下旬　海门镇七艘渔船在椒江口外作业时,遭驻守大陈岛的国民党军舰袭击,被击沉四艘、重创三艘,渔民死七人、伤三人。

6月中旬　解放军二十一军六十二师驻防海门。

6月　分直属海门区所辖葭沚乡为葭沚、葭南两乡。同时,把葭南乡、三山乡、山东乡划归黄岩县管辖。

7月12日　解放军攻占大陈岛外围岛屿——玉环披山岛,歼敌七十余人,俘获四百余人。

7月　中共海门区工作委员会改称中共海门区委,程精业任书记,赵立祥任副书记,陈常修、来成桢、董怀修、沈军任委员;程精业任直属海门区人民政府区长,赵立祥、郏国森任副区长。

8月18日　解放军六十二师师长兼政委周纯麟、副师长孙云汉、副政委姜林东、参谋长杜绍三联合签署"清剿字第一号"令,分五个清剿区,对椒江南北、台州湾沿岸再次全面开展剿匪战斗。

8月　浙江省航务局海门管理所成立,负责海门港及台州沿海航政管理工作。

10月15日　海门汽轮公司成立,"新台州号"轮船在解放军武装护航下,自海门至宁波首航成功。

11月26日　大陈岛"国防部第十四支队"一股由山东乡沿海登

陆潜入海门,被海门驻军发现,捕获九人,缴获长短枪18支。

11月　国民党"国防部总政治部主任"蒋经国、国民党"石牌政治训练班副主任"沈之岳等从台湾到达大陈岛,协调驻岛各支武装力量的关系。其时,大陈岛各游击队及情报单位共有38个,互不统属,各自争雄,其成分大致分为四种:一是抗日战争时期沿海各地的游击队,抗战胜利后并未全部解散,仍保留组织者;二是帮会组织,主要是来自上海等地的青帮、洪帮;三是台州各县及宁波、温州、丽水等地的自卫队、警察队等;四是来自舟山群岛的溃兵。当时,总人数约为23000人。蒋经国巡视大陈岛后,向蒋介石建议"迅速整顿江浙沿海反共游击队,以为未来反攻大陆的前哨"。

12月27日　直属海门区首届工人代表大会召开,共有80名正式代表、20名列席代表与会,决定成立海门区总工会,选举赵立祥为主席。

12月　中共海门区委领导班子调整,林正任书记,赵立祥、陈常修任副书记,董怀修、沈军、丁履甫、顾秀岩、卢育生等任委员;林正任直属海门区人民政府区长,赵立祥、郏国森、贾乐堂为副区长。

1951年　大陈岛计有完全小学一所、初级小学三所、私塾三所;创办《新闻日报》,四开单面,钢板刻写,油印出版。

1952年

1月1日　中华民国"台湾银行"在大陈岛设立通汇处,以银圆一元兑换新台币12元。

1月13日　根据上级部署,中共海门区委决定在党政机关及所属财政单位开展"三反"(反盗窃、反贪污、反官僚主义)运动。

2月上旬　国民党"温岭县政府"调整大陈岛行政区划和机构设置——

上大陈岛成立"复兴乡",梁仁达任乡长。下辖建国村(原丁勾头),共145户743人;东昌村(原大小呑里、天灯盏),共141户704人;钟山村(原半天飞),共138户671人;常山村(原上斗、下斗),共130户682人;青山村(原中咀、象头呑);再兴村(原双架、帽羽沙),共160户770人。

下大陈岛城区改设"成功镇",叶邦友任镇长。下辖忠孝里(原新老码头),共152户910人;仁爱里(原大沙头),共219户1189人;信义里(原小坑),共133户789人;和平里(原南坑里、玻璃坑),共146户798人;博爱里(蛳灰场下),共144户836人;岳明里(原西咀头、鸡笼头),共246户1451人。

下大陈岛乡区改设"克难乡",乡长黄金河。下辖:自强村(原小浦),共124户701人;力行村(原望夫礁),共138户866人;克难村(原大浦),共116户589人;日新村(原捉牛坑),共155户746人;又新村(原土地堂),共117户551人;实践村(原南田、浪通门),共241户1633人。

竹屿易名"中兴村",共70户292人。

2月下旬　总部设在台湾的美国西方企业公司派遣蓝浦森等美

方人员,在下大陈岛大小浦设立办事处,除直接向大陆地区派遣特务、间谍外,还指导大陈岛心理作战指挥所、国民党保密局大陈工作站等特务机构的活动。胡宗南派遣钟松与蓝浦森组建联合办公室,共同对大陆进行军事侦察与特务活动;并共同创建"东南干部学校",胡宗南任校长,美方代表范尔逊为副校长,对各岛的海匪和国民党游杂部队进行轮训。

2月　在胡宗南的要求下,台湾当局给大陈岛增派了四个军官战斗团。胡宗南将番号庞杂的部队整编为六个突击大队、一个海上突击总队:第一大队王相义部驻下大陈岛,第二大队徐骧部驻南麂列岛,第三大队王枢部驻渔山列岛,第四大队王华部驻一江山岛,第五大队陈和贵部驻披山岛,第六大队程慕颐部驻上大陈岛;海上突击总队夏季屏部共有28艘各式船艇,分为六个艇队;后又增设一个炮兵大队。其时,大陈岛共有兵力约7550人。

3月14日　海门三艘渔船在黄礁岛附近作业时遭遇海匪,渔民死伤各三人。

3月28日　根据蒋介石"抓住战机,寻隙出击,严惩共军,为党国效力"的电令,胡宗南组织一千多人,在四艘军舰、五艘炮艇的掩护下,分乘23艘机帆船,对白沙岛发起进攻,遭到驻岛解放军顽强抵抗。次日凌晨,解放军增援部队赶到后发起反攻,大获全胜。胡宗南部共损失两百余人,三艘机帆船被击沉。

3月下旬　蒋经国携夫人蒋方良率"前线慰军团"到大陈岛慰问。

5月1日至3日　直属海门区第一届各界人民代表会议第四次会议召开,到会代表120人。会议审议通过林正区长所作的两个报告,选举产生由17人组成的常务委员会,林正为主席。

5月15日　王相义、陈仲秀同时辞去"温岭县政府"正、副县长职务,分别由吴树霖、王炎继任。

1953年

1月1日　中华民国"台湾银行"在大陈岛发行的新台币上加印"限大陈地区流通"字样,面额有1角、5角、1元、10元四种,阻止"大陈台币"流向台湾市场。1955年3月14日,台湾当局宣布废止"限大陈地区流通"之新台币,并于4月15日停兑销毁。

1月10日　三艘货轮从海门驶往宁波,在白沙岛附近遭大陈岛国民党军舰劫持。

1月　大陈岛"温岭县立中心小学"改称"勾践小学",规定各村校学生四年级毕业后,均升入中心小学继续就读。时,该校有20个班级,学生共886人。

2月1日　国民党"温岭县政府"在大陈岛南田村创办"克难补习中学",第一届招收男女学生34名。

2月7日　解放军九十九师改编为公安十六师驻防台州,辖四十五团、四十七团、四十八团,师部和四十五团团部驻海门。1955年2月,大陈岛解放后,师部和四十七团、四十八团移驻上大陈岛。

2月　经上级批准,直属海门区设立义士乡,乡政府同时成立。至1956年9月撤销。

4月29日至5月3日　直属海门区第一届各界人民代表会议第六次会议召开,到会代表123人。会议听取林正区长所作的政治报告和贾乐堂副区长所作的工作报告,选举产生由15人组成的常务委员会,林正为主席。

5月29日　解放军攻克大陈岛的外围岛屿——鸡山岛、洋屿、大鹿岛,共毙敌789人,俘敌176人。

6月24日　解放军攻克大陈岛的外围岛屿——温岭积谷山岛。

6月　经上级批准,直属海门区设立椒江乡,在老鼠屿建立椒江乡政府。1956年5月,划归临海县管辖。

7月8日　国民党"陆军总司令"孙立人到达大陈岛,与美军顾问团商议大陈岛防务问题。

7月　中共海门区委领导班子调整,陈常修任书记,汪树梧、丁履甫、安郁林任副书记,卢育生、丁原琴、刘世宁、孙世勤等任委员;陈常修兼任直属海门区人民政府负责人。

8月　由于大陈岛上不少军官对胡宗南这位"常败上将"颇有微词,加之又常与驻岛美军顾问团发生防务分歧,蒋介石命胡宗南返回台湾,由蒋经国全面主管江浙沿海相关事务。胡宗南在日记中言:"这完全系周(至柔)萧(毅肃)之阴谋,以顾(问团)向周要派部队增援大陈,必须调某人回台湾为辞,欺蒙极峰,要挟批准。"当刘廉一率四十六师进驻大陈岛时,胡宗南竟然不肯交出指挥权。蒋经国紧急衔命前往大陈岛,胡宗南方于8月19日黯然乘舰返回台北。

8月下旬　竹屿"中兴国校"正式成立,吴燕任校长。至此,大陈岛各类学校基本建设完毕,计有:

温岭县立勾践小学,1947年9月开设,校址下大陈岛龙泰,校长严伯钧。

自强克难国校,1951年9月开设,校址下大陈岛小浦,校长曹德福。

力行国校,1952年2月开设,校址下大陈岛望夫礁,校长蒋唐音。

和平博爱学校,1952年8月开设,校址下大陈岛南坑里,校长黄木炎。

日新国校,1952年8月开设,校址下大陈岛下咀头,校长萧奇元。

建国国校,1952年8月开设,校址上大陈岛关帝庙,校长李心元。

钟山国校,1952年8月开设,校址上大陈岛半天飞,校长陈济平。

再兴国校,1953年2月开设,校址上大陈岛双架岙,校长蔡业成。

岳明学校,1953年2月开设,校址下大陈岛西咀头,校长陈善华。

实践国校,1953年2月开设,校址下大陈岛南田,校长朱益鸣。

又新国校,1953年2月开设,校址下大陈岛小岩头,校长张子丹。

温岭县立中正小学,1953年2月开设,校址上大陈岛撩头岩,校长卢圣快。

克难补习中学,1953年2月开设,校址下大陈岛南田村平水禹王庙,校长朱剑农,教务主任严伯钧,训导主任张平干,事务主任赵继法(该校不久改名为"大陈中学",1954年5月1日又改称为"浙江省立中正中学")。

8月　蒋经国改组"大陈岛军政管理体制",将"江浙人民反共游击总指挥部"更名为"江浙人民反共救国军总指挥部",不久撤销;"浙江省政府"迁往台湾。在下大陈岛博爱里设立国民党中央委员会浙江特派员办事处,以沈之岳为主任;成立大陈防卫司令部,以曾在美国陆军参谋大学学习的前六十七军军长刘廉一任防卫司令,胡炘为参谋长;调第四十六师驻防大陈岛,接替军官战斗团;在下大陈岛西咀头招宝寺设立"浙江省大陈地区行政督察专员公署",以沈之岳为专员。下辖四县:温岭县,县长吴树霖,副县长王炎,以大陈岛为据点;临海县,县长敖培才,副县长陶芝山,以头门岛为据点(后改为一江山岛);玉环县,县长李丕绩,副县长林森,以披山岛为据点;平阳县,县长谢力虎,以南麂岛为据点。另设渔山管理局(辖南北渔山等岛,后并入临海县),竹屿管理局(辖竹屿,后并入温岭县)。同时,将大陈周边卫星岛屿划成四个作战区:以曹维汉为南麂作战区司令,李英奇为披山作战区司令,程慕颐为一江山作战区司令,顾锡九为渔山作战区司令。其时,大陈岛武装力量超过21000人。

9月下旬　大陈防卫司令部二处成立,主要任务为发展特务组织、派遣特务潜入大陆等。下辖特勤大队主要进行武装侦察和破坏工作。国民党"海军总司令部情报署大陈侦察组"在下大陈岛信义里巡视一圈后离开大陈岛。

5月11日 解放军六十师一八零团在海军航空兵二师的掩护下,分乘18艘舰艇攻打大陈岛外围岛屿——东矶列岛。15日,头门、田岙、雀儿岙、高岛等东矶列岛主要岛屿解放。

5月16日 国民党海军由护卫舰"太康"号率领"太"字号一艘、"永"字号两艘、马达炮艇一艘组成编队,连续四次向东矶列岛发起反扑,均被解放军海军击退,其中三艘国民党军舰被击伤。同日,国民党空军四架美制F-47型战斗轰炸机对在头门山岛附近巡逻的解放军四艘武装渔轮进行袭击,解放军奋起反击,击伤飞机一架。

5月19日 国民党"国防部总政治部主任"蒋经国偕美国顾问麦克里上校和心战部主任王升等,奉蒋介石指令巡视一江山岛防务。大陈防卫司令刘廉一指着新构成的阵地报告说,在棱线、山腰和海岸三道抵抗线上布下了四层火力圈:用大陈本岛的榴弹炮、一江山岛的山炮构成第一层火力圈,用来对付头门山、田岙、鲤门岛和渔山西侧海面上出现的远距离目标;第二层火力圈由战防炮、机关炮组成,炮位摆在海岛前沿乐清礁、黄岩礁、海门礁、西山咀等突出部背后,专门对付向突出部进攻的近距离目标;由迫击炮、火箭筒、重机关枪构成第三层火力网,覆盖了所有能被共军登陆部队利用的海滩和礁岩;最后一层火力圈是由士兵手里的轻机枪、冲锋枪、自动步枪和手榴弹组成的壕堑火力。刘廉一不禁豪言出口:"我要让一只苍蝇、一只野兔也钻不进来!"美军顾问补充介绍说,北一江阵地,东西长1900米,南北宽100米至700米不等,面积约1平方公里,岛上地质坚硬,地形狭窄,四周全系岩岸,岸高10至40米,坡度40至70度,山势陡峻光滑,难以攀登,岛岸可供登陆地段不超过100米。我们使用现代先进的建筑机械,协助贵方修造出了这个永久性、半永久性的防御工事,总共有地堡、地堡群154座,火炮阵地可配置各种火炮51门,平均每百

米的防御正面就有火炮2门、重机枪2挺,如此高密度的火力,称得上是国际一流水平的了,一江山岛是"生物通不过的钢铁堡垒",云云。蒋经国表示满意:"设防后的一江山岛,可谓固若金汤,共军无法登上一兵一卒的!"并转达蒋介石要求:"共军来犯,必须做到能坚守3个月以上。"

5月26日　政务院批准撤销台州专区,原所辖温岭、黄岩、仙居三县和直属海门区划属温州专区;临海、天台、三门、宁海四县划属宁波专区。

7月1日　上海海运局鸿赉船队四艘货船在白沙山附近遭到驻守在大陈岛的国民党军舰袭击,护航班长等3人牺牲、13人受伤。

7月12日至15日　直属海门区第一届人民代表大会第一次会议召开,到会代表67人。会议听取《政治报告》《政府工作报告》《宪法草案报告》等,选举产生出席浙江省第一届人民代表大会代表。

7月14日　"建成号""新台州号""振兴号""国光号"四艘货轮由石浦驶往海门,途经大陈岛西侧时,遭到驻守在大陈岛的国民党军舰袭击,解放军护航海军予以还击,"建成号"中弹严重受损。

7月中旬　毛泽东主席在北京中南海召开的军事会议上说:"现在形势变了,准备打大陈,先解决浙江沿海岛屿,估计美帝不会有大的干涉,你们就准备吧!"

7月20日　"益昌号""福泉号""吴淞号"三艘货轮由松门驶往海门,途经白沙山附近时,与一艘国民党军舰相遇,解放军护航海军指战员与之展开激战。

8月中旬　解放军海军温州水警区、海防大队和陆军一七八团、一八〇团在六十师参谋长王坤的统一指挥下,在椒江三江口进行协同作战演练。次月,又在乐清湾清江渡口进行协同作战演练。

8月27日　中央军委指示华东军区成立浙东前线指挥部,开始部署收复一江山岛、大陈列岛战役。浙东前线指挥部设在宁波,以华东军区参谋长(次月升任解放军副总参谋长)张爱萍为司令员兼政治委员,浙江军区代司令员林维先、华东军区空军副司令员聂凤智、华东军区海军副司令员彭德清和参谋长马冠三为副司令员,华东军区副参谋长王德为参谋长。下设三个军种指挥所:空军指挥所由聂凤智任司令员,曾克林、安志敏任副司令员;海军指挥所由彭德清任指挥、马冠三任副指挥;登陆指挥所由二十军副军长黄朝天任司令员、海军舟山基地政委李志明任政委。

8月下旬　美国太平洋舰队总司令史敦普,在国民党台湾当局"代参谋总长"彭孟缉、"海军总司令"梁序昭、美国军事顾问团团长蔡斯等陪同下,巡视大陈岛防务。

鉴此,毛泽东主席就解放大陈岛的时机问题特别指出:"需确实查明没有美机美舰的时机,方可对上下大陈进行攻击,否则就不要攻击。"

9月2日　周恩来总理指示中央军委给浙东前线指挥部下达命令:"印度总理尼赫鲁访华将途经上海、杭州,部队暂停执行对敌大陈岛轰炸等作战行动。"

9月　中共海门区委成立海防委员会。

同月　国民党"国防部总政治部主任"蒋经国携长子蒋孝文,与"中华民国驻美大使"顾维钧等乘坐"太湖号"军舰,将台湾"防卫部副部长"王生明送到大陈岛。此后,国民党台湾当局增派"海军副司令员""空军副参谋长""联勤总部副参谋长"等高级军官陪同美军防务专家组上岛,协助部署大陈地区防务。

10月　上旬,国民党"温岭县政府"联合设在大陈岛上的浙江省救济会、温岭县救济会、浙江省农业试验场等单位集资兴建下大陈岛玻璃坑水库,完成坝基填筑工程后停工。

炮兵及轰炸机、强击机战斗行动;以轰炸机空军二十师三个大队、海军航空兵一师一团一个大队(杜-2飞机36架)于炮灰准备前实施轰炸;以强击机空军十一师三个大队(伊尔-10飞机24架)于登陆前展开攻击。

海军:以LCM登陆艇60艘、木壳登陆艇21艘、机帆船10艘、渔轮3艘、LCT登陆艇4艘、LCI登陆艇2艘组成登陆运输队;以炮兵艇8艘、渔轮4艘组成火力支援队;以鱼雷快艇第一大队快艇12艘和炮艇8艘、LCM登陆艇4艘、护卫舰6艘组成战役掩护队。

化学兵:以背囊式火焰喷射器一个连(120具火焰喷射器),分别配属各步兵分队。

工程兵:一个连。

浙江军区:以适当数量的步兵、炮兵和船队于进攻一江山岛前日和当日对披山之敌进行佯攻登陆攻击。

1月18日　根据中央军委和毛泽东主席的部署,解放军陆海空三军首次协同作战进攻一江山岛。经过激战,至次日凌晨2时,肃清岛上全部敌军。此役共击毙国民党军519人、俘虏567人,击沉军舰3艘、击伤4艘,缴获各类火炮53门、火箭筒27具、轻重机枪98挺、各种枪支834支,以及大批弹药和军用物资。

1月18日至19日　参加渔民支前大队的海门61名船工,冒着枪林弹雨,从一江山岛战役第一线运送994名解放军伤员和432具烈士遗体到海门;黄岩城关、海门、路桥、泽国等地群众自愿捐献四百多具棺材,用于安放烈士遗体。

1月19日　美国总统艾森豪威尔宣称"要通过联合国的斡旋,来停止中国沿海的战争";英国、新西兰等国紧随其后,向联合国安理会提出一个提案,要求安理会审议"在中国大陆沿海某些岛屿地区的敌对行动"。美国还草拟了"中国沿海岛屿停火计划建议书"。把本属

中国的内政问题国际化,遭到蒋介石的反对。22日,当美国远东事务助理国务卿罗伯逊带着这份建议书抵达台湾转交给蒋介石时,蒋介石说:"如果我本人同意这个建议,将无法在岛内对自己的行为作出解释;允许安理会讨论这个建议,还会导致联合国讨论中国的代表权问题。""两个中国更是荒谬绝伦,是不可想象的!""'中华民国'领土绝对不可分割!"

1月20日　海门各界人士两千五百多人聚集码头,迎接参加解放一江山岛战斗的解放军指战员凯旋。

同日　蒋介石派专机向大陈防卫司令刘廉一送达"死守大陈"的手谕。

1月22日　国民党台湾当局与美国政府开始联合拟订大陈撤退行动计划。这个计划称之为"金刚计划",英文代号"Operation King Kong"。参与计划拟定的美军人员包括美国海军第七舰队司令兼美国协防台湾司令部司令蒲赖德海军中将、美国远东空军司令帕特里奇空军中将、美国海军第90特遣舰队司令塞宾海军少将、美军顾问团团长蔡斯陆军少将、美国远东空军副司令兼美国协防台湾司令部副司令格兰特空军准将以及曾派驻大陈、"观摩"了一江山战役的美军顾问团行动组组长华尔顿陆军上校等;台湾当局方面参与计划的主要将领包括"参谋总长"彭孟缉、"副总长"余伯泉、"海军总司令"梁序昭、"海军两栖部队司令"刘广凯、"空军总司令"王叔铭、"大陈防卫司令"刘廉一、保密局局长毛人凤等。整个"金刚计划"撤运范围为上、下大陈岛和披山列岛、渔山列岛,涉及岛上所有军民和物资。

同日　"大陈地区行政督察专员公署"专员沈之岳下令,将国民党党务特派员办公室、"大陈地区行政督察专员公署"、浙江省立中正中学、温岭县立勾践小学等公、教单位于是晚先行撤往南麂岛。

同日　美国海军两栖侦察部队秘密潜入大陈海域进行相关侦

察,且未通知国民党台湾当局。当时的"温岭县长"熊国和在日记中曾记载:"浪通门采野菜之小女孩,见海面有人头升出,忽又没入水中,与驻军刘主任再三究诘,而言之凿凿,情况逼真,似非有意造谣,除加强警戒并切实封锁,以免谣惑民心。"次日,美国海军正式派出两栖蛙人部队,清理大陈岛航道,排除之前布设的水雷和各种水中障碍物。

1月24日　美国总统艾森豪威尔向国会提出特别咨文,指出:"如果台湾和澎湖列岛落入不友好者的手里",那就会"在西太平洋的岛屿锁链中造成一个缺口","中共对大陈群岛的炮击是共产党征服台湾的序幕",美国必须对此采取行动。

周恩来总理于同日代表中国政府发表声明,坚决反对美蒋"共同防御条约",强烈谴责美国的侵略行径,并要求美国的武装力量立即从中国领土上撤走。

1月25日和28日　美国国会众参两院分别通过"授权总统在台湾海峡使用武装部队的紧急决议"。艾森豪威尔在答应协防金门、马祖两岛的前提下,正式向蒋介石提出撤兵大陈岛的建议。

毛泽东主席指出:"我们有两条:第一,我们不要战争;第二,如果有人来侵略我们,我们就予以坚决回击。""美国的原子讹诈,吓不倒中国人民!"

1月26日　直属海门区召开万人大会,热烈庆祝一江山岛胜利解放。

同日　国民党"浙江省大陈地区行政督察专员公署"专员沈之岳发布"陈新字第2074号"公告,要求大陈居民自即日起进行登记,作好撤往台湾的准备。公告称,大陈地区已进入紧急备战期间,最激烈之战斗即将到来,本署为谋减轻部队负担,增强防御力量,确保民众生命起见,拟将本地区民众设法疏散至后方,以策安全。凡志愿疏散大陈岛南田作临时安置。

2月6日　上午,国民党海军LSM 241"美珍号"登陆舰先行将大陈岛上的全部伤员撤运台湾,这是从大陈岛上直接开往台湾的撤退第一班船。下午,美军第七舰队出动航空母舰、巡洋舰、驱逐舰、扫雷舰等53艘兵舰和五百余架飞机到达大陈岛以东海域;次日凌晨,台湾当局派出的由56艘兵舰和数百艘运输船组成的庞大船队也抵达大陈岛附近海域。据相关资料,抵达大陈岛帮助实施"金刚计划"的美国第七舰队与国民党军海军陆战队共计48000余人。

2月7日　上午,蒋介石在台北电台发表《为大陈撤退告海内外军民同胞书》,宣称:"大陈岛孤悬于台湾基地250海里之外,以今日军事形势而言,其对我反攻基地台湾之防卫,实已失去其战略价值";"决定将大陈岛驻军调防金门、马祖等地,此为集中兵力,增强整个'反共复国'军事部署之重要措施,是为适应新的战略之需要。""要保证我'反共复国'战争之胜利,自不能以一岛一屿之得失,只争一时之长短,而置根本大计于不顾",云云。

2月8日　上午,"金刚计划"正式开始实施。在下大陈岛设立码头、大沙头、小坑、南坑里四个上船点,在上大陈岛设立关帝庙等上船点,先撤运岛上居民。为便于管制与供应,"大陈地区行政督察专员公署"将居民以村为单位编成一个大队,每大队有3个中队,每中队有3个分队,队设队旗、人佩名条,以资识别,每位居民离岛时,只准随带一件行李。

在"金刚计划"实施时,蒋经国和蒲赖德吸纳"海军两栖部队司令"刘广凯的建议,做了一次重大调整:(一)"金刚A计划"和"金刚B计划"并行实施,即正规武装四十六师和游击武装、军眷及老百姓的撤运同时进行;(二)为争取时间,夜间不停止作业,日夜抢运;(三)调整载运顺序,武器辎重的撤运后延,优先撤离大陈百姓、再是武器辎重和军队;(四)对原定由国民党军独立完成的"金刚C"计划,即披山、渔山两岛的撤运计划,请求美军提供海空掩护支持;(五)披山、渔山两岛的撤运"D日"由原定的2月9日午后,提前至2月9日晨开始。因此,在实际作业中,"金刚A、B"不再区别军与民,也不再区别国民党舰与美舰,所有军民一律实行各舰混装,各运输船舰则是满员即开航,抵基隆港卸载后立刻回航再装运,穿梭运作。

2月10日 上午8时,蒋经国带领随从人员到广场上举行最后一次升旗仪式,然后登上"高安号"军舰离开大陈岛。在"高安号"军舰上,刘廉一当着蒋经国的面凄然地说了句:"什么都完了,落一场空!"蒋经国安慰说:"不要难过,不要失望,我们要下决心打回来!"

2月10日至11日 国民党部队工兵对大陈岛进行全面破坏作业,主要目标是各类掩体坑道、军事设施和学校、专员公署等公建房屋和水库、水井及所有渔民的大小渔船、舢板等,一律全面爆破。据中国红十字会发布的调查报告称:"南坑、小岙里、关帝庙及大沙头附近32户居民的房子全部焚毁;下大陈10多处水井、水池和水库大多被炸毁;330艘渔船全部被焚毁;全岛埋设了10000多枚各式地雷。"

2月11日 中共温州地委根据中共浙江省委"为了开展敌区工作,大陈岛地区可成立区、乡政府,采取武装工作队的形式进行工作"的指示精神,设立大陈区人民政府(县级),同时建立中共大陈区工作委员会。吕众义任书记,刘维宗、许继良、季玉芳、国同玉任委员。大陈工委下设办公室,办公室主任和组织科科长由许继良兼任,宣传科科长卢育生,渔农业生产科科长由国同玉兼任。大陈区人民政府区长刘维宗,副区长季玉芳、黄道熙。区政府下设办公室,主任李济民;民政股股长任树林;工商股股长李南平;公安分局局长马坤满;财粮股股长吴爵渊。区政府机关暂设直属海门区政府内。

2月12日 上午10时30分,装载最后一批负责爆破的工兵的军舰驶离上大陈岛,上大陈岛大岙里滩头同时响起强烈的爆炸声,一股巨大的浓烟直冲云天。至此,国民党"金刚计划"全都实施完毕。据相关资料,"金刚计划"共撤离居民16512人(其中上大陈岛3937人、下大陈岛10974人、披山岛1083、渔山岛518人),撤离武装人员14271人(其中四十六师官兵10168人、游击总队4103人),合计30783人。

嗣后,蒋介石下令组建海军第95特遣部队执行大陈防卫区南麂岛撤退"飞龙计划"。特遣队以刘广凯为指挥官、宋长志为参谋长,由15艘舰艇组成,于2月24日夜间撤运南麂岛军民5545人(其中国民党正规武装3608人、游击武装819人、行政机关48人、居民1118人),另有火炮、车辆、武器弹药和22艘机帆船。南麂岛撤离人员与大陈岛撤退人员相加,共计36328人(其中武装人员18698人,民众17630人)。

一江山岛和大陈岛解放后的情况。胡耀邦同志提议:在大陈岛解放一周年来临之际,组织一支青年志愿垦荒队上岛去,很好地开发建设伟大祖国的大陈岛! 参加座谈会的青年团温州市委书记叶洪生,主动向胡耀邦领受了组织青年志愿垦荒队的任务。

12月上旬　中共海门区委书记吕众义在参加中共浙江省委工作会议期间,省委领导向他传达了胡耀邦同志意见精神。回到海门后,吕众义召开区委会议,决定派遣区农技站干部郭寿江等到大陈岛考察青年志愿垦荒队队部办公室、队员宿舍等,与大陈办事处会商确定后,委托海门建筑合作社派员进行了一个多月的修缮。

12月下旬　大陈岛设立风暴报警站,在屏风山和竹屿设立航标,为岛上军民预报天气,为过往船只导航。

1955年冬季,大陈渔场带鱼汛期,嵊泗渔民收获极丰。

1956年

1月4日　温州市动员市民参加农业生产委员会和青年团温州市委员会制订《关于动员温州市青年建设伟大祖国的大陈岛的计划》，向全市青年发出组建青年志愿垦荒队，开发建设大陈岛的号召。

1月21日　中国新民主主义青年团中央委派丁立准到温州，向大陈岛青年志愿垦荒队授予"建设伟大祖国大陈岛"锦旗和"大陈岛青年志愿垦荒队"队旗。

1月22日　《中国青年报》头版头条刊发了《温州青年志愿垦荒队将去大陈岛开荒，青年团中央派专人赴温州赠旗祝贺》的新闻；头版还同时刊登《青年团中央给温州青年志愿垦荒队的信》，高度评价温州青年志愿垦荒队的爱国行动："毫无疑问，你们远征海岛的先锋行动，一定会激励起更多的青年，为了把我国沿海岛屿建成灿烂的群星而英勇前进！"

1月28日　温州青年大陈岛志愿垦荒队正式成立，青年志愿垦荒队队长由曾经担任大陈工委副书记的中共海门区委宣传科科长卢育生担任，青年团温州市委青工部部长王宗楣任副队长。

同日　晚上，温州市各界群众代表1500多人在市人民大会堂举行欢送青年垦荒志愿者建设大陈岛大会。青年团中央代表丁立准、青年团浙江省委代表张殿奎和中共温州地委书记处书记、中共温州市委书记李铁峰分别将队旗、旌旗授予青年志愿垦荒队，青年志愿垦荒队员代表郑正中、徐小芳代表垦荒队宣读给团中央的保证书和致全国青年书，广大垦荒队员庄严宣誓：坚决响应党的号召，到祖国最需要的地方去，到最艰苦的地方去，把青春献给伟大祖国的大陈岛！

1月29日　清晨，中共温州地委和专员公署、中共温州市委和市人民委员会在人民广场再次举行欢送大会,近3万人参加大会。温州市人民政府市长丁世祥在会上号召全市人民向建设大陈岛的青年垦荒队员学习。

1月30日　上午,由温州207名、海门20名热血青年组成的青年志愿垦荒队汇合后,瞻仰解放一江山岛烈士陵园。是晚,青年志愿垦荒队与海门各界青年代表举行联欢活动。

1月31日　上午,227名青年志愿垦荒队分成两个中队,分别搭乘轮船,经过五个多小时的抛风跌浪到达大陈岛。团中央代表丁立准、团省委代表张殿奎、中共海门区委书记吕众义等伴送青年垦荒队员一起登上大陈岛。垦荒队员统一安置在下大陈岛南田和南磊坑两个自然村。

2月1日　大陈岛党政机关和驻岛官兵举行隆重的欢迎青年志愿垦荒队大会,驻岛部队首长向垦荒队赠送了锦旗和文娱用品。会后,对垦荒队进行了适当分工:青年志愿垦荒队分为渔业、农业、畜牧业三个分队:渔业分队共80人,分成四个小队;农业分队共35人,分成三个小队;畜牧业分队共40人,分成三个小队。垦荒队实行供给制,每位队员每月生活费15元。

2月2日　上午,在团中央、团省委代表和当地党政负责同志的主持下,在海拔228.6米的下大陈岛主峰凤尾山顶举行宣誓仪式:"我是一个青年志愿垦荒队员,我志愿来到伟大祖国的大陈岛,面对着祖国的海洋,背靠着祖国的河山,脚踏着海防前线,肩负着人民的希望,我宣誓:坚持到底,决不退缩,与英勇的边防军一起,用辛勤的劳动,把这个被敌人破坏的海岛变成可爱的家乡!"在仪式后进行的破土劳动中,队员们就开垦出荒地五亩。

2月10日　直属海门区委、区政府举行有六百多人参加的军民春节大团拜活动,表彰拥军优属先进集体和先进个人。

2月13日　农历正月初二,庆祝大陈岛解放一周年纪念大会在保持荣誉"！

5月下旬　平阳县宜山区白沙乡（今属苍南县）章碎金等31名青年来到大陈岛，加入青年志愿垦荒队。

5月　温州地区专员公署给大陈岛青年志愿垦荒队拨款三万元，委托温州造船厂建造一对30吨级的打洋船，成为大陈岛有史以来最大的捕捞船只。

同月　大陈渔场墨鱼旺发，下大陈岛杨府庙咀等处岩岸挤满密密麻麻的产卵墨鱼。

6月上旬　大陈岛渔业指挥部成立，下设保卫股，由边防派出所、驻岛部队和海门边防分局派员组成。据统计，是年4月至6月，共有来自浙江、福建沿海16个县、3197个单位的5161艘渔船，在大陈渔场进行渔业生产，参加捕捞渔民达52300多人。

6月中下旬　中央新闻纪录电影制片厂上岛拍摄大陈岛青年志愿垦荒队到大陈岛垦荒建设的纪录片——《今日大陈岛》。

7月上旬　大陈岛青年志愿垦荒队由供给制改为工资制，队员工资从18元至32元不等，平均工资22元。

7月13日　经国务院批准，台州恢复专署建制，下辖临海、黄岩、温岭、天台、仙居、三门、宁海七县。

7月　大陈岛青年志愿垦荒队队部委员、团支部副书记池德杰受指派参加浙江省水产干校第一期培训班，学习海洋捕捞技术。

8月　中共浙江省委批转浙江省水产厅党组《关于温州地区敲罟渔业的调查报告》，要求"坚决停止发展，积极保护资源"。

9月17日　大陈渔场遭到强台风袭击，毁损渔船243艘，死亡渔民49人、失踪渔民28人。

秋季　驻岛部队在上大陈岛庄周庙建立火力发电厂，安装一台50千瓦以木炭为燃料的发电机组。

10月2日　国民党台湾当局派遣的三名特务在下大陈岛登陆，岛上民兵配合驻岛部队将其包围，活捉王庆福等三人，缴获长短枪13支、子弹五百余发和特务活动器材等。

10月　按照中共浙江省委、省政府的指示，大陈渔场停止敲罟围捕大黄鱼的作业方法。

11月5日　晚上，国民党台湾当局一架B-26型轰炸机闯入台州湾畔，遭遇解放军海军321站探照灯迎面照射，飞行员惊慌，操作失误，坠机于椒江农场。机上两人毙命，三人被三甲、下陈民兵捕获。

是年　大陈岛青年志愿垦荒队渔业分队仅与福建省惠安县霞星渔业生产大队合作开展黄鱼敲罟作业一项，分成收入就达九万多元。

自1955年2月至1957年底，驻岛部队共新建营房1360间计2.25万平方米，食堂等计5741平方米，修筑公路计18.69公里，修缮民居1720间计4.68万平方米。

1958年

1月5日　接浙江军区命令,驻守大陈岛的守备十六旅改编为台州军分区,大陈守备团改称为守备八十一团,下辖三个守备营、一个37高炮营、一个120炮营和工兵连、防化连、通讯连、卫生队等。

1月31日　温州市人民政府副市长方恭敏率温州各界人民慰问团到大陈岛,慰问青年志愿垦荒队员和驻岛解放军指战员。

2月5日　解放军边防十五团改称为守备八十二团。

2月25日　大陈岛青年志愿垦荒队在岛上各单位和福建惠安渔民的支持下,在南田村动工兴建"大陈岛友谊俱乐部",成为集会议、电影、演戏、图书阅览、文艺活动于一体的场所,也是岛上第一座标志性建筑。

2月至3月　共有127架次台湾当局飞机飞临大陈岛附近海空和台州湾沿岸。

3月16日至24日　共有七十余对日本渔轮非法进入大陈渔场,多次撞坏温岭等地渔民的渔船、渔具等。

4月上旬　大陈岛青年志愿垦荒队中队长李光旦出席中华全国青年联合会第三次代表大会,并作《坚持就是胜利》的发言。

5月6日　东海舰队在大陈洋面扣留非法进入中国领海的日本渔船六艘,带至海门港审查,后移交上海有关部门处理。

5月上旬　大陈岛青年志愿垦荒队员金荣光出席浙江省第二次青年代表大会,并在会上作《我们爱上了大陈岛》的发言。金荣光在本次会议上当选为浙江省第二届青年联合会执行委员。

5月11日　共青团海门区委组织金可人等21名青年到大陈岛,参加青年志愿垦荒队。

10月　大陈海洋站建成。

11月　温州越剧团创作、编排了现代剧《把青春献给大陈岛》，于大陈岛献演后，在各县市进行巡回演出。

12月　鉴于大陈岛垦荒任务基本完成，中共大陈镇委为了更好地进行多方面的生产，增加青年志愿垦荒队员收入，决定把垦荒队员分散安置到各个生产大队。

同月　东海舰队动工兴建上大陈岛码头，次年12月完工。

1959年　共有103户黄岩长潭水库移民安置到大陈岛。至此，大陈岛共有居民1000多户，5500多人。

是年　建成上大陈岛3.3千伏线路三公里，供电1.5万千瓦小时。

1960 年

1月　大陈岛青年志愿垦荒队所属农业队、渔业队、养牛场、养兔场、海带养殖场,均成为独立核算单位,直接归属大陈镇人民委员会管理。至此,青年志愿垦荒队基本解体。

2月13日　共青团中央第一书记胡耀邦给大陈岛青年志愿垦荒队队长王宗楣回信。胡耀邦首先肯定了中共大陈镇委根据新的形势把志愿垦荒队员分散安置到各个大队的做法,并建议大陈镇委:"为了给队员留下一个历史性的纪念,为了在十几年、几十年之后,用生动的事实向大陈岛青年、少年、儿童讲建设大陈岛的故事,可以给每个愿意留在大陈岛的人,发给纪念章或一个纪念册。"他向为艰苦创业建设大陈岛的垦荒队员致敬,希望无论是留在大陈岛上或回乡去的青年垦荒队员,"在生产中学习,变成高中生、大学生,变成有觉悟、有文化水平的渔业专家、林业专家、蔬菜专家、畜牧专家"。

2月18日　中共温州地委书记处书记、温州市委书记李铁峰主持召开市委专题会议,学习胡耀邦同志回信精神,专题研究各部门齐心协力支援大陈岛建设问题。会议决定,在大陈岛青年志愿垦荒队解散后,动员更多的青年支援大陈岛建设,并提出了动员一两百名"支陈青年"上岛的工作目标。中共大陈镇委书记李文俊、青年志愿垦荒队队长王宗楣列席会议。

4月26日　经过两个多月的动员,洞头县和黄岩县城关镇、海门镇、路桥镇共有151名青年上岛,支援大陈岛建设,称"支陈青年"。其中,洞头县女青年60人,海门镇青年27人(男2人,女25人),其余两镇青年64人(其中女性50人)。

5月26日　根据中共温州地委决定,大陈镇从海门人民公社划

157

出,成立大陈岛人民公社,由黄岩县直接领导。青年垦荒队纳入公社管理,改称大陈岛人民公社社会主义建设青年大队。

7月1日　温州地区专员公署副专员阎康候率慰问团上岛,向留在岛上的192名垦荒队员和新上岛的151名支陈青年颁发了纪念章,并正式宣布:"大陈岛青年志愿垦荒队胜利完成垦荒历史使命!"此后,大部分青年志愿垦荒队员安排到工厂、商店工作,有五十多名队员继续从事农业、畜牧业,并组建了青年农牧场。垦荒期间,15名垦荒队员加入中国共产党,62名加入共青团,50多人次经评选获县级、省级、全国先进工作者荣誉,100多人被评为垦荒队"四好""五好"队员,涌现出许多先进典型代表。

8月至9月　大陈岛连遭7号、8号、12号强台风袭击,倒塌房屋八十余间,毁损渔船二十余艘。

9月24日　下午,大陈岛遭遇大暴雨,降雨量166毫米。

10月　大陈海洋水文站建成。

1960年冬汛,福建渔民大量涌入大陈渔场,再次与大陈渔民联合进行长达两年多的敲罟围捕大黄鱼作业,使大陈渔场大黄鱼资源几遭灭顶之灾。

1963年

1月　大陈渔场保卫委员会成立，取代大陈渔业指挥部。

春季　大陈岛开展以"四清"（清理账目、清理仓库、清理财物、清理工分）为主要内容的社会主义教育运动。

5月4日　中共大陈镇委副书记、原青年志愿垦荒队队长王宗楣出席共青团浙江省第四次代表大会。

5月　大陈信用社成立，胡启明为首任主任。稍后，大半天村信用服务站建立，负责上大陈岛信用业务拓展工作。

8月27日　国民党台湾当局派遣的七名特务在下大陈岛登陆，驻岛部队指战员和岛上民兵在海军温州护卫艇大队的配合下将其包围，击毙两人、活捉五人。

10月　经过岛上军民一年多的艰苦奋斗，共开岩石、挖沙石两万多立方米，在下大陈岛建成一条长三百多米、高六米的挡浪堤墙，铺平了道路，取名为港边路。根据节约土地、合理布局、建筑美观的要求，傍山临街建筑房屋。

11月15日　国民党"浙江省反共救国军独立第十六纵队"八名特务，在下大陈岛东南侧登陆，隐蔽在废弃防空洞内，并与台湾联络九次，一直至19日早晨才被发现。驻大陈岛某部在团政治处主任孙志刚、营长方稽顺的带领下，包围了该股特务，"上校司令员"吴佑江、"中校副司令"陈宗玉率众投降。共缴获橡皮艇一艘、长短枪15支、手榴弹16枚、收发报机两台及其他物品。中央军委副主席贺龙专门对此事作出批示："弄清事实，找出原因，接受教训，通报全军。"为此，中央军委专门派出检查组到台州，中共台州地委负责人作了深刻检讨。

12月29日　中共台州地委召开专题会议,讨论有关大陈岛的问题。会议对大陈岛的组织领导、社会治安、战备物资储存、当地居民生产生活等事项进行了具体分析,决定选派合适的干部上岛,以加强对大陈岛各项工作的领导。

1963年　建成下大陈岛3.3千伏线路3公里。

是年　大陈岛共有居民五千六百余人。全岛共分为九个大队,其中上大陈岛五个,以农牧业生产为主,种番薯、养猪养牛等;下大陈岛四个,以渔业生产为主,有大型机帆船五对。

1964年

1月　增设的黄岩县人民委员会大陈办事处和中共黄岩县大陈工作委员会撤销,大陈镇人民委员会和中共大陈镇委改为大陈公社(镇)人民委员会和中共大陈公社(镇)委员会。公社书记由驻军首长胡刚担任,李文俊、张纯友(驻军)、狄振超任副书记,孙志刚(驻军)、何华友、李宗富、何满庆、金吕能、杜永信、迟镇熙、姜渭潘、王宗楣任委员;许式盛任镇长,何华友、李宗富、迟镇熙任副镇长。

3月　大陈岛掀起"郭兴法教学法"民兵大练武热潮。

4月　大陈镇跃进大队民兵连副连长罗仙美率领的大陈女炮班,参加海上动荡目标射击比赛,以七次射击七次优秀的成绩,荣立集体二等功,获得南京军区和浙江省军区的嘉奖。

5月13日至16日　台州地区渔民海上对敌斗争会议在温岭县召开,大陈公社负责人在会上作经验介绍。

7月1日　进行全国第二次人口普查。

11月　在大陈公社(镇)机关和岛上事业单位开展"五反"(反贪污盗窃、反投机倒把、反铺张浪费、反分散主义、反官僚主义)运动。

1964年　上大陈岛3.3千伏线路延伸至五公里。

1968年

4月27日 "海联司"和"海总司"开展大规模武斗,打死三人、打伤十人,仓库、民房被毁七处。驻海门部队支左办公室专门发出《关于制止海门武斗的六条通告》,要求"海联司""海总司"等群众组织立即停止武斗。

5月 台州军分区向大陈岛调拨玻璃12箱,用于"三忠于"(永远忠于毛主席、永远忠于毛泽东思想、永远忠于无产阶级'文化大革命')制作材料。

6月19日 "海联司"和"海总司"在海门港区发生武斗,死一人、伤两人,303号货轮被炸毁,港区作业瘫痪。

6月 钢质客货两用"浙江402"轮投运海门至大陈航线,时速19.4公里,抗风7级,载客量153人、载货量15吨。

7月24日 "海联司"组织人员冲击驻军大岙里军火库、港口部队和海军部队,抢夺武器。

7月24日 天台县人武部武器库为造反派所抢,"海联司"分得机枪5挺、步枪15支,海门武斗进一步加剧。

11月19日至19日 仙居县"三代会"、县联总代表团到大陈岛慰问驻岛解放军指战员。

1968年 大陈渔场海蜇旺发,整个洋面几成海蜇世界。卫星大队一季就捕获13万担,水产品仓库皆"蛰满为患"。

1969年

4月上旬　根据黄岩县"革命委员会"指示,大陈镇第二次建立"革命委员会"。镇委书记由驻军首长方稽顺担任,李文俊任第一副书记,驻军代表李恒、梁景标任副书记;王明德、谷亨昌、胡冷定、姜洪福、谢明周、金敬凤、杨菊兰、姜渭潘、宋从华、何华友、汪洋连、陈英芳、吕水英、华贤恒先后任委员;主任由方稽顺兼任,金吕能、戴合成、李文俊先后任第一副主任,李恒、陈钦寿、梁景标、许式盛、王宗楣、何华友先后任副主任。

4月14日　大陈岛部分渔船被抽调参加浙江省"革命委员会"发起的所谓"武装解放玉环,实现台州一片红"的"四一四事件"。在此次事件中,共死伤143人。

6月13日　海门区"革命委员会"发出关于收缴武器、弹药的通知;17日,再次发出通知,并在全区范围内开展清缴工作。不久,各派群众组织纷纷张贴布告,宣布"完成历史使命",停止活动。

9月4日　温岭箬山一艘渔船在大陈洋面作业时,被英籍货轮"东狮号"撞沉,渔民落水死亡5人,获救18人。

9月24日　《人民日报》刊载《大陈岛在前进》的通讯,讲述岛上群众勇救遇险战士的故事。8月10日,驻大陈岛某部八位战士乘船出海遇险,上大陈岛大岙里大队干部王明德闻讯后,带领三名社员驾驶机帆船,冒着八九级大风前往救援,把遇险战士安全接回。

9月26日　1969年第11号强台风袭击大陈岛。

9月　成立黄岩县大陈初级中学,校址设在下大陈岛南田村。

10月11日　台州地区水产分公司"革命委员会"转发《黄岩县大陈岛卫星渔业队试用维尼纶纱网的经验总结》,要求各县水产公司学习推广。

12月　驻大陈岛守备第八十一团改称为南京军区守备第二十五团,下辖一营、二营、下大陈岛守备营、120迫击炮营和直属高炮连、通信连、特务连、卫生队等。

1973年

1月19日　温岭箬山渔民在大陈渔场捕获一条长4.20米、宽0.39米、重24公斤的带鱼。

1月22日　台州地区"革命委员会"工调办公室发出通知:"在全民和集体单位工作的原垦荒队员,他们在垦荒队的时间,在工调中可以计算为工作年限。"

3月　原大陈岛青年志愿垦荒队队长、中共大陈镇委副书记王宗楣调离大陈岛,到温州地区水产局工作。

7月22日　《浙江日报》刊载题为《寄自大陈岛的报告》的文章,报道大陈岛建设成就。

8月15日至19日　中共黄岩县委组织水产、土产、生产资料等部门人员,赴大陈岛开展调研,前后召开座谈会七次,了解"批林整风"促进生产发展状况。

8月中下旬　银行大陈营业所党支部成立,张锦定为书记,金尧舜为副书记,张三玉为委员;大陈邮政电信支局党支部成立,江明德为书记;大陈石油商店党支部成立,曹英标为副书记;大陈百货商店党支部成立,徐复铮为书记;大陈电厂党支部成立,王以宽为书记;大陈副食品商店党支部成立,张钦槎为书记;大陈航搬站党支部成立,王伍梅为书记。

11月16日　大陈岛设立土产木材商店。

11月　下大陈岛南磊坑水库实施第二次大坝加高工程,坝高由原来的13米增高到18.5米,同年10月完工,库容量增至13.5万立方米。

1973年　大陈岛人工养殖紫菜面积100亩。

1974年

8月18日至22日　测得大陈岛过程降雨量为401毫米,潮高6.7米,系有气象记录以来的最高值。

8月19日　1974年第23号强台风袭击大陈岛,沿港堆积的渔具和物资被席卷一空。

9月　浙江美术学院雕塑系教师王卓予、叶钦文、潘锡柔率学生二十余人到海门,帮助解放一江山岛烈士陵园雕塑烈士遗像。至年底,共完成烈士塑像二十尊,大型浮雕四块,战斗群雕一座。

10月　国家气象部门确定大陈气象站为参与国际气象情报交换站点。

12月23日　南京军区批准大陈港为台湾渔轮临时避风点。

1974年　大陈岛人工养殖紫菜面积120亩。此后,因海水污染烂苗现象严重而逐年减少,至1979年全面停养。

是年　公安部调拨给大陈边防派出所"976"边防巡逻艇1艘,编号为"ZGB103",后改为"公边303",再改为"公边D3352",1994年退役。

1975年

1月18日　庆祝解放一江山岛战斗20周年大会在海门举行,中央、省、地代表和参战部队及当地干部群众一千五百多人参加。

2月16日　恢复建立海门水上派出所。

4月　一封署名"大陈岛群众"的来信引起中共中央、国务院高度重视,主持国务院日常工作的华国锋副总理作出重要批示。后经浙江省和台州地区成立专案组查明,信中反映的沿海地方领导干部所谓"通台湾"问题,纯属捕风捉影。

6月28日　中共黄岩县委成立大陈渔港建设委员会,章兴华任主任,韩传健、许式盛任副主任,戴合成、何华友、王冬生为成员;下设办公室,何华友兼任主任。

7月1日　海门海运公司钢质客轮浙江403轮、浙江404轮投运海门至上海客运航线。

7月20日　浙江省水产局投资在下大陈岛浪通门与屏风山之间修筑防波大坝。驻岛部队派出三名干部参与工程建设指挥部工作,抽调六个连队指战员投入工程建设。工程于1977年5月25日竣工,建成顶长185米、底长110米、高14.3米的大坝,使浪通门成为面积达十平方公里的人造避风港和水产品养殖场。

8月12日　1975年第4号强台风登陆象山,大陈岛受到强烈影响,极大风速达到每秒47.米,为历史最高值。岛上共倒塌房屋三百二十余间,毁损渔船一百二十多艘。

8月26日　上午,驻岛部队在进行82炮实弹射击中,误伤正在上大陈岛关帝庙粮站附近挖屋基的群众9人,其中妇女6人、女孩2人、男孩1人。

1978年

2月28日　大陈渔场突遭强冷空气袭击,十小时内气温从18℃骤然降至-3℃,致使正在大陈渔场作业的渔民无法返航,渔船沉没23艘、严重损坏641艘,死亡25人。

3月1日　胡启明任大陈镇人民武装部部长。

7月25日至30日　台州地区渔区工作会议在大陈岛召开,会议确定了"以渔为主,捕养结合,多种经营,全面发展"的方针。

8月29日　叶家才任大陈镇中心校校长,汪恩春任副校长;许陈萍任上大陈小学校长。

8月　大陈中学"革命委员会"撤销,恢复校长负责制,金永法任校长,陈学友、姚岩增任副校长。

9月16日　中共浙江省委决定成立台州地区行政公署。至此,台州地区"革命委员会"宣告结束。

秋季　在驻岛部队的支持下,上大陈岛建成黄泥坑水库。至此,上、下大陈岛基本解决饮用水问题。

10月28日　三艘菲律宾国籍渔轮进入大陈岛避风,其中一艘触礁沉没,四名船员受伤;当地政府和有关部门接受伤员上岸治疗,并援助六吨柴油及淡水、食品等,使之安全离去。

11月　何华友任中共大陈镇委书记、大陈镇"革命委员会"主任,李文俊任第一副书记、第一副主任,许式盛、华贤恒任副书记,许式盛、沈传培、胡启明任副主任。

12月　经中共浙江省委统战部批准,大陈岛设立台湾渔民接待站。

1979年

1月15日　大陈岛大雪飞扬,平均积雪厚度12厘米,望夫礁山最大积雪超过14厘米。

1月20日　黄宝生任大陈镇卫生院院长,缪茜茜任副院长。

1月21日　王学寿任大陈邮电支局党支部书记、支局长。

3月25日　国家重点建设项目台州发电厂破土动工。

4月23日　大陈粮管所党支部成立,唐敦元、潘邦云任副书记,金敬人任委员。

5月　海门区"革命委员会"撤销,恢复中共海门区委、区政府。

同月　大陈镇幼儿园动工兴建。

6月25日　台湾渔轮"长成发"号因起网机发生故障,要求进海门港修理。经上级有关部门批准,同意其靠泊修理。这是海门港首次接待台湾渔轮。

6月27日　大陈岛渔民抓获台湾当局派遣的一名特务。

6月　国务院批准大陈岛为活海鲜直运香港交货发运点。

夏季　大陈发电厂由南田迁往玻璃坑,增装一台120千瓦柴油发电机组,3.3千伏线路改为10千伏线路。

7月8日　香港"海鹏号"货轮首次自大陈岛运载活石斑鱼等运往香港。

8月上旬　大陈镇大岙里水产品加工厂、双象鱼粉加工厂、卫星水产品加工厂先后成立。

8月中旬　大陈岛上共发现并收缴台湾"心战"品15批,有汗衫、毛巾、糖果、饼干及漫画、彩色画片、小册子、伪造的《人民日报》等三十多种,共计692张。

10月　为丰富岛上群众的文化生活,驻岛守备第二十五团指战员自筹资金6000元建起第一座电视差转台。从此,上、下大陈岛的军民都能收看到中央电视台播放的节目。

10月26日　徐云来任大陈人民法庭副庭长。

从1979年开始,大陈渔港监督站实施机动渔船轮机、管轮以上职务船员考核制度。

动军民共建社会主义精神文明示范岛工作,商定建立一批军民之家和青年民兵之家。

8月23日　下大陈岛居民金某在街上行凶,殴打一外地人致昏迷,大陈边防派出所民警发现后上前制止,金某又纠集孔某等十多人围攻殴打民警,致六人受伤,金某、孔某因故意伤人罪被依法逮捕。

8月31日　1981年第14号强台风袭击大陈岛,岛上房屋被损十分之三。

8月　为保障驻岛部队后勤供给,大陈镇政府在椒江市有关部门的支持下,专程到宁波、上海等地运来大米1.5万公斤、精白面粉4.5万公斤、煤炭20多吨、水产品5千多公斤供给部队。

9月　椒江市人民政府决定撤销海门镇,成立椒东、椒西、椒南、椒渔四个街道办事处。

10月　中共椒江市委成立,吕金浩任书记,汪树梧、何华友任副书记,杨华明、潘法元、徐新福、潘兆镛任常委;汪树梧任椒江市人民政府代市长,杨华明、潘法元、徐新福、潘兆镛任代副市长。

11月　大陈气象站在五虎山落成,列为国家基本观测站。

12月28日至次年1月2日　根据中共浙江省委副秘书长、办公厅主任陈法文向省委主要领导反映的大陈岛建设落后的问题,中共台州地委、行署和中共椒江市委、市政府组织由赵小道、杨华明等16人组成的联合调查组,登上大陈岛开展实地调查。

12月　郭文建任中共大陈镇委副书记。

1981年　大陈镇实现渔业产值240万元,乡镇企业产值60万元。

是年　驻岛守备二十五团与大陈镇发动军民,植树40万棵。

1982年

1月　经浙江省人民政府批准,黄岩县界牌公社、临海县沿海公社划归椒江市管辖。

同月　国家有关部门在大陈海域发现油气盆地,测算储量为128亿桶,暂定名为"龙井油田"。

同月　陈学友任大陈中学校长。

2月8日　上大陈岛大半天大队鹰捕作业船违章搭客,从下大陈岛回上大陈岛途中,被横浪掀翻,15人落水,救回14人,死亡1人。

2月　郭文建任大陈镇人民政府镇长,蔡钦方、黄金生、陈志根任副镇长。

3月　大陈镇设立三个居民委员会,其中下大陈岛两个、上大陈岛一个。

4月18至20日　中共椒江市第一次代表大会召开,正式代表274名、列席代表10名。吕金浩当选市委书记,汪树梧、何华友为副书记,李守池、杨华明、潘法元、徐新福、潘兆镛、李德权为常委。

4月21日　徐杰银任大陈镇人民武装部部长。

4月　浙江省托幼工作领导小组拨款一万五千元,资助大陈幼儿园建设。

5月　浙江省第一支海水帆板队——大陈中学业余帆板队成立,有队员7名、帆板2条。

6月　大陈岛明珠蒸干鱼粉厂建成投产,年生产能力800吨。

7月30日　1982年第9号强台风袭击大陈岛。

8月　中旬,大陈渔民在山上发现空飘气球两只,每只空飘气球内携带台湾"心战"画片八百多张。

秋季　大陈岛开始实行"包船到户"生产责任制。

10月1日　位于下大陈岛五虎山顶的大陈气象站正式投入工作。

10月26日　孔小桔任大陈水产食品罐头厂厂长,高元波、孔小芹任副厂长。

11月　南京军区批准大陈港为台湾渔轮避风港。仅11月、12月,就有台轮(渔船)16艘次、船员84人次进入大陈港。

12月　中国农业银行授予大陈信用社"全国农村金融系统红旗单位"。

1982年　大陈镇实现渔业产值250万元,乡镇企业产值110万元。

据是年年底统计,大陈镇户籍人口为5114人。

7月8日　以中共温州市委常委、副市长刘锡荣为团长,叶洪生、王宗楣为副团长的温州市各界人士慰问团登上大陈岛,慰问坚守岛上的原青年志愿垦荒队队员。

7月10日至12日　中共台州地委在椒江召开贯彻落实胡耀邦重要批示、学习大陈岛老垦荒队员艰苦创业事迹现场会。

7月11日至13日　共青团浙江省委书记鲁松庭率浙江省各界青年赴大陈岛学习慰问团登上大陈岛,开展慰问和座谈讨论活动。

7月12日　原大陈岛青年志愿垦荒队员李光旦、大陈医院院长程才源赴杭州,为省级机关团员青年作垦荒事迹报告。中共浙江省委副书记陈法文专程看望垦荒队员代表,勉励他们为"四化"建设多做贡献。

7月15日　根据大陈镇政府查证核对,自1956年1月至1960年4月,先后五批上岛的垦荒队员共计428人:1956年1月,温州207人,海门20人;1957年2月,永嘉四海垦荒队13人;1958年2月,20人(海门);1960年4月,150人(其中温州60人、台州90人);1956年至1960年间从平阳、乐清、象山、黄岩、温岭零星上岛18人。目前,仍留在岛上的原垦荒队员100人(其中9人因公因病亡故)。

7月17日　中共温州市委邀请原大陈岛青年志愿垦荒队员陈尊亭、张菊莲、叶荣华、李京州回乡作垦荒事迹报告。中共浙江省委常委、温州市委书记袁芳烈看望垦荒队员代表。

7月18日　中央新闻纪录电影制片厂派出摄制组登上大陈岛,拍摄新闻纪录片《重访大陈岛》。

7月24日　《人民日报》以整版篇幅刊登孟晓云采写的长篇通讯《开拓者的土地——来自大陈岛的报告》。

7月26日　温州市各界人士慰问团副团长叶洪生、王宗楣给胡耀邦同志写信,汇报大陈岛的发展状况和垦荒队员的工作、生活、思

想情况。

8月7日　中共中央总书记胡耀邦看了叶洪生、王宗楣两同志给他写的信后,作出重要批示:"乔石同志:此事请你要浙江省王(芳)、薛(驹)等同志指定人加以过问。继续开发和建设大陈岛虽然算不上是件大事,但对教育和鼓舞人们,特别是青年积极向上,奋发进取是个好题目。同时,所费也无几。现在我们许多人不动脑子,高谈阔论,遇事推诿,多一事不如少一事,这个风气实在太坏,要由我们中央和省市两级带头打破。报上说,1955年国民党撤离时岛上居民有14000多,现在还只恢复到5000,是否可靠? 因此,值得省委、省政府亲自抓一抓,解剖个麻雀,是值得的。明年秋后,我还要去看看。"

8月15日　大陈岛原垦荒队先进事迹和胡耀邦的重要批示公布后,至8月中旬,浙江省、台州地区、椒江市、大陈镇各级领导和相关部门收到来自全国各条战线的来信800多件,大多表示要赴大陈岛考察或参加建设。为此,经请示中共浙江省委、省政府主要领导同意,中共浙江省委办公厅专门作出规定:(一)鉴于大陈岛面积较小、耕地有限,无法容纳大批人员。因此,对于来信要求去大陈岛参加建设的人员,绝大多数应复信向他们说明大陈岛难以接纳的困难情况,鼓励他们发扬艰苦创业的革命精神,在原地区、原单位努力做好本职工作,积极为四化建设作出贡献;少数岛上亟需的教师、医生等专业技术人员,可由椒江市政府提出意见,报经省、地有关部门批准,予以接纳,(二)省、地、市及各有关部门接到这方面的来信,请一律转至椒江市大陈镇委,由镇委同意负责处理,并答复读者来信。

8月　中共台州地委副书记丛林兼任中共椒江市委书记。

9月22日　中共大陈镇乡镇企业支部成立,李京州任书记,陈招忠、孔小桔任委员。

9月25日至26日　1983年第10号台风袭击大陈岛,极大风速达每秒46米,最大波浪高度13.4米,为历史次高纪录,10级以上大风持续14个小时。浪通门防波堤严重受损,渔船破损16艘、沉没2艘,死亡1人。

10月2日至4日　中共台州地委书记魏夏久、副书记丛林,台州军分区政委刘玉鹏,地委委员、宣传部部长程达,台州行署副专员朱福初、省委驻台州工作组组长李茂生和地级机关有关负责人及椒江、仙居、天台等县市党政领导一行三十多人,登上大陈岛,与老垦荒队员和大陈镇领导共同研究加快大陈岛建设问题。

10月　椒江市水产公司大陈购销站冷库建成投产,日处理能力24吨,总冷藏量100吨;日制冰7吨,总贮冰量70吨。

11月5日　凌晨二时许,下大陈岛大沙头三角街发生火灾,烧毁房屋七十多间。浙江省、台州地区、椒江市三级高度重视,有关部门予以拨款重建。驻岛守备二十五团指战员捐款31395元、粮食1713公斤帮助受灾群众。

11月12日　共青团中央拨款十万元,资助大陈岛建造青少年宫,以利大陈岛青少年开展文化体育活动,搞好社会主义精神文明建设。

11月17日　中共台州地委副书记、行署专员杨雨洒主持召开大陈岛开发建设工作会议。会议传达了浙江省政府关于对椒江市提出的有关大陈岛建设十个问题的批复,研究建设大陈岛的具体措施。

11月18日　中共椒江市委召开常委会议,专题研究大陈岛建设问题,决定成立由市委常委、常务副市长潘法元任总指挥的大陈岛开发建设指挥部。

同日　国务院批准海门港为办理国轮外贸运输港口,同意设立港监、海关、边检、商检、卫生检疫等涉外机构。

11月24日至28日　中共台州地委副书记、行署专员杨雨洒率绝小规模的,三五十万就不少了,集腋成裘。不要怕人家得点利,他们得点利,我们争取了时间,能够较快富裕起来。不要事事请示,300万元以下的,你们自己批,同谷牧同志通个电话就行,主要是要快。当然尽可能不要上当。"

3月22日　罗夏林任中共大陈粮管所支部书记;蔡晓华任大陈粮管所主任,潘邦云任副主任。

3月　大陈发电厂开始全日供电。

4月20日　浙江省财政厅下拨8万元自然灾害救济款,用于大陈岛垦荒队员及居民灾后住房修缮。

5月29日　郭文建任中共大陈镇委书记,金永法、王冬友任副书记,黄金生、徐杰银、顾世法、陈小法任委员。

6月2日　中共中央总书记胡耀邦题写的"大陈岛青少年宫"宫名手迹寄抵大陈岛,要求"不登报、不广播、不署名"。

6月19日　在北京举行的"为边陲优秀儿女挂奖章"大会上,原大陈岛垦荒队员、大陈镇卫生院副院长张菊莲荣获银质奖章。

6月22日　由张执任、陈爱民创作,以反映大陈岛垦荒队员艰苦创业事迹为题材的电视剧《当你十八岁的时候》,由中国电视剧制作中心在大陈岛开拍。

6月至7月　投资200万元,敷设从黄琅至下大陈岛、下大陈岛至上大陈岛总长29海里的海底通讯电缆两条,结束了大陈岛与大陆不通电话的历史。

7月1日　经椒江市人民政府组织相关部门验收,大陈岛成为全市第一个基本无文盲镇。其时,大陈岛有中学一所、小学五所、幼儿园一所,初中普及率达97.3%。

7月8日至11日　椒江市政府在大陈岛召开现场办公会议,研究下大陈岛玻璃坑水库修缮、大陈卫生院进出道路修建等问题。中共椒江市委副书记、市长周林本主持会议。

7月9日　中共大陈镇委、镇政府和大陈镇卫星大队、大岙里大队、中咀大队、天灯盏大队、大陈边防派出所被评为全省军民共建文明岛先进单位,受到中共浙江省委、省人民政府、省军区的表彰和嘉奖。

7月16日至19日　南京军区与中共浙江省委、省人民政府联合在大陈岛召开全省军民共建文明岛经验交流会。南京军区政委郭林祥,中共浙江省委书记王芳,浙江省省长薛驹,南京军区政治部主任魏金山,中共浙江省委常委、宣传部部长罗东,浙江省军区司令员康明才、政委马骥良及上海警备区、江苏省军区、舟嵊要塞区、海军舟山基地等部队领导出席大会,大会着重总结、介绍军民共建大陈岛的做法和经验,提出"让大陈岛经验在浙江大地开花结果"。

7月25日至26日　中共大陈镇第二次代表大会召开,选举产生由王冬友、金永法、刘华圣、徐杰银、顾世法、郭文建、黄金生、陈小法组成的第二届委员会,郭文建任书记,金永法、王冬友任副书记。

7月下旬　解放军驻大陈岛守备第二十五团海防营被评为"全军绿化工作先进单位"。

7月30日至8月2日　椒江市政府在大陈岛召开现场办公会议,毛平伟副市长主持会议,市计委、财政局、商业局、供销社、交通局、水产局、邮电局、协作办、盐业公司、燃料公司等单位负责人参加。会议着重研究解决岛上商业发展、物资运输、渔港和码头等项目建设问题,并形成会议纪要。

7月　上大陈岛红旗村村民颜定生开发滩涂100亩,开始养殖花蚶、蛤蜊、蛏子等,喜获丰收。

8月1日至2日　民政部、解放军总政治部在北京召开全国"双拥"先进单位和先进个人表彰大会,中共大陈镇委书记郭文建、驻岛守备第二十五团政委杨国耀参加大会。会上,驻大陈岛守备第二十五团获得全国"双拥"先进单位称号。

8月3日至5日　大陈镇第七届人民代表大会召开。选举李正瑞为大陈镇人民政府镇长,黄金生、陈志成、周献忠为副镇长。

8月7日至8日　中共台州地委宣传部召开各县市宣传部长会议,专题研究如何用大陈垦荒精神落实好大陈共建文明岛经验,让大陈经验在台州遍地开花结果。

8月14日至19日　政协椒江市第二届委员会第一次会议召开。选举杨华明为椒江市政协主席,李德权、赵连城、周德贵、杨圣满为副主席,杨桦为秘书长。

8月16日至21日　椒江市第二届人民代表大会第一次会议召开。选举汪树梧为椒江市人大常委会主任,徐新福、曾炳贵、陈邦波为副主任;杨秀芳为椒江市人民政府市长,潘法元、江直南、曹雪昭、陈子敬为副市长。

8月21日　大陈岛供销经理部成立。

8月31日　大陈岛经济文化开发公司成立。

8月　受1984年第七号台风影响,三名驾驶舢板出海的渔民失踪。

9月14日　改卫星大队为卫星村;改近洋大队为大沙头村;改南田大队为南田村;改跃进大队为凤尾村;分胜利大队为胜利村、大小浦村、浪通门村;改大岙里大队为大岙里村;改天灯盏大队为天灯盏村;改中咀大队为中咀村;改大半天大队为大半天村;分双象大队为双架岙村、象头岙村。

9月17日　中共大陈镇委、镇人民政府召开大会,宣布浙江省人民政府正式批准原大陈岛青年志愿垦荒队员陈显坤、大陈镇清卫所负责人王小玉两同志为革命烈士,发出《关于深入开展学习陈显坤、

2月28日　下大陈岛元宝山上安装由乐清机械厂生产的EFDB—20风力发电机组一台,装机容量20千瓦。

3月2日　中共中央办公厅秘书局给中共大陈镇委、镇政府和驻岛部队党委复函:"耀邦同志看了来信,对全岛1984年在两个文明建设中取得的成绩表示满意。"1月下旬,中共大陈镇委、镇政府和驻岛部队党委给胡耀邦同志写信,汇报大陈岛1984年两个文明建设情况。

3月6日　陈学友任中共大陈中学支部书记。

3月12日至15日　欧洲经济共同体两名专家由国家科委有关人员陪同,到大陈岛考察新能源开发项目。

3月　李正瑞任中共大陈镇委副书记。

同月　牟振彬、项香女任大陈中学副校长。

5月1日　原大陈岛青年志愿垦荒队队员、大陈镇文化站站长陈萼亭应邀出席全国青年突击手(队)表彰大会,受到胡耀邦总书记等党和国家领导人的接见。

5月15日　中共椒江市委宣传部在大陈岛召开文明单位建设现场会。

5月31日　温岭县钓浜乡渔民在大陈海域捕获一条鲍鱼,重150公斤。

5月　驻大陈岛守备第二十五团被南京军区授予"学习科学文化、培养军地两用人才先进单位"。

同月　椒江电视台成立。

5月下旬至6月上旬　浙江省帆板锦标赛在大陈岛举行,大陈帆板队获得团体总分第三名。

6月11日　温岭县钓浜乡渔民在大陈海域捕获一条黄唇鱼,长2.05米、胸围1.25米,重85.55公斤。

6月下旬　大陈信用社主任谢海松获浙江省优秀共产党员称号。

6月　上大陈岛蒸干鱼粉厂建成投产,年生产能力1800吨。

7月9日　共青团中央书记处书记李源潮一行30人到大陈岛,慰问老垦荒队员,转达党中央和胡耀邦总书记的亲切问候、关怀和鼓励,并向老垦荒队员赠送一台20英寸彩色电视机。同时,将"中华好儿女"和"东海铁卫士"牌匾,分别赠送给老垦荒队员和驻岛部队指战员。中共台州地委副书记、椒江市委书记丛林等陪同。

7月21日　下大陈岛元宝山上安装由乐清机械厂生产的EFDJ—3风力发电机组一台,装机容量3千瓦。

7月　从前所镇划出5个村、沿海乡划出4个村,设立椒江市前岸乡。

8月17日　经国务院和中央军委批准,椒江市被列为乙类开放区(大陈岛除外)。

8月下旬　东海舰队在大陈岛以东洋面进行夜间军事演习,大陈镇政府会同市商业部门派出8名同志从宁波、金华等地购得优质蔬菜18个品种共四千多公斤,保证在海上紧张演习期间指战员们生活所需。

9月20日　在台州军分区召开的抗台救灾表彰大会上,驻大陈岛守备二十五团运修连受到嘉奖。

9月　中共椒江市委主要领导调整,中共台州地委委员、组织部部长林希才兼任中共椒江市委书记,周林本任副书记;椒江市人大常委会任命周林本为椒江市人民政府副市长、代市长。

同月　大陈岛凤尾冷冻厂建成投产,日处理能力3吨,总冷藏量50吨。

10月13日　中国和欧洲经济共同体签署协作意向书,决定在大陈岛进行新能源开发,联合建立风力发电试验场。

10月　1985年第19号强台风袭击大陈岛,海上漂失网具两千余张。

同月　驻岛守备二十五团在进行整编后,团部及部分连队从大陈岛移驻椒江市区。

11月　王冬友任中共大陈镇委书记,陈小法任副书记。

11月19日至22日　中共椒江市第二次代表大会召开。林希才当选为中共椒江市委书记,周林本、谷建新、何阿义为副书记,李祖德、潘法元、周济世、罗根富、范春梅为常委。

12月1日　中共浙江省委副书记、省长薛驹到大陈岛检查指导工作。

12月24日　经浙江省民政厅批复,设立椒江市葭沚区,辖葭沚镇和栅浦、界牌、山东三个乡及椒江渔业总公司。

12月25日至26日　中共浙江省委副书记、副省长吴敏达,中共浙江省委原副书记、省顾问委员会副主任崔健,浙江省军区副司令员王文惠等参加大陈岛军民共建大会并讲话。

12月29至30日　中共中央总书记胡耀邦,在中共浙江省委书记王芳、中共中央办公厅副主任温家宝、新华社副社长曾建徽等的陪同下,视察大陈岛,看望老垦荒队员。中共台州地委书记魏夏久、台州军分区司令员江执中、中共椒江市委书记林希才等陪同。在与坚持在海岛创业的89名老垦荒队员座谈时,胡耀邦同志说:"大陈岛的昌盛,第一是解放军的功劳,第二就是你们老垦荒队员的功劳!所以,今天不是你们欢迎我,而是我们三家——中央、省、椒江市,联合起来欢迎你们呵!"胡耀邦强调:"大陈要富起来,必须充分利用海洋资源,发展远洋捕捞与养殖业,在这个基础上发展水产品加工和各种为渔业生产服务的行业。"他建议:"大陈中学可以增加一门水产养殖和捕捞的课程,不但要教时事,还要教生产技术,可以请船老大来上省委书记茅临生等和与会代表参观大陈岛。

6月　大陈岛蒸干鱼粉厂建成投产,年生产能力2000吨。

7月中旬　大陈岛渔民捕获一条重达130公斤的鲈鱼,由浙江省水产研究所制成标本保存。

7月25日　椒江渔民在大陈岛海域捕获一条重13吨的金钱鲨。

8月1日　大陈岛客运大楼工程开工。

8月27日　中共椒江市委、椒江市人民政府发布《关于开发大陈岛经济若干政策规定》。

8月　洪道森任中共大陈中学支部书记。

9月初　椒江市政府决定大陈镇、葭沚镇取消初中招生考试,实行九年制义务教育。

9月4日至8日　欧洲经济共同体专家琼斯和比利时国家森林研究所所长凯勒等到大陈岛实地考察新能源情况。

9月17日　大陈海洋站测得大陈港最高潮位6.0米,为历史最高纪录。

9月　牟振彬任大陈中学校长,徐玉银任副校长。

10月30日　南京军区政委傅奎清一行到大陈岛检查指导军民共建工作。

10月　大陈岛水产罐头食品厂建成投产,除生产罐装海水产品外,每日可制冰3吨,总冷藏量50吨。

11月3日　南京军区前线话剧团到大陈岛演出由李传弟和梁泉编剧、王群执导的话剧《一叶国土》。而后,在台州、温州各地巡回演出。

12月　国家计划生育委员会授予大陈镇"全国计划生育先进集体"称号。

1986年　大陈镇实现渔工业总产值1200万元,其中渔业产值680万元,乡镇企业产值520万元;渔民人均收入1020元。

1987 年

1月20日　大陈岛码头陆上单项工程竣工验收会在大陈岛举行,中共台州地委、浙江省交通厅、浙江省航运局、椒江市政府及相关部门负责人参加会议。中共台州地委副书记丛林出席会议。

1月25日　椒江至章安道头金渡轮发生翻船特大事故,119人落水,死亡97人。

2月14日　叶喜潮任上大陈小学校长。

2月　中共椒江市委副书记邢强兼任中共大陈镇委书记,陈志成、陈小法、陶秀友任副书记。

3月1日　大陈海洋站测得大陈港最低潮位负0.2米。

3月3日　大陈镇第七届人民代表大会第四次会议召开,批准李正瑞辞去大陈镇人民政府镇长职务,决定由陈志成副镇长主持政府工作。

3月14日　凌晨,大陈岛连续降冰雹11分钟,平地积厚两厘米。

3月25日至26日　中共大陈镇第三次代表大会召开。选举产生由邢强、陈志成、陈小法、陶秀友、顾世法、陈普林、冯小法、黄金生、徐杰银组成的第三届委员会,通过了《关于大陈镇精神文明建设实施意见》的决议。

4月3日　大陈岛冷冻厂设立面积为340平方的水产品出口小包装车间。

4月5日至6日　大陈镇第八届人民代表大会第一次会议举行,会议听取政府工作报告,选举陈志成为大陈镇人民政府镇长,陈小法、黄金生、周献忠为副镇长;会议通过了《关于在集镇范围内收取环境卫生费的实施意见》等决议。

4月中旬　国家科委与欧洲经济共同体联合签署"中欧合作大陈岛互补能源系统（DES）"文件，由欧共体无偿提供130万欧元、中方负担50万元人民币，在元宝山安装丹麦 ADE-933 型风力发电机三台（总容量165千瓦）及配套设施，合作项目采用国际招标方式承建。

4月24日　林克贤任大陈镇人民武装部副部长。

4月25日　尚志汗任大陈岛冷冻厂厂长。

4月　下大陈岛南磊坑水库实施第三次大坝加固加高工程，坝高由原来的18.5米增高到20.5米，并加筑防浪墙，库容量增至15万立方米。

5月27日至6月1日　政协椒江市第三届委员会第一次会议召开。选举张庆雄为椒江市政协主席，汤义方、周德贵、赵连城、曾炳贵、周君良、杨圣满、王相早为副主席，王天寿为秘书长。

5月29日至6月3日　椒江市第三届人民代表大会举行。选举何阿义为椒江市人大常委会主任，徐新福、曹雪昭、江直南、张礼芳、林葆友、陈邦波为副主任；周林本为椒江市人民政府市长，肖东荪、毛平伟、郑明治、牟中欧、王小青为副市长。

6月19日　浙江省人民政府批准海门港为对台小额贸易口岸，成为台州第一个对台贸易口岸。

7月9日　茅日晶任大陈镇人民政府副镇长助理。

7月22日至24日　中共浙江省委、浙江省政府、浙江省军区联合召开"双拥"经验交流会，大陈镇委、镇政府获得"双拥"先进单位称号，并在会上作典型经验介绍。

7月27日　1987年第7号强台风袭击大陈岛，倒塌房屋22间，山体滑坡11处。

7月下旬　驻大陈岛守备第二十五团获得"全军绿化造林先进单位"光荣称号。

现山景,山上云彩飘浮,约持续25分钟。

5月　大陈修船厂进行设备更新,建成200吨级船坞,填补了大陈渔港无法修理远洋渔轮的空白。

6月3日　经椒江市文化局批准,由大半天村村民池金玉等集资,在上大陈岛码头创办上大陈岛青年文化馆。

6月14日　浙江省科委批准《大陈岛项目管理办公室管理条例》,以促进中欧大陈岛合作项目的顺利实施。

6月　台州地区暨椒江市新闻活动周举行,来自全国31家新闻媒体的八十余名记者参加活动。活动周期间,新闻媒体记者到大陈岛开展集体采风活动。

7月12日　大陈岛海洋渔业公司成立。

7月19日　大陈岛育苗厂在浪通门海域利用规格两立方米的2只封闭式网箱,放养钓获的幼石斑鱼691尾,平均尾重132.9克。至12月份检测,平均尾增重171.6克,总成活率97.4%。

8月24日　徐玉银任大陈中学校长;叶国星任大陈中学副校长兼教导主任。

8月26日　王传银任中共大陈中学支部书记。

8月29日　郑立清任椒江市农业银行大陈营业所主任。

8月　中欧合作大陈岛互补能源系统项目之一的"太阳能电池电视差转系统"建成。

9月17日　原国务委员、国防部长张爱萍上将为"大陈岛国防教育营地"题写营名。

9月　连正德任中共椒江市委书记。

10月10日　经渔港监督管理部门批准,下大陈岛杨府咀灯标向外侧移位20公尺。

11月12日　椒江市大陈岛海洋渔业公司成立,公司拥有资产总

值1100万元,钢质渔轮49艘(其中250匹以上马力渔轮7艘)、机帆船14艘,出海渔民518人,为台州地区最大的开发外海渔场船队。

12月3日　下大陈岛元宝山风力发电站竣工,从丹麦引进的总容量为165千瓦的三台风力发电机组与大陈发电厂并网发电,原有国产风力发电机组停运。与此同时,中国和欧洲共同体大陈岛分散能源系统——风/柴分项技术通过省级鉴定。按照设计要求,风力发电机组年发电为30万千瓦小时。

12月13日至16日　中共椒江市第三次代表大会召开,中共浙江省委常委、组织部部长沈桂芳到会指导,确定试行党员代表大会党员代表常任制改革,取消常委制,实行委员制。

12月14日　黄乐贺任中共大陈水产购销站支部书记。

12月　大陈岛东海蒸干鱼粉厂在上大陈岛投产,年生产能力150吨。

1988年　大陈镇实现渔工业生产总值2560万元,其中乡镇企业产值860万元,渔业产值1700万元;渔民人均收入1771元。

是年　上大陈岛发电厂柴油发电机组共发电1524千瓦;下大陈岛国产风力发电机组(共七台)累计发电8.46万千瓦小时。

1989年

1月14日　大陈岛飘起漫天大雪,平地积雪厚达14厘米以上,为百年所未遇。

1月　上大陈岛冷冻厂建成投产,日处理能力10吨,总冷藏量100吨;日制冰7吨,总贮冰量20吨。

3月10日　浙江省人民政府批准大陈镇为对外开放重点工业卫星镇。

3月30日　中共浙江省委副书记、纪委书记陈法文到大陈岛考察。中共椒江市委书记连正德、副书记谷建新等陪同。

4月2日　浙江省政协副主席、民革浙江省委会主委何志斌和民革中央"祖国统一联谊会"副主任李本坤等到大陈岛考察,了解去台人员房产政策落实情况。

4月15日　杨如喜任中共大陈镇委委员。

4月24日　根据大陈岛全年缺水达两个月的实际,大陈镇政府向椒江市政府报送《关于建造大陈岛大小浦水库的可行性报告》,要求在大小浦村威武寺北建设水库,提出坝高16米,集雨面积19公顷,库容量7.2万方等建议,投资估算167.16万元。

4月　大陈岛海洋蒸干鱼粉厂建成投产,年生产能力600吨。

5月4日至6日　中国与欧共体大陈岛新能源应用研讨会在椒江举行,这是在台州首次召开的国际性会议。欧共体和联合国亚太经济组织的代表与国家科委、计委、能源部、机电部、农业部、中国科学院及浙江、上海、新疆、内蒙古、福建等九个省市区的领导、专家共100多人参会。浙江省科委副主任昌金铭、椒江市副市长兼科委主任王小青等出席会议。

1990年

2月28日至3月1日　中共大陈镇第四次代表大会召开。选举产生由陈志成、陈普林、陶秀友、林志法、杨如喜、颜小林、柯开桂组成的第四届委员会,陈志成任书记,陈普林、陶秀友、林志法任副书记。

3月　大陈岛被国家科委列为"全国科技开发示范岛"。

4月10日至12日　大陈镇第九届人民代表大会召开。听取和审议政府工作报告;选举陈普林为镇长,冯小法、陈英高、林志法为副镇长。

4月18日至22日　旅美全美大陈同乡会总干事陶仲良率领由11人组成的访问团,到台州考察,赴大陈岛寻根问祖。

4月22日至28日　政协椒江市四届一次会议召开,选举张庆雄为椒江市政协主席。

4月24日至29日　椒江市人大四届一次会议召开,选举何阿义为椒江市人大常委会主任,周林本为椒江市人民政府市长。

4月28日　浙江省交通厅在大陈岛组织大陈岛码头工程建设协调会议,浙江省航运管理局、台州地区交通局、椒江市政府及相关部门负责人参加会议。

4月29日至5月2日　大陈岛持续被大雾笼罩62个小时,为有气象记录以来最长的一次。

5月23日　以大陈岛军民同守共建、艰苦奋斗为主题的电视片《春满大陈岛》制作完毕,送往北京军事博物馆,作为"新时期我军建设成果"大型展览的组成部分。这部长15分钟的电视片,由大陈概况、苦难的历史、大陈新生、新时期的军民共建活动、共建活动促进海岛经济建设、共建之花在椒江盛开等六个部分组成。

6月8日　一台20千瓦的风力发电机在大陈岛经过调整后投入试运转。此前安装的两台风力发电机已累计试运转两百个小时,日发电量占岛上用电量的三分之一,与岛上柴油发电机并网联运后,产生了良好的节油、节能效益。至此,以开发利用新能源和渔业资源为重点的14个科技开发示范项目已全部实施。

6月24日　1990年第5号强台风袭击椒江,冲毁大陈岛浪通门大坝坝面四十多米。

7月13日　总投资531.7万元的下大陈岛杨府咀300吨级客货两用码头正式投用,结束了客轮不能在大陈岛直接靠岸的历史。该项目由水上和陆域两部分组成。水上部分包括300吨级客货码头泊位一个、防浪堤29米;陆域部分包括进港公路、隧道、候船厅等。

7月25日　大陈海洋站测得大陈海域海水盐度值34.88‰,为历史最高值纪录。

8月3日　大陈镇人民政府发布《关于保护海岸贝类资源的通知》,禁止在岛上进行商业性采挖贝类,禁止贝类交易。

8月7日　上大陈岛候船室通过竣工验收。

8月8日　大陈岛风力发电项目相关图片资料参加国家农业部举办的"全国农村能源十年成就展览"。

8月9日至11日　台湾青年创业协会秘书长陈仁和、旅美大陈同乡会总干事陶仲良等相继到椒江和大陈岛省亲、考察,并进行经济洽谈活动。中共椒江市委书记连正德、市长周林本等会见客人。

8月31日　1990年第15号台风袭击大陈岛,房屋毁损286间,海底电缆断裂,陆岛之间通讯中断。

9月8日　1990年第18号台风袭击大陈岛,房屋毁损110间,损坏风力发电机3台,损坏渔船300多艘,沉船4艘,浪通门大坝被冲毁80米。

秋季 大陈岛开始进行鲍鱼、扇贝等海珍品养殖试验。

9月26日 为切实解决陆岛交通困难的问题,发展海岛旅游事业,大陈岛气垫船筹备小组成立,陈普林任组长,冯小法、楼祖民等8人为成员。

9月30日 台州地区行署、台州军分区表彰一批军事设施保护先进单位,大陈镇政府榜上有名。

10月1日 经中央军委、国务院批准,海门港正式对外轮开放,成为我国对外开放的第49个港口。

10月6日 海门海关正式开关。

10月9日 以荒西寿美为团长的日本矶钓联盟一行四人,到大陈岛进行海钓考察活动。

10月23日 中共大陈工商所、房管所、财税所、盐业站联合支部成立,张启桂任书记。

10月24日 经椒江市民政局椒民字(90)67号文件批复,设立大陈镇上大陈码头居民委员会。

10月27日 大陈边防派出所破获一起当日发生的严重破坏军事设施案件,抓获犯罪嫌疑人三名。

11月1日 上大陈蒸干鱼粉厂启动湿法鱼粉生产技术项目改造,形成年生产鱼粉1200吨、鱼油96吨的能力。

11月12日 拥有728个客位的浙江406客轮投入椒江至上海(椒申)航线,原营运椒申航线的浙江403客轮投运椒江至大陈(椒陈)航线。

11月16日至18日 浙江省政协副主席厉德馨到大陈岛考察。台州地区和椒江市领导陈幸均、张庆雄等陪同。

12月3日 大陈海洋站测得大陈港最低潮位负0.2米。

12月6日 王妙根任大陈百货商店经理。

区人大工委副主任高仁涌和椒江市人大副主任曹雪昭、副市长钟夫寿等陪同视察。

7月1日　椒江人民广播电台开播。

7月13日　《台州日报》刊发长篇通讯《老垦荒队员的后辈们》。

7月25日至27日　台州地区拥军优属、拥政爱民会议在椒江召开,大陈镇获得"双拥模范镇"光荣称号。

7月25日至8月10日　为提高渔船驾航技术,消灭无证驾驶,确保海上安全生产,大陈镇举行渔船四等近海职务船员培训活动。

8月15日　叶国星任大陈中学校长,张建平任副校长;陈阿芬任大陈镇中心小学校长。

8月17日　浙江省水产局批准下大陈岛浪通门防波堤加固工程和沿港道路改造工程。沿港道路总长1838米,其中1350米道路宽度为3米、488米道路宽度为3.5米,投资29万元;防波堤加固工程投资26万元。

8月27日　大陈镇科委成立,李云庆任主任。

8月30日　叶国星任中共大陈中小学支部书记,黄米富任副书记。

8月　椒江市军警民联防演练在大陈岛举行,参加演练的有椒江武警中队、椒江消防大队、椒江公安局、椒江民兵应急分队、大陈岛军民联防分队等单位,主要进行军警民联合抓捕小股扰乱破坏犯罪人员的行动演练。

9月26日　叶肖挺任中共大陈粮管所支部书记。

10月上旬　浙江省文化厅授予大陈镇文化站为"特级文化站"。

10月14日　为期两个月的农村社会主义思想教育活动本日开始在大陈岛展开。

10月15日　中共大陈镇城一支部成立,吴春香任书记。

11月6日至7日 公安部边防局原局长曹岩华少将在浙江省边防总队总队长叶汝根等陪同下,到大陈岛检查指导工作。曹岩华为大陈岛边防派出所题写"艰苦创业建设边防,尽心尽职守卫大陈。"

11月14日 1991年第20号台风影响大陈岛,上、下大陈岛避风港内浪高超过6.50米,为历史上罕见。有80多艘渔船受到不同程度的损坏,损失渔网100多张,直接经济损失80余万元。

11月15日 李京州任大陈镇企业办公室主任,陈招忠任副主任。

11月18日 朱小青任中共大陈发电厂支部书记。

12月2日 蒋士云任大陈房管所所长。

12月8日 当晨曦跃上海岸线时,大陈岛上响起了"椒江人民广播电台"的呼号,结束了解放三十六年来大陈岛不通市区广播的历史。

12月20日 李云庆任中共大陈镇委副书记,洪涓任委员。

12月27日 梁相文任中共大陈医院支部书记。

12月下旬 大陈发电厂500千瓦一号柴油发电机组投运。

1991年 大陈镇渔工业总产值3850万元,比上年增加20%。其中,工业产值1452万元,比上年增加20%;渔业产值2400万元,比上年增加20%。渔民人均收入2300元,比上年净增528元。

是年 大陈籍台胞陈师余、陶小顺捐资修缮下大陈岛南坑里关帝庙。

229

1992年

1月6日　大陈镇会计服务站建立。

1月27日　椒江市政府召集交通、水产、海运、航管、渔港监督等部门,在大陈岛召开交通安全管理协调会,就海门—大陈航线客轮超载、上下大陈码头小船接驳、大陈—金清航线管理、上下大陈之间岛际交通安全等进行专题协调,并形成会议纪要。

2月27日　冯小法任大陈镇科委主任。

3月9日　陈仙友任椒江市大陈冷冻脱脂鱼粉厂厂长;程建光任椒江市大陈岛蒸干鱼粉厂厂长。

3月9日至10日　中共大陈镇第四次代表大会第三次会议召开。

3月11日至12日　大陈镇第九届人民代表大会第三次会议召开。陈普林作政府工作报告,陶秀友作人大主席团工作报告,孔宪华作《关于1991年度财政收支和1992年度财政收支预算的报告》。

4月4日　方凯胜任中共大陈镇机关支部书记。

同日　中共大陈工商所支部成立,李云清任副书记。

4月中旬　台湾著名电视节目主持人凌峰为拍摄系列风光片《八千里路云和月》,专程登上了大陈岛。临走时,凌峰带回了一捧海外大陈人梦中的故园热土。

4月15日　中共大陈镇上大陈招待所支部成立,林宝梅任书记;陈定行任大陈镇城一支部书记。

4月22日　大小浦水库配套工程——大陈水厂设计图纸审查会议召开,审定水厂供水规模为每日550吨。

4月25日　大陈镇岛礁性水产品资源管理小组成立,柯开桂任

4月16日至21日　椒江市人大五届一次会议召开,选举何阿义为椒江市人大常委会主任,卢武为椒江市人民政府市长。

5月29日　应良华任大陈航管站站长。

6月3日至6日　中共椒江市委统战部傅美康、市台办李兆定、市台胞接待站赵冠雄、海润贸易公司史国良等人在深入大陈岛考察调研后,向中共椒江市委、市政府提出开辟大陈岛对台贸易旅游区的建议,引起市委、市政府主要领导的重视。

6月9日　大陈镇镇属集体企业大陈冷冻厂、上大陈蒸干鱼粉厂、上大陈蛋白胨厂、上大陈冷冻厂改制为股份制企业。

6月25日　大陈镇对台贸易旅游开发办公室成立,徐玉银任主任。

6月28日至30日　"1993中国椒江国际旅游钓鱼节暨大陈岛发展恳谈会"在大陈岛成功举办,港商6人、台商台胞18人及浙江省政府开放办、省台办、台州行署、椒江市政府相关负责人参加活动,共签订合资、独资项目三个,总投资265.7万美元,协议外资108万美元。

6月30日　椒江市第一家专门从事海岛旅游资源开发的旅游服务公司——大陈岛旅游开发公司挂牌,楼祖民兼任经理。

7月17日至18日　南京军区副政委裴九州中将、浙江省军区副政委王常贵少将等一行11人,到大陈岛检查指导海防管理及民兵、预备役工作。台州军分区司令员郑仁波、中共椒江市委副书记赵平安等陪同检查。

7月26日　方凯胜任大陈镇党政办公室主任;徐玉银任大陈镇计划生育办公室主任。

9月上旬　电视专题片《大陈岛拾贝》拍摄完成。该片在美国中文电视台《看浙江》栏目播出,为台州首部在国外播出的宣传片。

9月15日　椒江市计划委员会批准大陈镇政府要求集资建房的方案,共建房屋20套,总面积1645平方米。

9月27日至12月2日　大陈镇全面开展党的十四大精神再教育活动。

9月29日　大陈镇建立农林技术推广站、林业工作站。

10月7日　浙江省林业厅批准在上、下大陈岛建立森林公园。

10月28日　王祖根任中共大陈工商所支部书记。

10月　椒江市旅台同乡联谊会成立。

11月9日　椒江市进出口公司大陈岛分公司成立。

11月9日至10日　椒江市副市长徐水高一行到大陈岛考察调研。

11月17日至18日　浙江省政协原主席商景才到大陈岛考察调研。台州地区和椒江市领导陈幸均、卢宝法、蒋广德等陪同。

12月　林耘任中共椒江市委书记。

1993年　大陈镇实现工业产值2371万元，比上年增长38%；水产品总量7114吨，渔业产值3125万元，固定资产总值4462万元。渔民人均收入2741元。

1994年

2月3日　陈英高任中共大陈镇机关支部书记,洪涓任副书记。

2月29日　椒江市政府对在全国第七届运动会女子帆船欧洲级、1993年全国帆板锦标赛及全国青年帆船锦标赛中取得优异成绩的大陈帆板队队员张宏、陈达荣、项微、王利卫、黄文雅、张海红、陈菊领和教练李勇、孔宪泉给予表彰和奖励。

3月10日　中共大陈镇第五次党代会第二次会议召开。

3月15日至16日　大陈镇第十届人民代表大会第二次会议召开。

3月21日　林维平任大陈镇科委主任。

3月26日　《大陈镇初级卫生保健规划》公布。

4月8日　椒江市中美水产食品厂在下大陈岛鱼师庙创立,主要生产鱼松和鱼糜制品。

6月15日　椒江市大陈特种橡胶密封件厂成立。

6月23日至24日　中共浙江省委书记李泽民上岛考察,就大陈岛的发展提出指导性意见。台州地区、台州军分区和椒江市党政主要领导陪同。

7月　大陈边防派出所升格为大陈边防工作站。

8月12日　椒江市政府拨款5万元,作为大陈陈列馆维修费用,大陈陈列馆从镇政府机关内搬迁至青少年宫。

8月21日　1994年第17号台风在瑞安登陆,大陈岛遭受严重影响。

8月22日　国务院批准台州撤地建市,椒江市改为椒江区,台州市人民政府驻地椒江。

8月29日　李云庆任中共大陈镇委书记。

同月　上、下大陈岛中小学合并,成立大陈实验学习,实行九年一贯制办学。

9月1日　大陈岛公路改建工程动工。

10月4日　毛泽东同志女儿、全国政协委员李讷到大陈岛考察。

11月7日至10日　大陈岛旅游度假区总体规划大纲评审会议召开,浙江省旅游局、浙江省城建厅等有关部门领导专家参加评审,会议原则通过《大陈岛旅游度假区总体规划大纲》。

11月9日至10日　分散在各地的原大陈岛垦荒队员六十多名代表登岛重游,与中共大陈镇委、镇政领导座谈,并自发捐助48888元支援垦荒纪念碑建设。

11月16日　海军航空兵政委单大德中将在东海舰队航空兵政治部主任陆德康少将的陪同下到大陈岛检查指导工作。

11月30日至12月1日　台州市政协主席李成昌率在台州的省政协委员视察大陈岛。

12月14日　《大陈岛旅游度假区环境影响评估大纲》评审会在杭州之江饭店举行,浙江省旅游局、浙江省环保局等有关部门领导专家参加评审,并一致通过。

12月23日　洪涓任中共大陈镇委副书记;林维平、孔宪华任委员。

12月28日　陈保正任大陈中心卫生院院长。

1995年　大陈镇实现渔工业总产值17951万元,其中:工业产值7428万元;水产品总产量22405吨,实现产值10505万元;财政收入92.5万元;渔民人均收入5717元。

是年　大陈镇养殖鲍鱼12万只、扇贝20万只、淡菜60亩、羊栖菜50亩,养殖网箱总数达200口。

1996 年

1月5日 撤销中共大陈镇卫生、教育联合支部,成立中共大陈医院支部,陈闽江任书记;成立中共大陈实验学校支部,傅金荣任书记。

1月10日 台州市交通局主持上大陈岛公路改建工程竣工验收会,台州军分区、市公路管理处、市交通工程质量管理站、椒江区交通局、大陈镇政府等单位参加。上大陈岛公路改建工程起点为上大陈岛码头,途径驻军营部、海防连至中咀码头,全长5.837公里。

1月18日 中共大陈镇第六次党员代表大会召开。会议选举产生由李云庆、洪涓、柯开桂、朱汉来、孔宪华、颜小林、林维平、徐玉银组成的第六届委员会,李云庆任书记,洪涓任副书记;选举产生由柯开桂、方凯胜、徐正友、李斗明组成的纪律检查委员会,柯开桂任书记。

同日 中共大陈镇委、镇人民政府向全镇人民发出《伸出你的手,让我们共同资助,为建设大陈岛垦荒纪念区作贡献》的倡议书。

1月27日 纪念大陈岛青年志愿垦荒队员上岛40周年大会在椒江电影城隆重举行,一百多位老垦荒队员参加纪念会。共青团中央专门向大会发来贺电,共青团浙江省委副书记马以,台州市和椒江区领导吕振欧、赵平安、卢武等出席大会。

1日28日 大陈岛垦荒纪念碑奠基仪式在下大陈岛望夫礁山顶举行。

2月3日至4日 大陈镇第十一届人民代表大会召开。李云庆作政府工作报告,陈英高作人大主席团工作报告。会议选举陈英高为大陈镇人大主席团常务主席,李云庆为镇长,林维平、徐玉银为副镇长。

4月12日　电视风光片《大陈行》在台州全市范围内开始播放。

4月26日　中共浙江省委副书记卢展工到大陈岛考察调研,看望老垦荒队员代表。省委办公厅副主任叶明和台州市、椒江区领导朱福初、邹学甫、杨云龙等陪同。其间,卢展工及陪同考察人员每人为大陈岛垦荒纪念碑捐资500元。

4月28日　徐正友任大陈镇党政办公室主任;黄卫勇任大陈镇政法民政办公室主任。

5月3日　中共大陈镇委、镇人民政府号召全镇党员干部群众向勇斗歹徒的周永照同志学习。5月2日深夜,一蒙面歹徒持刀闯入下大陈岛望海旅社连续抢劫,周永照和周围群众闻讯后奋勇追赶歹徒,在与歹徒搏斗中,周永照左胸和前颈部被歹徒刺伤,仍不顾伤口剧疼追赶歹徒。

5月12日　国务院批准解放一江山岛烈士陵园为全国重点烈士纪念建筑物保护单位。

6月8日　中共大陈镇委与共青团椒江区委联合致信团省委并报团中央,要求建设大陈岛青年志愿垦荒纪念区。

6月18日　大陈镇承办"椒江建行杯"全省建行系统第十二届海钓比赛。

6月23日至24日　浙江省海钓邀请赛在大陈岛举行,共有16支代表队62人参加。

8月12日　大陈镇行政村和居委会合并工作结束,上、下大陈岛原14个村、4个居委会合并成6个行政村、1个居委会。具体为:撤销原中嘴、双架岙、象头岙三个村,设立北岙行政村,共135户、495人,办公地点:中嘴自然村;撤销原大半天、天灯盏、大岙里三个村,设立南岙行政村,共217户、785人,办公地点:上大陈岛老人协会;撤销原港边、凤尾两个村,设立凤尾行政村,共166户、577人,办公地点:港会议。会议要求这一长度为1800米、路面宽度3.50米的工程,由区交通局负责实施,9月底完成前期准备工作,10月初开工,12月底完工。

9月24日　椒江区人大常委会决定任命元茂荣为椒江区人民政府副区长,代区长。

9月27日　高敏任中共椒江区委副书记。

10月14日　孔仙能任中共大陈实验学校支部书记。

11月11日　中共椒江区委书记叶阿东率区四套班子领导和相关部门负责人到大陈岛现场办公,为大陈镇解决垦荒纪念碑建设、镇政府机关宿舍修建和镇政府工作用车等实际问题。

11月15日　岛上居民林秋泉父子3人驾驶小舢板到洋旗岛附近钓鱼,返航时机器发生故障,天色渐黑,风浪骤起,小舢板飘荡不停。大陈边防工作站获悉后,派出官兵紧急搜救3个多小时,将林氏父子3人成功救回。

12月26日　陶晨红任大陈镇妇联主席。

12月28日　共青团大陈镇第九次代表大会召开。会议选举由曹海军、叶玲敏、徐碧江、翁丽君、程建斌组成第九届委员会,曹海军任书记,叶玲敏任副书记。

1997年　大陈镇实现渔工业总产值16260万元,财政收入47.3万元;实现水产品生产总量28600吨,渔业产值10900万元;实现工业产值5355万元,外贸出口交货值205万元。渔民人均收入6300元。

是年　上岛游客3万人次。

1998年

1月13日　朱汉来任中共大陈镇机关支部书记。

1月15日　中共大陈镇第六次代表大会第三次会议召开。李云庆作题为《贯彻落实十五大精神,全面实施第二次创业,加快实现大陈经济和社会发展的第二次腾飞》的工作报告;朱汉来作题为《贯彻十五大精神,服务第二次创业,大力加强党风廉政建设》的纪律检查工作报告。会议选举孔宪能、李云庆、金兆友为出席椒江区第五次党代会代表。

2月15日　在温州市区的原大陈岛青年志愿垦荒队员聚会,纪念上岛垦荒、建设大陈岛42周年。

2月20日至23日　中共台州市椒江区第五次代表大会召开,选举叶阿东为书记,元茂荣、高敏为副书记,刘建华为纪委书记。

2月25日　大陈镇成立创建浙江省优秀旅游城镇领导小组,组长李云庆,副组长洪涓、林维平、孔宪华。

3月7日　大陈镇凤尾村、大沙头村获得1997年度省定新农村称号。

3月10日至11日　大陈镇第十一届人民代表大会第三次会议召开。洪涓作政府工作报告,陈英高作人大主席团工作报告。

3月15日至19日　政协台州市椒江区六届一次会议召开,选举卢武为椒江区政协主席。

3月16日至21日　台州市椒江区六届人大一次会议召开,选举于百友为椒江区人大常委会主任,元茂荣为椒江区人民政府区长。

5月10日　洪涓任中共大陈镇委书记。

6月3日　椒江区机构编制委员会核定大陈镇编制为25名。

7月20日　椒江渔民在大陈渔场捕获一条重4.5吨的大青鲨。

7月22日　中共大陈镇第六次代表大会第四次会议召开,会议增选洪涓为椒江区第五次党代会代表。

7月23日至24日　中共浙江省委副书记、省长柴松岳和副省长章猛进到大陈岛考察海珍品养殖基地和海岛旅游资源状况,慰问驻岛部队官兵。台州市和椒江区领导孙忠焕、梁毅、叶阿东、元茂荣等陪同考察。

7月25日至26日　胡耀邦之子、全国政协常委、中共中央统战部副部长兼全国工商联党组副书记、副主席胡德平受母亲李昭的委托,到大陈岛看望老垦荒队员。《中华工商时报》副总编辑杨大明,中共浙江省委统战部副部长徐长福,台州市和椒江区领导朱福初、叶阿东等陪同。

7月29日　大陈镇庆"八一"军警民军事比赛举行,60多人参加了实弹射击等军事体验活动。

8月11日　浙江省反走私海上联合行动演习在大陈岛附近海域举行。

9月25日　椒江历史上第一部志书《椒江市志》首发。

9月至10月　驻岛守备营通讯排九名官兵,奋战五十多个昼夜,共搬运钢筋水泥等物资30多吨,挖掘土石方15万立方米,开挖回填缆沟2100米,打炮眼320个,放炮爆破作业280次,共敷设通讯电缆十余公里,用于安装卫星通信地球站和海防巡逻对讲系统。

10月20日　罗仙桃任大陈镇林业站站长。

11月13日　椒江区政府决定给张秀媚等17名留岛老垦荒队员给予定期生活补助。

12月1日　按照台州市殡葬改革的要求,从本日起,椒江区除大陈镇以外地区,全面推行火化。

2000年

1月4日　周桂华任大陈镇海洋渔业公司经理,罗仙桃任副经理。

1月28日　在温州市区的原大陈岛青年志愿垦荒队员聚会,纪念上岛垦荒、建设大陈岛44周年。

1月30日　台州市椒江大陈修船厂完成股份制改造。

2月10日　中午11时许,大陈气象站职工金天月五岁的儿子金诚,不慎从二楼摔到楼下,不省人事。大陈镇政府与驻椒江海警一支队取得联系,海警3301艇立即起锚全速赶赴大陈岛,并以最快速度将孩子送到椒江区人民医院,由于抢救及时,孩子转危为安。

2月24日　罗启江任大陈镇广播电视站站长。

2月29日　中共大陈镇第七次代表大会第二次会议召开。洪涓作题为《抓住海洋开发主题,加快经济发展步伐,为实现渔业渔村现代化而努力奋斗》的工作报告,孔宪华作题为《坚定不移地推进党风廉政建设,为大陈跨世纪经济发展创造良好社会政治环境》的纪律检查工作报告。

3月8日　大陈镇第十二届人民代表大会第二次会议召开。林维平作政府工作报告,徐玉银作人大主席团工作报告。会议还审议了《关于1999年财政收支决算和2000年财政预算的报告》《本届一次会议代表议案办理情况的报告》及《关于开征卫生清洁费的议案》等。

3月11日　下大陈岛客货码头扩建工程动工。

3月　元茂荣任中共椒江区委书记。

4月3日　由椒江区文联、椒江区政协文史资料委员会联合编撰出版,王安林、楼祖民担任主编的大型文艺丛书《走向新世纪》举行首发式。浙江文学院院长盛子潮和中共椒江区委书记元茂荣、副书记

柯昕野等出席。

4月8日　公安部副部长赵永吉在浙江省公安厅副厅长牟高望、浙江省武警总队队长姚鲁等的陪同下到大陈边防派出所检查指导工作。

4月16日　椒江区六届人大三次会议补选高敏为椒江区人民政府区长。

4月27日　受台州市交通局委托,椒江区交通局会同市公路管理处、市交通工程质量管理站、37831部队、区公路段、大陈镇政府等单位负责人,对大陈岛交通战备道路二期工程(三岔口至雷达连)进行验收,同意交付使用。

5月　南京军区司令员梁光烈中将到大陈岛检查指导工作。

7月10日　库容14.77万立方米的上大陈岛黄泥坑水库小(二)型水毁修复除险加固工程动工,至10月12日完工。

7月29日　大陈镇庆"八一"军警民军事比赛活动举行。

8月3日　浙江省政协副主席、中共浙江省委统战部部长李青考察大陈岛,台州市和椒江区领导赵平安、郑福华等陪同考察。

8月7日　中共台州市委副书记、市长杨仁争考察大陈岛基础设施建设和经济社会发展状况,当场拍板由市财政补助100万元用于大陈岛码头建设。椒江区委书记元茂荣等陪同考察。

8月22日　下大陈岛环镇路电力线路改造及路灯增设工程动工,电力线路分段采用架空敷设和入地埋设,共增设路灯45盏,投资35万元。

10月8日　徐玉银任中共大陈镇委副书记。

10月11日　撤销中共大陈镇综合烟糖食品商店支部,并入中共大陈镇沿港居委会支部。

10月12日　上大陈岛黄泥坑水库小(二)型水毁修复除险加固工程完工。11月29日通过验收,交付使用。

10月13日　大陈镇第十二届人民代表大会第三次会议召开。会议补选林维平为镇人大主席团常务主席，徐玉银为大陈镇人民政府镇长。

10月17日至19日　南京军区民兵预备役部队军事斗争准备政治工作座谈会在椒江召开。南京军区政委方祖岐上将、司令员梁光烈中将、副政委雷鸣球中将，中共浙江省委书记、省人大常委会主任张德江，浙江省军区司令员袁兴华少将和台州市、椒江区党政领导孙忠焕、元茂荣等出席。会议期间，与会代表赴大陈岛参观考察。

10月23日　林维平任中共大陈镇委书记。

10月25日　下大陈岛浪通门至杨府咀码头公路施工图设计通过会审。该段公路全长1947米，毁于1997第11号强台风，严重影响岛上交通。

10月　大陈水产公司建立猪腰屿大黄鱼养殖场，投放网箱100口；并在路桥黄琅开展育苗，次年育出岱衢族大黄鱼苗200万尾。

11月　钟夫寿任中共椒江区委副书记。

12月28日　中共大陈镇第七次代表大会第三次会议召开。林维平作题为《强基础，创新业，加快实现海岛渔业渔村现代化》的工作报告，孔宪华作题为《大力加强党风廉政建设，为大陈经济的再次腾飞创造良好社会政治环境》的纪律检查工作报告。

2000年　大陈镇实现渔工业总产值18268万元，财政总收入75.09万元，其中地方财政收入15.8万元；实现水产品生产总量35140吨，渔业产值19300万元；实现工业产值7125万元，外贸出口交货值255万元。渔民人均收入7036元。

是年　上岛游客2.4万人次。

2002 年

1月15日　中共大陈镇第八次代表大会召开,徐玉银作工作报告,徐正友作纪律检查工作报告。会议选举产生由徐玉银、许鹏飞、徐正友、许训一、曹海军、胡勇组成的第八届委员会,徐玉银为书记,许鹏飞、徐正友、许训一为副书记;选举徐正友为纪委书记。

1月18日　中共台州市委、市人民政府在北京人民大会堂召开筹办解放一江山岛50周年纪念活动新闻发布会。

1月25日　椒江区大陈中心卫生院更名为椒江区大陈镇卫生院。

1月30日至31日　大陈镇第十三届人民代表大会召开,许鹏飞作政府工作报告。会议选举徐玉银为镇人大主席团常务主席,曹海军为副主席;选举许鹏飞为大陈镇人民政府镇长,许训一、周桂华为副镇长。

1月31日　在温州市区的原大陈岛青年志愿垦荒队员聚会,纪念上岛垦荒、建设大陈岛46周年。

2月2日　陶晨红任大陈镇党政办公室主任;郭锋任大陈镇经济发展办公室主任。

2月22日　王业任大陈镇社会事业发展办公室副主任(主持工作);李俊任大陈镇燕发民政办公室副主任(主持工作);潘君才任党政办公室副主任;罗仙桃任大陈镇经济发展办公室副主任。

3月6日　徐正友兼任大陈镇工会工作委员会主任、老龄工作委员会主任、关心下一代工作委员会主任;曹海军兼任大陈镇委、镇政府驻上大陈工作组组长。

3月28日　椒江区发展计划局发布《椒江区海岛基础设施建设

投资和重大开发项目"十五"计划》,提出统一规划、合理布局、突出重点、项目带动、配套建设、量力而行、适度超前、分步实施的工作方针。

5月9日 《台州日报》推出《重温入岛誓言,弘扬垦荒精神》专版,宣传大陈岛垦荒事迹。

5月13日 解放一江山岛烈士陵园改扩建规划通过会审。

5月16日至17日 共青团台州市委组织各界团员青年代表四十多人,到大陈岛开展"重温上岛誓言,弘扬垦荒精神"活动。

7月 中共台州市委、市人民政府发出创建"双拥模范城"的号召;中共椒江区委、区人民政府、区人民武装部联合下发多个重要文件,要求全区上下广泛开展"双拥"工作。

8月1日 中共椒江区委、区政府向中共台州市委、市政府报送《关于大陈岛发展有关问题的报告》。

8月9日 凌晨5时许,江苏南京籍货轮"强泉369号"在大陈岛附近海域遇险,驻大陈岛海军某部观通站迅速与驻椒海巡支队取得联系,成功救助九名船员。

8月29日 大陈岛深水网箱养殖大黄鱼示范园区通过省级验收。

9月7日 大陈岛遭受2002年第16号台风"森拉克"袭击,渔港基础设施、海水养殖等受损严重。

9月14日 原大陈岛青年志愿垦荒队队长王宗楣等一行七人,赴京探望胡耀邦夫人李昭。

9月 黄志平任中共椒江区委书记。

10月29日 解放一江山岛烈士陵园改扩建工程开工典礼举行,整个工程规划占地300亩,总投资2亿多元。国防大学副校长张兴业中将、副教育长崔长琦少将等出席典礼。

11月22日 唐传庆任中共大陈镇卫生院支部书记;徐碧江任中

共大陈实验学校支部书记。

12月2日至3日　根据浙江省人民政府副省长卢文舸的要求，省计委会同省海洋与渔业局组成调查组登上大陈岛，就大陈岛发展迟缓问题进行专题调研，并形成《关于大陈岛开发建设的汇报》专报省政府。吕祖善省长、卢文舸副省长作出重要批示，尤其是对解决大陈岛用电问题提出指导性意见。省计委副主任李卫宁和中共台州市委常委、常务副市长元茂荣参加调研。

12月19日　下大陈岛浪通门至杨府咀公路水毁修复工程通过施工图会审。

12月21日　浙江省计委批复"大陈岛深水网箱规模化养殖基地可行性研究"方案，同意建设每只面积为1500立方米的深水网箱100只，建设工期为10个月（自2003年1月至10月）。

12月27日　椒江区财政拨款50万元，启动大陈岛青少年宫改造工程。

12月29日　中共大陈镇第八次党代会第二次会议召开，选举徐玉银、徐正友、崔祝华为出席椒江区第六次党代会代表。

12月　刘建华任中共椒江区委副书记。

2002年　大陈镇实现渔工业总产值14500万元．财政总收入76万元，其中地方财政收入59.2万元，比上年分别增长58.3%和79.4%。实现捕捞产量27990吨，产值8074万元；海水养殖产量607吨，产值2830万元。第三产业产值2225万元。

是年　大陈岛水产有限公司成功培育大黄鱼鱼苗500万尾。

是年　上岛游客2.5万人次。

飞作题为《拓宽视野，主动接轨，加快发展，为建设新型的海岛旅游集镇而努力奋斗》的工作报告；曹海军作题为《以"三个代表"重要思想为指导，深入开展反腐倡廉工作，为大陈的经济和社会发展提供坚强的政治保证》的纪律检查工作报告。会议选举许鹏飞为中共大陈镇委书记，许训一、曹海军为副书记；选举曹海军为纪委书记。

同日　郭锋任中共大陈镇委、镇政府驻上大陈工作组组长。

同日　大陈镇财政所成立，周桂华任所长，叶玲敏、杨月芬、王菊琴为成员。

12月　台州市被民政部、解放军总政治部命名为"双拥模范城"。

2003年　大陈镇实现渔工业总产值14600万元。财政总收入91万元，其中地方财政收入61万元，分别比上年增长19.7%、3.4%；第三产业产值2638万元。渔民人均可支配收入5338元。

是年　上岛游客2.3万人次。

2004年

1月17日　金德富任大陈区域水利站站长。

1月31日　在温州市区的原大陈岛青年志愿垦荒队员聚会,纪念上岛垦荒、建设大陈岛48周年。

2月17日　原温州青年志愿垦荒队台温联谊组缪茜茜、李盛益等致信中共椒江区委、区政府,为加快开发建设大陈岛献计献策。中共椒江区委副书记、区长高敏作出批示。

3月12日　叶文伟任大陈邮政支局支局长。

3月13日　来自温州、台州等地的五十多位老垦荒队员登上大陈岛,在下大陈岛大小浦水库岭上营造"垦荒纪念林",栽下桂花、碧桃等七百多株树苗。

3月　大陈边防工作站新营房落成,占地面积两千多平方米,建筑面积一千多平方米。

4月29日至30日　台州市政协之友社负责人陈幸均、周沥泉等10余人赴大陈岛考察后,向中共台州市委、市政府递交《大陈岛考察报告》,提出了加快大陈岛开发建设的十余条意见建议。中共台州市委书记蔡奇、副书记薛少仙等作出批示。

4月30日　总长2000米的下大陈岛浪通门至甲午岩路段启动路灯安装工程,单侧安装杆高6米的马路弯灯40盏,配套建设控制箱、杆上变压器等附属设施。

5月初　"五一"黄金周期间,开辟大陈岛"三色三线之旅"。"三色之旅"即回归自然的绿色之旅、碧海蓝天和渔家风情的蓝色之旅、弘扬大陈岛垦荒精神和一江山精神的红色之旅;"三线"即生态旅游线、海岛风情线、红色旅游线。

5月　李汉水任中共椒江区委副书记。

6月23日　包慧杰任共青团大陈镇委书记。

6月25日　椒江区政府就开通大陈岛公交线路问题,召集区交通、物价、建设规划、交巡警、公路管理、大陈镇政府等部门进行专题协商,并形成会议纪要。

6月28日　许鹤鸣任中共大陈镇委委员。

6月29日　上、下大陈岛正式开通公交车,共有五辆公交车投入营运,结束了岛上无公交车的历史。

6月30日　共青团温州市委组织二十余名机关干部登上大陈岛,开展"保持共产党员先进性教育"现场教育活动。

7月1日　罗仙桃任椒江区政协大陈镇工作委员会副主任。

7月16日　浙江省文化厅授予大陈镇"浙江东海文化明珠"称号。

7月21日　台州市和椒江区慈善总会联合在大陈卫生院设立慈善救助中心,这是台州首个在乡镇一级设立的慈善救助机构。

7月29日　大陈边防工作站开始在新营房办公。

8月12日　2004年第14号强台风"云娜"在温岭石塘登陆,给椒江造成重创,死亡12人,受伤263人,倒塌房屋3836间,直接经济损失17.8亿元。台风过境时,大陈岛测得极大风速每秒58.7米,浪高10.8米;共倒塌房屋36间,97间严重损坏,300多间民房不同程度受损,经济损失450万元;渔港设施严重毁损,海水养殖损失巨大,经济损失1210万元。

8月20日　中共台州市委书记蔡奇上岛调研考察,就大陈岛经济与社会发展提出建设"三岛四基地"的指导性意见。"三岛",即生态岛、休闲岛、能源岛;"四基地",即海洋生态渔业基地、海岛旅游休闲基地、石油储运和风力发电基地。台州市和椒江区领导周国辉、胡宣

266

2005 年

1月11日　椒江区慈善总会设立"大陈岛在岛原垦荒队员慈善生活补助基金"。

1月18日　上午，"解放一江山岛50周年纪念大会暨一江山岛登陆战纪念馆开馆仪式"隆重举行。中共浙江省委副书记夏宝龙，国防大学原校长邢世忠上将，空军原司令员马宁，解放军第二炮兵副司令员张翔中将，总装备部原副政委葛焕标中将，济南军区原副司令员郝保庆中将，南京军区副参谋长顾守成少将，中共浙江省委常委、省军区政委马以芝少将，陆军第二十集团军军长张仕波少将，国防大学副教育长崔长琦少将，兰州军区空军原参谋长张伟良，台州市和椒江区领导张鸿铭、朱福初、薛少仙、陈聪道、周国辉、梁毅、黄志平、高敏、刘建华、于百友等出席。

同日　下午，"纪念解放一江山岛50周年学术研讨会"举行。南京陆军指挥学院院务部原部长黄银贵少将、浙江省委党史研究室原主任董福顺、中共台州市委副书记周国辉、新四军研究会会长马洪武、台州军分区副司令员姜长超等出席。《战争亲历者说——一江山岛之战》一书同时首发。

同日　晚上，"江山颂"——纪念解放一江山岛50周年大型文艺晚会在椒江剧院举行。夏宝龙、张翔、马以芝和台州市及椒江区领导张鸿铭、薛少仙、陈聪道、周国辉、梁毅、金长征、黄志平、高敏等观看演出。

同日　总投资350多万元的下大陈岛浪通门至甲午岩公路工程通过竣工验收。

1月20日　中共大陈镇第八次代表大会第五次会议召开。许鹏

飞作题为《实施海洋开发战略,加快产业结构转型,努力开创海岛集镇现代化建设新局面》的工作报告;曹海军作题为《以"三个代表"重要思想为指导,深入开展反腐倡廉工作,为大陈的经济和社会发展提供坚强的政治保证》的纪律检查工作报告。

1月31日 在温州市区的原大陈岛青年志愿垦荒队员聚会,纪念上岛垦荒、建设大陈岛49周年。

3月1日 大陈镇第十三届人民代表大会第五次会议召开,许训一作政府工作报告。

同日 经物价部门批准,自本日起,大陈镇自来水价格作如下调整:(一)居民生活用水,高标区每吨2.60元,低标区每吨2.20元;(二)一般工业用水,高标区每吨3.50元,低标区每吨3.10元;(三)制冰企业用水,高标区每吨4.20元,低标区每吨3.70元;(四)其他类用水,高标区每吨4.40元,低标区每吨3.90元。同时规定:夏季资源性缺水时,居民生活用水加价20%,其他用水加价30%。

3月15日 中共台州市委副书记、代市长张鸿铭,市委副书记、纪委书记陈聪道,市委常委、台州军分区政委罗润海,副市长胡斯球,台州军分区司令员徐德坤和椒江区领导黄志平、高敏、刘建华等,登上大陈岛慰问部队官兵,看望老垦荒队员,听取大陈镇委、镇政府工作汇报。

同日 中共椒江区委、区政府命名全区十强农业龙头企业,大陈岛养殖有限公司榜上有名。

3月18日 中共椒江区委、区政府召开"弘扬一江山精神、大陈岛垦荒精神专题报告会",黄志平、高敏等区四套班子领导参加。

3月23日 包括大陈岛在内的"解放一江山岛战役纪念地"被列入全国100家红色旅游经典景区名录。

3月25日 政协台州市椒江区七届三次会议召开,补选刘建华为椒江区政协主席。

4月5日　奚锦春任中共大陈镇沿港居委会联合支部书记。

4月15日　浙江省民政厅常务副厅长童禅福一行上岛考察调研。

5月中旬　南京军区司令员朱文泉中将率军区机关人员到一江山岛、大陈岛进行战例研究。

5月23日　《新大陈》编辑指导委员会和编辑部成立。

6月13日　中共椒江区委宣传部公布全区"弘扬一江山精神、大陈岛垦荒精神大家谈"征文评选获奖名单,17篇文章分获一二三等奖。

6月13日　浙江省军区文工团到大陈岛慰问演出。

6月19日　《浙江省大陈岛风力发电场工程可行性研究气象评估报告》在杭州通过专家评审。浙江省经贸委、浙江省气象局、中国机电设计研究院、华东勘测设计研究院、浙江省能源研究所和椒江区政府等单位领导、专家参加评审活动。

6月23日　王建平任中共椒江区委书记。

6月27日　椒江区人民政府与临海市人民政府签订《椒江区和临海市海域行政区划界线协议书》。

7月3日　大陈岛风电场项目指挥部揭牌仪式在上大陈岛举行。这一风力发电场项目计划总投资四亿多元,总装机容量为5万千瓦,其中上大陈3万千瓦、下大陈2万千瓦,项目建成后,可实现年发电量1.1亿千瓦时。与传统的燃煤火力发电相比,该风力发电厂每年可节约标准煤4.3万吨,可减少排放二氧化硫900吨。中共台州市委副书记、纪委书记陈聪道,台州市政协副主席娄依兴,台州军分区副司令员姜长超,中共椒江区委书记王建平等参加仪式。

7月7日　中共椒江区委书记王建平率区四套班子成员到大陈

2006 年

1月4日至6日　中共椒江区委、区政府组织慰问团上岛,开展慰问大陈岛老垦荒队员活动。

1月8日　中共大陈镇第八次代表大会第六次会议召开,孙尚权作工作报告,周桂华作纪律检查工作报告。中共椒江区委常委、统战部部长管文新和区人大常委会副主任管彦德到会指导。

1月9日　椒江区机构编制委员会批准大陈镇政府内设机构为:党政办公室、社会事业发展办公室、政法民政办公室、渔业办公室、城镇城管办公室、旅游办公室。

1月17日至18日　大陈镇第十三届人民代表大会第七次会议召开,会议补选孙尚权为大陈镇人大主席,郭锋为副主席;补选何光明、王星为副镇长。

2月9日　浙江省先进性教育督查组上岛检查第三批先进性教育开展情况,并慰问岛上老垦荒队员代表和烈军属代表。中共椒江区委副书记蒋冰风陪同。

2月16日　椒江区政府成立大陈岛风力发电项目推进工作协调小组,吴坚斌任组长,谢焕、刘明任副组长;下设办公室,许彩琴任主任,周桂华任副主任。

2月25日　中国石油天然气股份有限公司领导和专家一行10人上岛考察30万吨级码头的建造条件。中共台州市委常委、常务副市长元茂荣和椒江区副区长林定刚等陪同。

3月7日　椒江区政府与上海水产大学签订包括大陈岛新型人工岛礁项目在内的"校地科技合作共建海洋牧场协议书"。

3月14日　大陈镇南岙村被中共椒江区委、区政府命名为2005

年度村庄整治合格村。

3月17日　安徽省含山县人大常委会党组书记郑德修一行上岛考察。

3月22日至23日　台州市和椒江区慈善总会联合台州市立医院专家上岛开展义诊活动,并对几年来出院病人进行回访。

4月5日　清明节期间,椒江区台湾事务办公室在大陈岛设立"台湾同胞临时服务点",为大陈籍台胞返乡祭祖提供服务。

4月7日　上海警备区原副司令员王金忠少将在台州军分区原副司令员王爱民大校等的陪同下上岛考察。

4月11日　浙江省交通厅副厅长杨瑞丰、薛振安一行上岛考察环岛公路建设情况,中共台州市委常委、常务副市长元茂荣和椒江区副区长林定刚等陪同。

同日　台州市人大常委会副主任王金生一行上岛考察海岛开发建设情况,椒江区人大常委会副主任管彦德陪同。

同日　《新大陈》创刊一周年评述会暨新闻报道培训班举行,浙江日报社台州分社社长洪卫等到会指导。

4月14日　上大陈岛中咀避风港工程可行性研究报告评审会在杭州望湖宾馆举行。中共椒江区委副书记李汉水、副区长黎明、区政协副主席陈晓月等出席。

4月19日　浙江省绿化委员会、省劳动人事厅、省林业厅表彰全省林业系统8名劳动模范,大陈镇政府罗仙桃榜上有名。

4月29日　椒江区政府第七届24次区长办公会议研究大陈岛大小浦度假区的运行管理问题。

5月2日　阮华平任中共大陈镇委副书记、纪委书记、中共大陈岛开发建设管委会工委委员。

5月2日　何光明任大陈镇财政所所长。

5月11日　上海水产大学设计出国内尚属首次应用的台棱柱钢架结构人工礁体,椒江区政府同意按照设计方案试制30只人工礁体项目,并开展公开招投标活动。

5月12日　冯贻东任大陈镇党政办公室主任;李俊任政法民政办公室主任;徐卫兵任旅游办公室主任。

5月13日　中共台州市委副书记周国辉一行上岛考察调研,了解大陈经济社会发展状况,走访慰问老垦荒队员。中共椒江区委书记王建平陪同。

5月25日　由大陈岛老垦荒队员自筹资金编纂的《爱我大陈》画册出版。

5月30日　中国社会科学研究院调研组赵智奎、浙江省社会科学院培训中心常务副主任潘志良等上岛考察调研。中共椒江区委常委、宣传部部长蔡建忠陪同。

6月6日　大陈环岛公路可行性研究报告及初步设计评审会召开,来自浙江省公路局、台州市交通局等单位的领导专家和椒江区副区长林定刚等参加评审。

6月18日　中共台州市委常委、台州军分区司令员徐德坤上岛调研,看望驻岛部队指战员。中共椒江区委书记王建平和区委常委、人武部长郝思平等陪同。

6月23日至25日　台湾台北市大陈同乡会访问团一行五十余人在理事长江载生带领下访问大陈岛。中共椒江区委书记王建平、区委副书记张莉华、统战部部长管文新,副区长林定刚等接见江载生一行。

6月29日　中共椒江区委常委、统战部部长管文新和区人大常委会副主任管彦德上岛慰问家庭生活困难的老党员。

同日　浙江省女书法家协会主席、中国印学博物馆馆长吴莹和浙江省书法家协会艺术指导委员会秘书长、《中国钢笔书法》杂志主

2007年

1月9日至10日　大陈镇第十四届人民代表大会召开。周桂华作政府工作报告,郭锋作镇人大主席团工作报告。会议选举孙尚权为镇人大主席,郭锋为副主席;选举周桂华为大陈镇人民政府镇长,罗仙桃、何光明、王星为副镇长。椒江区人大常委会副主任管彦德到会指导。

同日　椒江区机构编制委员会核定大陈岛开发建设管理委员会机构规格相当于正科级。

1月18日　解放一江山岛登陆战前指群雕揭幕仪式举行,解放军炮兵部队某部政治部副主任邓天生和台州市、椒江区有关党政领导参加。

1月21日至25日　政协台州市椒江区八届一次会议召开,选举刘建华为椒江区政协主席。

1月22日至26日　台州市椒江区八届人大一次会议召开,选举杨云龙为椒江区人大常委会主任。

1月31日　在温州市区的原大陈岛青年志愿垦荒队员聚会,纪念上岛垦荒、建设大陈岛51周年。

2月1日　共青团大陈镇委组织青年志愿者开展"让海岛孤老不孤独"行动,为孤寡老人免费体检、送去年货。

2月2日　大陈岛度假村业主大会召开,椒江区人大常委会副主任管彦德到会讲话。

2月6日　浙江省气象局副局长徐国富上岛慰问常年奋站在气象工作第一线的大陈气象站职工。

2月9日　中共椒江区委书记王建平率区委办公室、交通局、水

利局、电信分局等单位负责人,就上大陈岛北岙村发展相关事项进行现场办公,并慰问驻岛部队指战员。

同日　台州市政协副主席张蕴华、台州军分区副司令员姜长超一行上岛,为驻岛指战员送去体育健身器材。

2月13日　椒江区发展和改革局编制的《椒江区大陈岛海洋经济生态区发展规划(2006—2010)》发布。

同日　椒江区政府召集区发改局、财政局、文广新局、电信分局、广电中心、大陈镇政府等单位负责人会议,就上大陈岛北岙村广播电视电话通村工程建设有关问题进行专门协调,并形成会议纪要。椒江区人大常委会副主任管彦德参加会议。

2月15日　中共椒江区委常委、统战部部长郑福华和椒江区人大常委会副主任管彦德上岛,慰问驻岛部队指战员。

2月21日　浙江省气象局副局长徐霜芝上岛慰问大陈气象站职工。

3月9日　椒江区人大常委会副主任管彦德、副区长许良友、区政协副主席刘碎雪上岛检查水利防汛工程建设情况。

3月20日至23日　椒江区人大常委会副主任管彦德调研上大陈岛水资源利用状况。

3月21日至22日　中共椒江区委常委、统战部部长郑福华上岛蹲点调研,听取群众对开发建设海岛的意见建议。

3月26日至27日　中国人民解放军大学国防大学椒江教学基地授牌仪式暨红色景区建设座谈会举行。国防大学副校长李殿仁中将、副教育长纪明葵少将、政治部副主任张文忠少将,浙江省军区副政委陶正明少将和台州市、椒江区党政领导等参加。

4月上旬　清明节期间,椒江区台湾事务办公室在大陈岛上设立"台胞临时服务点",共接待台北渔业协会、大陈籍返乡考察团、台北同乡会等63人。

4月9日　上大陈岛环岛公路通过图纸会审。

4月11日　冯贻东任大陈镇党政办公室(法制办公室)主任;王业任社会事务办公室主任;李欠掌任经济发展办公室主任;夏辉任综合(民政办公室、信访办公室)主任;徐卫兵任旅游办公室主任;徐驰任大陈岛开发建设管委会开发管理办公室主任。

4月17日　经椒江区民政局批准,大陈镇近洋岛礁资源管理协会成立。

4月25日　椒江至大陈航线"庆达2号"高速客轮投入运行,航行时间为90分钟。

4月　台州中宝鹿业有限公司在上大陈岛择地圈养梅花鹿100多头,后因管理不善,全部逃散至岛上各处。

5月3日至4日　共青团中央在北京人民大会堂举行"我与祖国共奋进——中国青年群英会",新中国成立以来各个历史时期的青年英雄模范代表和中国青年五四奖章标兵等参加活动,原大陈岛青年志愿垦荒队队长王宗楣出席群英会。

5月10日　上大陈岛北岙村广播电视开通,椒江区人大常委会副主任管彦德、副区长杨玲玲到场祝贺。

5月16日　大陈岛海洋渔业公司实行重组。

5月19日　从零时起,大陈岛电话号码由7位升至8位,统一在原先号码前加"8"。

5月29日至30日　中共椒江区委常委、统战部部长郑福华到大陈镇卫星村蹲点调研,帮助村民解决实际问题。

6月5日　椒江区领导郑福华、管彦德、刘碎雪上岛,破解上大陈岛中咀避风港建设中碰到的难题。

同日　大陈岛农民健康俱乐部成立。

2008年

1月1日　本日起,大陈岛海岛基础设施建设费取消。

1月18日　总投资500万元的一江山岛300吨级客货两用码头通过竣工验收。该码头平台长29米、宽8米,泊位总长57米,栈桥长12米、宽7米。

同日　台州市中医院组织专家上岛,开展为民义诊活动。

1月26日　在温州市区的原大陈岛青年志愿垦荒队员聚会,纪念上岛垦荒、建设大陈岛52周年。

2月6日　椒江区政府组织人员检查椒江至大陈航线春运工作。中共椒江区委常委、常务副区长管文新参加。

2月18日　中共椒江区委、区政府命名一批村庄整治合格村,大陈镇北岙村榜上有名。

2月21日　中共椒江区委、区政府命名大陈镇为农业特色产业强镇,大陈镇南岙村为农业特色产业强村。

3月18日至22日　椒江区领导郑福华、管彦德率联系大陈镇的区级机关单位负责人上岛,开展以"服务两创、增进感情"为主题的蹲点调研活动。

3月28日　由楼祖民担任总策划的中国第一座硬笔书法碑林在大陈岛顺利落成。包括现代书法大师沙孟海、林散之、沈鹏等人作品在内的200件硬笔书法,烧制在特种瓷砖上,每件皆为孤品,在中国硬笔书法史上具有里程碑意义。所有碑林展示作品同时由中国文化艺术出版社结集出版。

3月31日至4月1日　椒江区纪检监察工作抓落实会议在大陈岛召开,中共椒江区委副书记、纪委书记张迎华出席。

4月4日　曾参加过解放大陈列岛战役的60多名缙云籍老战士重返大陈岛,回忆战斗往事,建言大陈发展。

4月14日　卡塔尔国际石油公司执行董事哈提米一行上岛考察30万吨级石油中转码头建设事宜。

4月21日　吴彩凤任大陈镇文化站站长。

4月29日　椒江区第二批非物质文化遗产名录公布,"上下大陈岛的传说""甲午岩由来的传说"和"鱼师娘娘祭拜习俗"等榜上有名。

5月4日　中共台州市委宣传部、共青团台州市委举行纪念共青团成立86周年和五四运动89周年大会,大陈岛老垦荒队员代表李永昌、张菊莲等应邀参加。

5月5日　椒江区政府第15次区长办公会议听取大陈岛风力发电项目推进工作情况汇报,就项目用地等问题形成会议纪要。

5月中下旬　大陈镇举办多场"众志成城,抗震救灾"募捐活动,共筹得爱心捐款64596元。

5月22日　台州市和椒江区有关部门联合浙江海洋学院,首次在大陈岛浪通门海域放流60万颗曼氏无针乌贼受精卵。

5月28日　浙江省海洋与渔业局副局长刘向东一行上岛,调研无居民居住岛屿开发利用状况。

5月　大陈岛海域出现两次赤潮,影响海域面积65平方公里。

6月7日　根据气象台天气预报,大陈沿海海面偏南风6级、阵风7至8级。然至是晚深夜,突然转为西南风,最大阵风超过11级,导致固定上大陈岛码头趸船两端缆桩的30毫米钢筋缆索和码头中间两根缆桩中的一根14毫米不锈钢缆索断裂,趸船碰撞码头而导致船体开裂进水沉没。

6月8日　经批准,大陈镇卫生院张剑、郑钧赶赴四川省青川县参加灾后防疫工作。

6月12日　椒江区人民政府副区长褚义军一行上岛,调研旅游配套设施建设状况。

6月16日　北京新四军暨华中抗日根据地研究会、浙江省新四军研究会组织北京、上海、浙江三地新四军老战士和解放一江山岛参战部队20军60师后代共56人访问大陈岛。中共椒江区委副书记、区委政法委书记蒋冰风陪同。

6月25日　大陈岛风力发电场第一期工程奠基仪式举行,浙江省政协副秘书长蒋学基、台州市副市长虞选凌等出席。该工程预计总投资2.87亿元,建设规模为34台单机容量750千瓦的风力发电机组,总装机容量2.55万千瓦。

6月27日　椒江区政府召集区交通局、财政局、审计局、监察局、安监局、海事处、大陈镇政府和台州市港航局等单位负责人,就上大陈码头趸船因故沉没后的打捞等问题进行专题会商,并形成会议纪要。中共椒江区委常委、常务副区长管文新出席。

7月1日　总投资250多万元的上大陈岛北岙村饮用水管网建设工程完工。建设规模为日供水790吨,管线总长8453米,设计供水人口2600人。

同日　经椒江区政府批准,大陈岛老垦荒队员生活保障标准提高到每月540元,经费由区财政和区慈善总会各半负担。

7月3日　程建斌任中共大陈镇卫生院支部书记。

7月4日　上大陈岛与一江山岛之间海域发生一起海难事件。九名海钓人员与三名船只人员乘坐一艘"三无"船只出海,遭遇沉船事故。经积极搜救,八人生还,四人不幸遇难。

7月24日　台州市民主党派工作研讨会在大陈岛举行,台州市政协副主席、中共台州市委统战部部长周五来等参加。

7月31日　浙江省海上搜救中心表彰一批海上搜救先进单位和

浙江省军区司令员袁兴华少将等陪同下考察大陈岛,慰问驻岛部队指战员。

3月10日 《大陈镇创建全国环境优美乡镇实施方案》公布。

3月16日 椒江区政府表彰2008年度全区十强农业龙头企业和十佳农民专业合作社,大陈岛养殖有限公司、椒江兴海水产养殖专业合作社榜上有名。

3月17日 中共椒江区委常委、统战部部长郑福华和区人大常委会副主任管彦德上岛,蹲点宣讲科学发展观。

3月30日 大陈岛台胞台属联谊会成立,陈招德当选首任会长。

4月1日 椒江区政府召开《大陈镇总体规划》评审会议,台州军分区、台州市发改委、建设规划局、海洋与渔业局、规划办公室、石化项目办公室和椒江各有关部门负责人参加评审会。椒江区领导徐杏菲、刘碎雪出席。

4月3日 邱丽英任中共大陈镇纪委专职副书记。

4月14日 椒江区人民政府副区长许良友到上大陈岛检查中咀避风港工程建设情况。

4月15日 罗永敏任大陈岛冷冻厂厂长。

4月17日 台州大陈省级海洋生态特别保护区建设领导小组成立,许良友任组长,邱家正、林维平、周桂华任副组长;下设办公室,张微丽任主任。

4月27日 椒江区政府就大陈岛广播电视节目信号联网工程建设有关问题召开专题协调会议,并形成会议纪要。

5月1日 浙江省政协主席周国富一行考察大陈岛。台州市政协主席陈子敬、椒江区政协主席刘建华等陪同。

5月3日 共青团椒江区委举行“重温垦荒史,共话发展路”系列活动,四十余名团员青年在大陈岛垦荒纪念碑前宣誓。

5月7日　大陈镇政府会同台州市和椒江区海洋和渔业部门,在浪通门海域放流100万颗曼氏无针乌贼受精卵。

5月21日　中共浙江省委副书记夏宝龙到大陈岛考察调研,看望老垦荒队员,慰问驻岛部队指战员。中共台州市委书记陈铁雄、中共椒江区委书记王建平等陪同考察。

5月23日　共青团中央书记处书记贺军在共青团浙江省委有关领导陪同下,到大陈岛看望老垦荒队员,慰问大陈岛边防派出所干警。

5月31日　"大陈思归亭的由来""呛虾蟹的制作技艺"等列入椒江区第三批非物质文化遗产名录。

6月8日　郑锡江任大陈镇党政办公室(法制办公室)主任。

6月23日　南京军区政治委员陈国令中将到大陈岛检查指导工作,慰问驻岛部队指战员。

7月21日　全国政协人口资源环境委员会副主任、浙江省政协原主席李金明一行到大陈岛考察。中共椒江区委书记王建平、区政协主席刘建华等陪同考察。

7月23日　中共椒江区委常委、组织部部长王国平上岛,检查大陈镇学习实践科学发展观活动情况,考察基层党建工作。

8月6日　台风"莫拉克"影响大陈岛,大陈镇政府组织群众进入避灾中心。

8月8日　上大陈岛客运站辅助码头工程动工建设。项目位于上大陈岛丁勾头附近,为200吨级固定码头,栈桥长30米,接线道路长120米,达到省四级标准,总投资500万元。

同日　大陈镇饮用水管网改造工程启动。本工程主要改造上大陈岛一级供水管道1500米、二级供水管道1200米,新建每小时20吨水质净化站一座及配套配水站、管理房等;下大陈岛一级供水管道

1000米、二级供水管道8000米，新建每小时15吨水质净化站两座及配套配水站、管理房等。项目总投资330万元。

8月19日　椒江区政府召开大陈镇控制性详细规划和修建性详细规划会审会议，并形成会议纪要。椒江区领导郑福华、蔡云霞、刘碎雪出席。

8月21日　椒江区卫生局组织卫生监督员上岛检查大陈自来水厂供应的饮用水水质问题。其后，又于9月7日、11月24日两次组织人员上岛调查，并提出具体整改要求。

9月29日　椒江博物馆开馆。

8月28日　何光明任中共大陈镇委副书记、中共大陈岛开发建设管委会工委副书记；罗仙桃任中共大陈镇委委员、中共大陈岛开发建设管委会工委委员；郑雪梅任中共大陈镇委委员、中共大陈岛开发建设管委会工委委员。

9月1日　阮敏洁任大陈镇残联理事长。

9月9日　公安部宣传局局长单慧敏在中共台州市委常委、市公安局局长陈棉权等的陪同下考察大陈岛，看望大陈边防派出所干警。

9月23日　徐驰任大陈岛开发建设管委会副主任。

10月上旬　台湾"小学国文教育学会"会长赵镜中教授一行到大陈岛参观考察。

10月29日　中共椒江区委副书记、区委政法委书记蒋冰风上岛，检查大陈镇开展第三批学习实践科学发展观活动情况。

10月30日　李盛益、李京州等25位原大陈岛青年志愿垦荒队队员，给中共中央政治局常委、中央书记处书记、国家副主席、中央军委副主席、国家军委副主席、中央党校校长习近平写信，汇报三年多来大陈岛的发展变化情况。

11月4日　浙江省海洋与渔业局召集东海舰队司令部、台州市

4月5日　大陈帆船运动员魏梦喜在2010年全国帆船冠军赛上夺得女子420级长距离赛金牌。

4月25日　大陈环岛公路上大陈码头至中咀、中咀至象头咪段竣工,总长4580米,路基宽4.5米,路面宽3.5米。

4月26日　国家开发银行顾问庄来佑率领"产业发展与经济结构调整"课题浙江沿海项目组到大陈岛调研。

4月27日　中共中央政治局常委、中央书记处书记、国家副主席、中央军委副主席、国家军委副主席、中央党校校长习近平给大陈岛老垦荒队员回信:我一直惦记大陈岛的发展和岛上的干部群众。他在信中称赞:大陈岛的进步发展,是全岛干部群众特别是老垦荒队员多年辛勤奋斗的结果。习近平勉励老垦荒队员和岛上干部群众继续发扬艰苦奋斗精神,朝着"小康的大陈、现代化的大陈"目标迈进。

5月1日　中共浙江省委书记、省人大常委会主任赵洪祝就学习贯彻落实习近平副主席给大陈岛老垦荒队员回信精神作出批示。

5月10日至11日　在台州市2010年拔尖人才"深入基层,服务民生"县市行主题活动中,农业水产类专家陈清建等专程上岛传授海水养殖技术。

5月14日　中共台州市委书记陈铁雄慰问大陈岛老垦荒队员代表李京州、张其元等。

5月18日　椒江召开全区领导干部大会,学习传达和贯彻落实中共中央政治局常委、中央书记处书记、国家副主席、中央军委副主席习近平给大陈岛老垦荒队员回信精神,学习贯彻中共浙江省委书记赵洪祝、中共台州市委书记陈铁雄等的批示精神,部署进一步推进大陈岛开发建设工作。

5月19日至20日　中共大陈镇委、镇政府连续举行学习会,学习贯彻落实习近平和省、市、区委工作要求,弘扬大陈岛垦荒精神,谋

划掀起新一轮开发建设热潮。中共椒江区委副书记、区委政法委书记蒋冰风到会指导。

5月23日　椒江区政府常务会议听取大陈镇政府工作汇报,决定将老垦荒队员的定期补助标准从每月540元提高到每月800元。

6月1日　中共台州市委、市政府召开大陈岛开发建设座谈会。

6月2日　上大陈岛中咀避风港建设工程竣工,建成防波堤196米、护岸1911米、管理用房228平方米,总投资两千六百多万元。

同日　路面宽3.50米、总长4.58公里的上大陈岛环岛公路(四标段)完工并通过竣工质量鉴定,质量等级为优良。

6月2日至3日　中共浙江省委常委、常务副省长陈敏尔赴大陈岛考察调研。中共台州市委书记陈铁雄、中共椒江区委书记王建平等陪同。

6月28日　中共大陈镇委、镇政府组织党员义工100多人,开展慰问五保户、烈军属、残疾人活动。

6月30日　台州市"全民唱红歌"活动启动仪式暨庆"七一"歌咏晚会在台州广电总台演播大厅举行,数十名原大陈岛青年志愿垦荒队员登台演唱《垦荒队员之歌》等红歌,引起轰动。

6月　一部反映海峡两岸大陈人生活的影片《美女如云》正式公映。

7月1日　椒江区行政服务中心大陈便民点设立。

7月2日　浙江省人民政府副省长龚正考察大陈岛。

7月7日至8日　椒江区政协主席刘建华率由16名政协委员组成的旅游文化调研组上岛考察。

7月9日　中共大陈镇委、镇政府召开创建省级旅游强镇动员大会。

7月23日　中共浙江省委书记、省人大常委会主任赵洪祝就认真贯彻落实习近平副主席给大陈岛老垦荒队员回信精神再次作出重要批示。

7月28日　项孔军任大陈镇经济发展办公室(安全生产办公室、渔业办公室)副主任；叶洪明任大陈镇社会事务管理办公室(人口与计划生育办公室)副主任；崔伟军任大陈镇综合治理办公室(信访办公室)副主任；何宝金任开发建设管理办公室副主任；周媛媛任大陈镇财政所副所长。

7月30日　椒江区政府召集台州市港航管理局和椒江区交通、财政、物价、监察、审计、海事、国资等部门及大陈镇政府负责人,就大陈至椒江客货两用船建造进行专题协调,决定建造一艘船体长36米、宽6米左右、航速12—13节、抗风能力达八级以上的船只,载客60人左右、载货10吨左右,估算总造价350万元。

8月4日　中共椒江区委成立由区委书记王建平任组长的大陈岛开发建设领导小组。

8月9日　中共椒江区委、椒江区人民政府发布《关于进一步加快大陈开发建设的若干意见》。

同日　大陈台湾渔民接待站改称椒江区台湾同胞接待站,并迁址椒江市区。

8月30日　椒江农村合作银行大陈支行上大陈岛临时服务点设立。

8月　叶兆林任中共大陈镇委副书记、纪委书记。

9月2日至3日　中共浙江省委书记、省人大常委会主任赵洪祝赴大陈岛考察。省委常委、常务副省长陈敏尔,省委常委、省委秘书长李强,省人大常委会副主任冯明,省政协副主席陈艳华,中共台州市委书记陈铁雄和中共椒江区委书记王建平等陪同。考察期间,赵洪祝提出大陈发展"四岛四基地"战略:"四岛"即生态岛、休闲岛、能

2011年

1月21日　中共浙江省委、浙江省人民政府授予大陈镇"示范文明镇"。

1月27日　大陈镇社会事务服务中心增挂大陈镇乡村道养护管理站牌子。

1月23日　中共椒江区委组织部、宣传部、统战部、环保分局、民建区委会组织四十余人走访慰问大陈岛。中共椒江区委常委、统战部部长郑福华参加。

1月24日至25日　大陈镇第十四届人民代表大会第七次会议召开,何光明作政府工作报告,杨昌官作人大主席团工作报告,应勇作《关于大陈镇国民经济和社会发展"十二五"规划编制说明》报告。椒江区领导郑福华、管彦德应邀到会指导。

3月9日　解放军总装备部领导到大陈岛、一江山岛考察。

3月11日　日本宫城县海域发生里氏8.8级地震,海啸波及大陈岛,海平面最高上升50厘米,影响时间长达12个小时。

3月16日　大陈镇卫星村被评为台州市信访基层基础建设示范村。

4月7日　椒江区人民法院大陈镇巡回审判点揭牌,"送法进海岛"法律服务活动同时开展。椒江区人民法院院长缪信权、大陈岛开发建设管委会主任兼中共大陈镇委书记孙尚权参加。

4月12日　大陈岛卫星岛屿东、西猪腰屿和缸爿岛列入浙江省第一批开发利用无居民岛屿名录。

4月29日　椒江区纪念五四运动92周年表彰大会暨"大陈岛垦荒精神"巡回宣讲活动启动。椒江区领导杨玲玲等出席。

5月3日　在大陈岛海域成功投放中国第一个海水核辐射实时检测试验浮标。

5月23日　余连明任大陈渔业服务有限公司经理。

6月8日　椒江区大陈镇与义乌市大陈镇结为友好镇。

6月27日　王菊琴任大陈镇劳动管理所所长、劳动监察中队中队长。

6月下旬至7月上旬　中共大陈镇委开展"十一个一"活动,纪念中国共产党九十华诞。这"十一个一"活动是:召开一次庆祝建党九十周年大会,表彰宣传一批先进典型,开展一次党风廉政教育活动,举办一期农村基层党务工作者实务培训班,举办一期入党积极分子培训班,举行一次入党宣誓活动,开展一次"解放思想找差距、创业创新谋发展"参观学习活动,组织一次优秀党建书籍读书活动,开展一次集中走访慰问活动,组织一场大型党员义工为民服务活动。

7月5日　大陈岛青少年宫二期工程批准立项,拟建科技楼582平方米、阳光教育中心3500平方米,拟占地16.5亩,估算总投资988万元。

7月19日　椒江区八届人大第六次会议召开,补选万敏杰为椒江区八届人大常委会主任。

7月28日至29日　由椒江区人民政府和台州市旅游局主办、椒江区风景旅游局和大陈镇人民政府承办的2011年大陈海钓节在大陈岛举行。本次海钓节以"看海景、钓海鱼、品海鲜"为主题,旨在促进大陈海岛海洋旅游活动的发展,进一步提高大陈岛的知名度和美誉度。

8月12日　台州市再创"全国双拥模范城"暨军民共创"大陈双拥模范岛"誓师大会在大陈岛举行。浙江省军区副司令员施中苏,民政部优抚安置局副局长张俊华,台州市领导陈铁雄、薛少仙、元茂荣和王建平等椒江区四套班子成员出席。

8月17日　椒江区政府召集大陈岛开发建设管委会、发改局、财政局、经信局、海洋与渔业局、风景旅游局、文广新局、国土资源分局、行政服务中心、法制办、规划办、港航处、旅游集团、大陈镇政府等单位负责人,举行大陈岛项目开发协调会,商讨大陈岛海上游乐园、国际游艇俱乐部、海滩修复、智慧旅游等项目相关事宜。中共椒江区委常委陶智炳主持会议。

8月23日　中共大陈镇委、镇政府召开军民共建"双拥模范岛"动员大会。

8月24日　大陈实验学校校舍安全加固工程启动,改造面积3306.9平方米,总投资769万元。

8月30日　中共椒江区委统战部在凤凰山庄举办"同心同行——情系垦荒队员书画公益拍卖"活动,所得款项全部用于资助有关大陈岛垦荒队员的公益事业。

9月9日　李昌建任中共大陈镇委书记,邱丽英任委员。

9月19日　椒江区发展与改革局、大陈镇人民政府联合发布《台州市椒江区大陈镇国民经济和社会发展"十二五"规划》。

9月27日至28日　中共大陈镇第十届代表大会召开,李昌建作题为《坚持科学发展,不断开拓创新,倾力打造大陈镇"十二五"跨越式新发展》的工作报告;叶兆林作《扎实工作,锐意创新,深入推进党风廉政建设和反腐败工作》的纪律检查报告。会议选举由李昌建、何光明、叶兆林、陈方志、邱丽英组成的第十届委员会,李昌建任书记,何光明、叶兆林任副书记;选举叶兆林为纪委书记,郑锡江为副书记。

10月8日　吴建国任中共大陈镇委委员。

10月25日至26日　浙江省人大常委会副主任厉志海一行到大陈岛考察调研。台州市和椒江区领导郑荐平、万敏杰等陪同考察。

10月26日　上、下大陈岛码头修理工程通过验收。

权出席。

同日　大陈岛地震监测站成立并正式启动记录。

5月　大陈镇政府投资五十多万元新建的海上救急船投用。至是年年底,共应急救助13次,抢险救灾5起,共有24人获救,紧急运送7名岛上居民到椒江救治。

6月6日至7日　大陈镇首届全民运动会举行。

6月13日　经有关部门批准,台州市椒江区大陈岛垦荒队员及其家属联谊会成立。

6月21日至22日　杭州市拱墅区党政代表团考察大陈岛。

6月25日　中央党校调研组考察大陈岛开发建设情况。

6月27日　中共浙江省纪委副书记洪巨平到大陈岛调研。

7月30日　台州市第三次争创全国双拥模范城总结表彰会暨大陈岛双拥模范岛命名大会在大陈岛召开。

8月7日　受2012年第11号台风"海葵"影响,大陈岛出现风速每秒53米大风。

8月27日　中共椒江区委、区人民政府举行2012年海峡两岸大陈乡情联谊酒会,欢迎台湾新北市椒江(大陈)同乡会访问团一行50人返乡寻根问题。

9月1日　椒江区政府常务会议听取大陈镇政府有关下大陈岛水咀头经鸡笼头至土地堂公路建设工程要求调整概算的情况汇报,决定将项目从2168万元调整到2953.1567万元。

9月19日　中共浙江省委常委、省军区政委王新海少将一行到大陈边防派出所检查工作,慰问边防官兵。

9月25日　浙江省人民政府发文,批准大陈岛为浙江省海洋开发与保护示范岛。这是我省首个设立的省级示范岛。

10月下旬至11月初　大陈岛首届科技工作者文化艺术节举行。

11月19日　中共椒江区委理论中心组召开学习会,中共十八大代表、大陈实验学校校长翁丽芬应邀作十八大精神专题辅导报告。

11月29日　椒江区政府常务会议听取大陈镇政府有关要求大陈岛公交公司化运营的汇报,决定由大陈岛综合开发有限公司向有关部门申请增设项目作为经营主体,由区财政投入150万元购置公交车辆运营。

12月19日　椒江区政府召集区海域与渔业局、交通运输局、财政局、发改局、审计局、监察局、环保分局、大陈镇政府等单位负责人,就大陈渔港浪通门港区建设、大陈人工岛项目前期工作有关问题进行专题协商,达成一致意见,并作出会议纪要。

12月24日　大陈镇被国家环境保护部评为"国家级生态乡镇"。

12月26日　大陈镇被评为浙江省体育强镇。

2012年　大陈镇实现渔工业总产值34800万元,比上年增长19%。财政总收入1527万元,其中地方财政收入1248万元,分别比上年增长16.3%和11.2%。渔农村居民人均纯收入12107元,比上年增长12%。

是年　全镇实现渔业捕捞总产量4.85万吨,产值29000万元,比上年增长8%;水产品总产量为5.15万吨,比上年增长5%;休闲渔业产值达5500万元,较上一年增长207%;海水养殖产量180吨,产值1000多万元。

是年　在大陈海域投放曼氏无针乌贼300万粒、梭子蟹1200万只。

是年　植树造林537亩,封山育林1051亩。

是年　上岛游客突破10万人次,比上年增长5%。

313

2013年

1月6日　大陈岛垦荒队员及家属联谊会在下大陈岛南田举行胡耀邦铜像揭幕仪式,以表达垦荒队员对胡耀邦同志的崇敬和缅怀之情。胡耀邦长子、全国政协常委、经济委员会副主任委员胡德平,次子、华润集团原副总经理刘湖,三子、中科院软件中心原负责人胡德华,女儿李恒;全国政协常委、全国工商联党组原书记梁金泉,全国政协委员、第二炮兵原司令员张翔中将,全国政协委员、中国光彩事业基金会理事长、全国工商联副主席谢伯阳和原大陈岛青年志愿垦荒队队长卢育生、王宗楣及台州市、椒江区有关单位负责同志参加揭幕仪式。

1月12日　大型电视连续剧《海上谣》开机仪式在椒江举行。该剧讲述大陈岛上的骨肉兄弟与美丽女子的爱情传奇和海峡两岸亲人几十年相思相恋、终于回归大陆的故事。

1月29日　中共大陈镇第十届代表大会第二次会议召开,李昌建作题为《抢抓机遇,攻坚克难,为建设和谐美丽新大陈而不懈奋斗》的工作报告。

1月30日　大陈镇第十五届人民代表大会第二次会议召开,何光明作政府工作报告。会议确定2013年经济社会发展的主要预期目标是:渔业总产值同比增长10%;财政总收入和地方财政收入增长9%以上;渔民人均纯收入增长10%。

1月　大陈镇卫星村、南岙村、凤尾村、大沙头村、胜利村获得"台州市文明村"荣誉称号。

2月1日　椒江区政府常务会议听取大陈镇政府有关要求提高老垦荒队员定期生活补助标准的情况汇报,决定将在岛老垦荒队员

1.8%。

是年　经浙江省政府批准,《浙江省大陈岛海洋保护与开发示范岛实施方案》《浙江省重要海岛开发利用与保护规划椒江区实施方案》,由浙江省发改委发布实施。

是年　在大陈周边海域增殖放流曼氏无针乌贼受精卵490万粒、大黄鱼40万尾、梭子蟹30万只。

是年　人工补植造林720亩,其中上大陈岛240亩、下大陈岛480亩。

是年　全镇新型合作医疗保险参保人数3074人。

是年　风力发电机发电量6500万度。

是年　上岛游客9.2万人次,比上年下降8%。

2014年

1月上旬　由大陈岛养殖有限公司承担的国家星火计划项目——《可追溯大黄鱼健康养殖产业技术体系构建及示范》,通过科技部验收。

1月11日　在温州市区的原大陈岛青年志愿垦荒队员聚会,纪念上岛垦荒、建设大陈岛58周年。

1月13日　潘江兴任大陈岛冷冻厂厂长。

1月23日　童建国任中共大陈镇委副书记、中共大陈岛开发建设管委会工委副书记;杨昌官任中共大陈镇委副书记、纪委书记,中共大陈岛开发建设管委会工委委员;唐江明任中共大陈镇委委员、中共大陈岛开发建设管委会工委委员。

2月20日　对海岛生态环境有不良影响的台州市大陈岛鱼粉厂、台州市大陈海源饲料有限公司、台州市大港鱼粉有限公司、台州市椒江海丰鱼粉厂、大陈岛水产品厂被正式关停。

2月　大陈镇被浙江省林业厅等单位授予"浙江省森林城镇"。

3月7日　杨昌官任中共大陈镇委、镇政府驻上大陈工作组组长。

3月11日至12日　大陈镇第十五届人民代表大会第三次会议召开,应勇作政府工作报告。会议补选童建国为大陈镇人民政府镇长,叶敏为镇人大副主席。

3月19日　椒江区政府发布《大陈国家气象观测站探测环境保护专项规划》(2013年修订版)。

3月27日　椒江区政府召集区发改局、财政局、监察局、审计局、海洋与渔业局、法制办公室、大陈镇政府等单位负责人,就已列入国家海洋局2012年度中央分成使用金(补助2220万元)项目——大陈岛保护和整治修复项目前期有关问题进行专门协调,并形成会议纪要。椒江区副区长林强出席。

4月1日 郑梁龙任大陈镇党政办公室(政府法制办公室)副主任;阮智渊任大陈镇综合治理办公室(民政办公室、信访办公室)副主任。

4月14日 椒江区政府常务会议听取大陈镇政府工作汇报,讨论移民扶贫项目——大陈岛惠民旅游发展有限公司购买寰岛大酒店有关问题,同意按照评估价直接转让过户,要求区级相关部门缩短审批时限,简化办理手续,按照最优惠的税费办理相关转让事宜。

4月21日 椒江区政府召集财政局、监察局、审计局、大陈镇政府等单位负责人,就大陈岛青年广场改造有关问题进行专门协调。该项目总投资73多元,要求在5月15日前完成改造。中共椒江区委常委蔡士荣出席。

5月7日至8日 中共浙江省委党的群众路线教育实践活动派驻椒江督导组组长王益民、副组长王恕杰等到大陈岛开展调研活动。

5月19日 中共大陈镇委、镇政府获台州市对台工作先进单位荣誉,李昌建获台州市对台工作先进个人荣誉。

6月上中旬 "大陈岛撤退影像纪实"在台湾台北市中正纪念堂展出,展览用大量珍贵的照片和影像讲述1955年2月大陈岛民众撤往台湾的场景。

7月1日 椒江区政府召集台州市招标办和区政府办公室、发改局、风景旅游局、财政局、监察局、审计局、国土资源分局、大陈镇政府等单位负责人,就大陈岛核心景区一期工程项目招投标有关问题进行专门协调,并形成会议纪要。该项目涉及上大陈岛乌沙头景区和下大陈岛甲午岩景区,景观面积44836平方米,其中栈道9562平方

2014年　大陈镇实现渔工业总产值43000万元,比上年增长7.6%。实现财政总收入2111万元,其中地方财政收入1901万元,比上年分别增长15.8%和34.1%。渔农村居民人均纯收入14916元,比上年增长12%。

是年　全镇实现渔业产值38000万元,比上年增长10%。全年渔业捕捞量5万吨,比上年增长2.4%。现代渔业园区建设有序推进,全年海水养殖总产量3376吨。

是年　出台《台州市椒江区大陈岛移民创业致富示范岛建设规划(2014—2020)》,编制完成《大陈岛至一江山岛岛际旅游专线建设项目可行性报告》,颁布《大陈镇历史文化村落保护利用实施方案》。

是年　投放260个、共7000空立方人工鱼礁,建设藻场300亩,放流海洋物种7000多万尾(粒)。

是年　人工补植造林320亩,其中上大陈岛140亩、下大陈岛180亩。

是年　上岛游客10万人次,比上年增长8%。

2015年

1月18日　上午,解放一江山岛60周年纪念大会在椒江隆重举行。解放军相关部队首长张翔、葛焕标、徐世平、朱鸿禧、阚立奎、兰政、郑家概、黄贵银、吴湘庆、冯寿淼、邬援军、张红朝和部分当年参战老战士、支前模范、军烈属代表应邀出席。

同日　下午,一江山岛战役遗址一期工程落成暨史料馆开馆揭幕仪式在北一江山岛举行。张翔、葛焕标、徐世平、朱鸿禧四位中将和浙江省民政厅副厅长俞志壮、中共台州市委副书记葛益平、台州军分区司令员金来州等为史料馆开馆揭幕。该工程于2014年7月正式动工,总投资4110万元,建成战役遗址史料馆、东昌村军旅体验区、203高地静思台及总长度近两公里的游步道。

1月27日至28日　中共大陈镇第十届代表大会第五次会议召开,李昌建作工作报告,杨昌官作纪律检查工作报告。

1月28日至29日　大陈镇第十五届人民代表大会第四次会议召开,应勇作政府工作报告。会议补选唐奇峰为大陈镇人民政府镇长。

1月31日　在温州市区的原大陈岛青年志愿垦荒队员聚会,纪念上岛垦荒、建设大陈岛59周年。

2月10日　椒江区政府常务会议听取大陈镇政府工作汇报,讨论下大陈岛梅花湾风貌整治工程和孝慈堂建设等有关问题,并形成会议纪要。

2月　大陈籍台湾同胞在台北市举行大陈民众迁台60周年纪念活动,台湾地区正副领导人马英九、吴敦义,以及胡为真、洪秀柱、洪孟启等参加;同时印行《大陈人在台湾——大陈迁台六十周年纪念特辑》，马英九撰写序言。

3月26日　台州市人民政府台湾事务办公室召开涉台基地工作座谈会，大陈镇政府在会上作有关"做足乡情文章、共筑中国梦"的涉台宣教工作交流。

4月3日　椒江区政府召集区政府办公室、财政局、交通运输局、风景旅游局、大陈镇政府等单位负责人，就大陈岛客运服务中心、一江山岛原游客接待中心有关问题进行专题协调。要求加快大陈岛客运服务中心建设步伐，建成后由区交通运输局无偿移交给椒江旅游开发有限公司管理；一江山岛原游客接待中心已实际不存在，由区财政局办理资产核销手续。中共椒江区委副书记、区长林金荣主持，区委常委蔡士荣、副区长程建乐出席。

4月5日　中央电视台中文国际频道《远方的家——江河万里行》栏目组登上大陈岛采风拍摄。

4月21日至23日　2015年海峡两岸大陈乡情文化节在大陈岛举行，153名大陈籍台湾同胞参加活动。浙江省台办副巡视员王洪兴，台州市和椒江区领导董贵波、林金荣、蔡士荣、孙尚权、徐杏菲、李越、刘碎雪等出席。

4月22日　由楼祖民、汪江浩策划设计的全国首家台胞文史馆——大陈岛台胞文史馆在下大陈岛三角街开馆。该馆建筑面积370多平方米，共分15个板块、375张珍贵历史照片，对大陈岛实施"金刚计划"及大陈同胞去台湾后的工作生活情况作了第一次系统性披露。

4月28日　"保护母亲河行动"——解放军青年林浙江椒江项目启动仪式在大陈岛举行。解放军青年林是按照全国保护母亲河行动领导小组统一安排，由全军和武警部队青年官兵捐款支持、地方团组织和地方政府共同组织实施、以项目化方式建设的保护母亲河示范

2016年

1月7日　椒江区旅游发展委员会第一次成员会议召开,确定2016年大陈岛旅游发展七项重点工作。中共椒江区委副书记、区长林金荣主持会议,区委常委蔡士荣出席。

1月15日　台州海上客运中心建设工程动工。

1月27日　中共大陈镇第十届代表大会第六次会议召开,李昌建作题为《坚持科学发展,实现跨越崛起,为建设"小康的大陈、现代化的大陈"而不懈努力》的工作报告;杨昌官作纪律检查工作报告。

1月28日至29日　大陈镇第十五届人民代表大会第五次会议召开,唐奇峰作政府工作报告。会议补选郑德平为镇人大主席,赵昌东为副主席;补选叶敏为大陈镇人民政府副镇长。

1月31日　大陈镇卫星、胜利、凤尾、大沙头、南岙、北岙六个渔业行政村首先实现收益分红,摘掉集体经济薄弱村"帽子",分红来自大陈岛惠民旅游开发有限公司的租金所得。

1月　周安任中共大陈镇委委员。

3月18日　椒江区大陈岛整治修复及保护工程领导小组成立,陶智炳任组长,李健、董吕林、唐奇峰任副组长;下设办公室,唐奇峰兼任主任。

3月28日　椒江区政府常务会议听取区委宣传部有关系列电视纪录片《家在大陈》拍摄情况、区农林局有关大陈岛省级森林公园绿化修复提升工程等事项汇报,并出台相关规定。

4月1日　椒江区政府召集区政府办公室、区委组织部、区发改局、财政局、人力社保局、风景旅游局、公安分局、住建分局、国土资源分局、交通运输局、农林局、农办、人防办、同创办、海洋与渔业局、教

育局、体育局、卫计局、市场监管局、行政执法分局、规划处、园林处、旅游集团、交警大队、大陈镇政府等单位负责人,在大陈岛青少年宫召开第二次现场推进会,明确了大陈镇全岛旅游化方面的 15 个问题,并形成会议纪要。中共椒江区委副书记、区长林金荣主持会议,区委常委蔡士荣等出席。

4月15日 总投资 860 万元的台州海上客运中心工程完工,建成 300 吨级客运码头及钢引桥、候船大厅等相关设施,并配套建设 3000 平方米的停车场,提供 200 个停车位。

同日 椒江区政府召集区财政局、审计局、交通运输局、风景旅游局、机关事务管理局、人防办、旅游集团、国资公司、大陈镇政府等单位负责人,就大陈岛景点、公交的产权管理移交等有关问题进行专门协调,并形成会议纪要。中共椒江区委常委蔡士荣主持会议。

4月20日 浙江省关心下一代工作委员会副主任江坪、陈仲方到大陈岛开展调研。

4月23日 台湾"首届大陈乡情文化节"在台湾新北市举行。台州市卫温船队远航台湾研究会荣誉会长、台湾卫温船队远航台湾研究中心主任陆炳文,中共椒江区委常委、统战部部长蔡士荣等出席。

4月28日 椒江区旅游发展委员会召开主任扩大会议,要求各部门统一思想,齐心协力,推进上下大陈岛海底电缆工程,加快打造上下大陈岛核心景区。中共椒江区委副书记、区长林金荣主持会议,区委常委蔡士荣、副区长蒋国平等参加。

同日 大陈镇卫生院综合改造工程启动,总投资 502 万元。

5月4日 椒江区政府常务会议听取区风景旅游局有关大陈岛核心景区变更有关事项汇报,作出相关规定。

5月6日 总长三十余公里的环岛公路全线贯通。

5月12日 台州海上客运中心启用暨"庆达9号"首航仪式举

行。"庆达9号"投资2450万元,长48.3米、宽7.4米,载客量253位。开通后,椒江至大陈航时由原先的120分钟缩短至70分钟。

5月16日　由浙江省网信办、浙江省社科院指导,浙报传媒主办的"诗画浙江,春意小镇"评选活动揭晓,大陈镇位居"浙江十大春意小镇"榜首。

5月18日　椒江区人民政府出台《关于加快大陈岛综合开发建设的工作方案》。

5月26日　大陈岛人防应急疏散训练保障中心建设项目获批。该项目位于下大陈岛东坑,总用地面积11546平方米,其中建设用地面积5346平方米,总建筑面积3720.4平方米,规划疏散安置避难人数600人,投资估算3000万元。

5月30日　中共中央总书记、国家主席、中央军委主席习近平给大陈岛老垦荒队员的后代、椒江区第二实验小学张婧怡等12名小学生亲笔回信。全文如下——

张婧怡等小朋友:

你们好!

看了你们的来信,我想起了10年前的大陈岛之行,也想起了当时同你们爷爷奶奶交谈的情景。60年前,你们的爷爷奶奶远离家乡,登上大陈岛垦荒创业,用青春和汗水培育了艰苦创业、奋发图强、无私奉献、开拓创新的垦荒精神。正如你们所说,他们是最可敬的人。请代我向你们的爷爷奶奶、乡亲们问好。

你们在信中表示,你们是老垦荒队员的后代,决心牢记爷爷奶奶当年的奋斗精神,好好学习,砥砺品格,长大后报效祖国和人民,我感到很欣慰。希望你们向爷爷奶奶学习,热爱党、热爱事体验区、青少年宫和垦荒纪念碑等景区。孙景淼强调,在旅游开发过程中一定要对历史进行详细考究,做到独树一帜;对岛上原有的军事工程要进行挖掘和保护,将现代元素和人文历史有机结合起来。台州市副市长张加波等陪同调研。

　　同日　浙江省国土资源厅批准建立大陈岛省级地质公园。公园范围自洋旗岛至一江山岛,面积3234公顷(其中,海岛陆域面积1726公顷、海域面积1508公顷)。

　　8月29日　浙江省人民政府发文,批准设立大陈岛省级旅游度假区。该旅游度假区总面积为24.59平方公里,其中陆域面积14.59平方公里,海域面积10平方公里,四至范围为:东至蛇尾岛,南至旗南屿,西至撑礁屿,北至下擂鼓礁。

　　8月下旬　大陈镇第二届全民运动会举行。

　　9月9日　倪国正任中共大陈镇委书记。

　　9月21日　浙江省档案局局长刘芸上岛考察基层基础档案建设情况。

　　9月22日　浙江省财政厅总预算局局长章启诚等上岛考察。

　　9月28日　路桥区金清港白沙客运码头通过竣工验收。

　　9月30日　项文斌任中共大陈镇卫生院支部书记。

　　10月12日　由中共椒江区委、区人民政府主办,区委宣传部、区文广新局、区关工委联合承办的"共筑中国梦·弘扬大陈岛垦荒精神"主题晚会在椒江剧院首演。十届全国人大常委会副委员长、国家关工委主任顾秀莲,十一届省人大常委会副主任、省关工委主任徐宏俊和台州市、椒江区领导叶海燕、林金荣、包顺富等观看演出。

　　10月13日　参加浙江省关工委"两史教育经验交流会"的全体人员登上大陈岛,重温垦荒史,重走垦荒路。十届全国人大常委会副委员长、国家关工委主任顾秀莲,十一届浙江省人大常委会副主任、

省关工委主任徐宏俊等参加考察。

同日　中共台州市委常委、宣传部部长叶海燕慰问王宗楣、张寿春、金可人等老垦荒队员代表,听他们回忆垦荒历史,共话今昔变化,并赠送《牵挂大陈岛》《魅力台州》《一江山水耀东海》等画册和书籍作为纪念。椒江区领导包顺富等参加慰问。

10月16日至18日　"2016两岸大陈乡情文化节"在大陈岛举行,163名大陈籍台湾同胞重回故里,寻根问祖,共叙乡情。浙江省台办调研员卢瑶瑶,台州市政协党组成员、中共台州市委统战部部长周先苗,椒江区领导孙尚权、何凯、刘碎雪等参加活动。

10月19日至20日　中共大陈镇第十一届代表大会召开。倪国正作题为《弘扬垦荒精神,勇立时代潮头,为加快建设小康的大陈、现代化的大陈而努力奋斗》的工作报告;郑锡江作纪律检查工作报告。会议选举由倪国正、唐奇峰、徐浩洲、郑锡江、周安、滕裕敏组成的第十一届委员会,倪国正任书记,唐奇峰、徐浩洲任副书记;选举郑锡江为纪委书记,刘尚永为副书记。

10月20日　浙江省交通运输厅批复同意大陈岛车客渡码头工程设计方案调整。该工程建设规模为1000总吨级车渡泊位1个(可兼靠120客位客轮),泊位总长度121米,年设计吞吐能力为4万人次、车1万辆次,工程总概算4940万元。

11月3日至4日　"诗画浙江,醉美大陈"全媒体椒江采访活动举行,来自省内外的21家媒体、5位自媒体达人到大陈岛开展全方位采访活动。

11月15日　椒江区政府召集区发改局、住建分局、环保分局、国土资源分局、台办、规划处、大陈镇政府有关部门负责人,就台湾同胞接待站大陈岛台湾渔轮避风点危房有关事项进行专题协调,决定实施修复性改建,总建筑面积1582平方米。

11月23日　"2016海智专家椒江行暨中国首座零排放生态岛建设海智研讨及项目对接会"召开,各级科协领导和十多位海智专家共聚一堂,为大陈岛综合开发献计献策。

12月2日至3日　共青团中央书记处第一书记秦宜智专程赴大陈岛,考察青少年宫、垦荒纪念广场,慰问老垦荒队员。秦宜智在考察时指出,垦荒精神是中国精神的重要组成部分,虽然现在离垦荒队员们上岛垦荒已经过去六十多年,但垦荒精神并没有过时,照样具有强大的生命力。要继续讲好垦荒故事,弘扬垦荒精神;要加大对大陈岛的投资,加快推进大陈岛的开发建设。通过各方努力,共同把大陈岛建设得更加美好。台州市和椒江区领导王昌荣、单坚、陈挺晨等陪同调研。

12月3日　中共椒江区委召开专题会议,研究落实团中央书记处第一书记秦宜智考察大陈岛时的相关精神。中共椒江区委书记陈挺晨强调,要高标准、高规格,谋划大陈岛的开发建设,要通盘考虑,注重细节,将垦荒元素融入建设中,将大陈岛打造成高品质、特色鲜明的海岛;要深化大陈岛建设项目的前期启动,加快通用机场、帆船基地、游客码头等项目的推进;要继续做好老垦荒队员影像资料的搜集、制作工作,讲好大陈故事,传承好大陈岛垦荒精神。中共椒江区委副书记包顺富、副区长马厉财等出席会议。

12月15日　中共大陈镇委出台《大陈镇协商民主推进实施方案》。

12月20日　大陈岛开发建设领导小组成立,陈挺晨、杨玲玲任组长,包顺富任常务副组长,陶智炳、马厉财、倪国正任副组长;下设办公室,唐奇峰任主任。

12月25日至26日　大陈镇第十六届人民代表大会召开,唐奇峰作政府工作报告。会议选举郑德平为大陈镇人大主席;选举唐奇

4月22日　浙江省首个海岛地质公园陈列馆——大陈岛地质公园陈列馆正式开馆。

4月23日　第一届大陈乡情文化节暨浙江同乡联谊会成立大会在台湾新北市举行。中共椒江区委常委、统战部部长蔡士荣，大陈岛开发建设管委会副主任、中共大陈镇委书记倪国正到场祝贺，大陈籍台湾同胞八百余人参会。

4月27日　椒江区人民政府出台《关于推进大陈黄鱼品牌建设的实施意见》。

5月4日　椒江区政府常务会议听取大陈镇政府工作汇报，讨论大陈岛岛际之间交通及补贴等有关事项，并形成会议纪要。

5月10日　台州市人大常委会主任元茂荣到大陈岛考察调研。他强调，要抓住大陈岛开发建设管委会设立的机遇，把体制改革优势转化为发展优势，加快推进大陈岛开发建设。椒江区人大常委会主任王国平、副主任孙尚权等陪同。

同日　台州大陈岛开发建设管委会党工委成立，陈挺晨任书记，杨玲玲、陶智炳任副书记，詹朝晖、倪国正任委员。

5月11日　新疆维吾尔自治区阿拉尔市党政领导到大陈岛考察。

同日　浙江省作协党组书记、驻会副主席臧军率党组成员、秘书长晋杜鹃等到大陈岛调研筹建大陈岛网络作家村工作。

5月12日　黑龙江省北大荒共青农场领导到大陈岛考察调研。

5月20日　杨玲玲任台州大陈岛开发建设管委会主任（兼），陶智炳任常务副主任，詹朝晖、倪国正任副主任。

5月22日　大陈岛获批"全国少年儿童夏令营基地"。

同日　王啸啸任中共大陈镇委副书记。

5月24日　椒江区政府召集相关部门，就大陈自来水厂体制变

更有关事项进行专题协调，形成一致意见，并作出会议纪要。

5月30日　全国关心下一代工作委员会副主任、中共中央党校原副校长杨春贵一行到大陈岛考察调研。

5月31日　由中共浙江省委宣传部和中共台州市委、市人民政府联合主办的"大陈岛垦荒精神"理论研讨会举行。全国关心下一代工作委员会副主任、中共中央党校原副校长杨春贵，中共浙江省委宣传部常务副部长来颖杰，中共台州市委书记王昌荣，中共椒江区委书记陈挺晨等出席会议并讲话。

6月2日　中共椒江区委召开九届区委扩大会议暨第14次常委会议，听取大陈岛开发建设管委会大陈岛开发建设有关问题的汇报，要求进一步理顺大陈岛管委会和大陈镇的关系，齐心协力推动各项工作落实。

6月5日　由于大陈岛黄鱼养殖所作出的特殊贡献，椒江区被授予"中国大黄鱼之都"称号。

同日　椒江区政府召集区发改局、财政局、风景旅游局、住建分局、国土资源分局、规划办、团区委、旅游集团、大陈镇政府等单位负责人和评审专家组，对大陈岛青垦文化纪念馆建筑设计方案进行评审。中共椒江区委常委、台州大陈岛开发建设管委会常务副主任陶智炳主持会议。该纪念馆位于大陈岛青少年宫南侧，总用地面积4280.83平方米，建筑面积3679平方米。

6月6日　保加利亚季米特洛夫格拉德市副市长明科夫率团上岛考察。

6月7日　椒江区政府召集区财政局、交通运输局、旅游集团、国资公司、大陈镇政府、荣远客运公司等单位负责人，就椒江至大陈岛客运码头改造相关问题进行专题协调，形成统一意见。中共椒江区委常委、台州大陈岛开发建设管委会常务副主任陶智炳主持会议。

6月9日　椒江区政府与珠海九洲控股集团有限公司签约,就海上交通、海岛旅游开发及相关领域投资、建设、运营建立全面战略合作关系。

6月19日　中共大陈镇新经济与新社会组织工作委员会成立,徐浩洲任书记,周安、赵昌东、苏永波、何宝金任副书记;下设办公室,苏永波兼任主任。

6月21日至22日　中共椒江区委书记陈挺晨上岛调研,实地察看景区建设、基础设施改善情况,慰问老垦荒队员和新时代"垦荒者",勉励他们继续为建设"两个大陈"作出贡献。

6月24日　"大陈黄鱼"品牌荣获由中国优质农产品开发服务协会等单位主办的"2017年最受消费者喜爱的中国农产品区域公用品牌"称号。

6月27日　"海钜号"双体高速客轮成功首航,台州市区与大陈岛航程缩短至一个小时。该客轮由珠海九洲集团打造,客舱199座,设计航速29节(实际航速可达30节),并具备夜航功能。

6月29日　中共台州市委书记王昌荣、市长张兵、市人大常委会主任元茂荣、市政协主席陈伟义率市四套班子成员登上大陈岛,开展"弘扬大陈岛垦荒精神,续写八八战略新篇章"主题党日活动。

7月10日　大陈镇乡贤联谊会暨成立大会民主协商议事会召开。

7月12日　台州市管干部现场教育活动在大陈岛举行。

7月31日　椒江区政府常务会议听取大陈镇政府工作汇报,讨论大陈岛饮用水安全工程有关事项,同意调整工程概算。

8月4日　大陈岛被共青团中央命名为全国青少年教育基地、全国团干部教育培训基地。

8月29日　台州大陈岛干部学院筹建工作领导小组成立。组长

11月27日 2017年"海峡两岸新时代青年才俊故土行"活动在大陈岛拉开帷幕,中国国民党中央常委、台北市议员李傅中武,台湾新党青年委员会主席、新党新闻发言人王炳忠,大陈岛乡情文化促进会全台联合会常务理事贾铭华等30多位来自台湾的青年才俊和大陈籍台胞后裔参与。中共椒江区委常委、统战部部长蔡士荣,台州大陈岛开发建设管委会副主任、中共大陈镇党委书记倪国正参加。

11月28日至29日 中共浙江省委副秘书长、省直机关工委书记郑才法一行上岛考察调研。

11月30日 大陈镇社会组织服务中心成立。

12月1日 一江山岛旅游安全设施建设项目启动,总投资530万元。

12月4日 大陈岛智慧旅游暨创建5A景区信息化建设工程启动,项目覆盖上、下大陈岛和一江山岛,项目分两期进行建设,总投资4666万元。

12月7日 大陈镇残疾人联合会第七次代表大会召开,选举叶洪明为理事长。

12月11日 北京青年互联网协会考察团上岛,学习考察大陈岛青年创业创新情况。中共椒江区委书记陈挺晨、区委常委、宣传部部长章伟勤、副区长马厉财陪同。

12月27日 电影《大陈岛誓言》开机仪式暨新闻发布会在椒江举行。

12月下旬 由椒江区公路局负责建设的连接大陈岛甲午岩、浪通门和垦荒纪念碑等景点的主干道路面改造、绿化提升、景观小品设置工程全面建成。该工程于9月份开工,总投资1500万元,完成里程15公里。

2017年 大陈镇实现固定资产投资60000万元,比上年增长

19%。实现财政总收入1370万元,其中地方财政收入738万元。实现渔业总产值6亿元,比上年增长4%;海水养殖产量2163吨,比上年增长5%;服务业增加值4024万元,比上年增长16.7%;渔农村居民人均可支配收入21131元,比上年增长10%。

是年 大陈镇政府成立"游小二"讲解员队伍,机关干部担任导游提供全程讲解服务,共接待考察团队26批次近2000人;成立"店小二"招商员队伍,共联系38个项目,接待23个团队上岛考察。

是年 上岛游客12.4万人次,比上年增长31%。

2018年

1月1日　由施招荣经营的"有家客栈"在下大陈岛凤尾村接待游客,成为大陈岛上首家特色民宿。该客栈拥有10个房间、100坪开阔阳台和270度海景房,是远眺大海、欣赏落日、夜观星象的绝佳地点。

1月6日　在温州市区的原大陈岛青年志愿垦荒队员聚会,纪念上岛垦荒、建设大陈岛62周年。

1月23日　中共大陈镇第十一届代表大会第二次会议召开,倪国正作题为《高举伟大旗帜,弘扬垦荒精神,为高水平建设"小康的大陈、现代化的大陈"而努力奋斗》的工作报告。

1月24日　大陈镇第十六届人民代表大会第三次会议召开,王啸啸作政府工作报告。

1月26日　台州市第二批历史建筑名单公布,大陈岛垦荒纪念碑、象头呑民居等榜上有名。

2月1日　台州市人民政府副市长张加波到台州海上客运中心指导春运工作,要求扎实推动椒江至大陈客运航线旅客实名制、做好海上春运安全服务保障等工作。

2月16日　中共台州市委副书记、代市长张晓强赴大陈岛,瞻仰垦荒纪念碑,慰问老垦荒队员,考察民宿经济,调研海岛建设。他强调,大陈岛开发建设要牢记习近平总书记提出的"建设一个小康的大陈、现代化的大陈"要求,以十九大精神为引领,按照"三区三基地"定位,把海岛经济和湾区经济有机结合起来,建设更加美丽的海岛。中共椒江区委副书记、区长杨玲玲等陪同考察。

2月27日　台州大陈岛干部学院成立。学院设立两个教学基

6月24日 "大陈一品"牌生态大黄鱼荣获由中国渔业协会等单位主办的第二届中国国际现代渔业暨渔业科技博览会金奖。

6月25日 晚上,"红船精神永存,垦荒精神不老"大型红色主题诵读会在椒江青少年宫广场举行,诵读会由中共台州市委宣传部、中共嘉兴市委宣传部、椒江区委区政府、浙江之声联合主办,中共椒江区委宣传部承办,由著名的"星空朗读"品牌班底倾情演绎。台州市和椒江区领导叶海燕、杨玲玲、王国平、章伟勤、李越等出席。

6月26日 大陈岛垦荒精神研究中心揭牌仪式暨大陈岛垦荒精神理论研讨会在台州学院举行。中宣部《党建》杂志副总编辑徐瑶,求是网副总编周彪,中共浙江省委党史研究室副主任王祖强,浙江省社科联党组书记、副主席盛世豪,中国作家协会原副主席、浙江省作家协会原主席黄亚洲和中共台州市委常委、宣传部部长叶海燕,台州市人大常委会副主任沈宛如,副市长吴丽慧,市政协副主席徐林德,中共椒江区委书记陈挺晨等出席。中共台州市委书记陈奕君在致辞中说,大陈岛垦荒精神接力传承、历久弥新,始终感召着台州人民砥砺前行:它是忠诚担当的情怀,体现了对党和人民的无限忠诚,对事业发展的勇毅担当;它是战天斗地的豪迈,诠释了顽强拼搏的意志,彰显了"敢叫日月换新天"的气概;它是穿越时空的力量,始终激励一代又一代台州儿女艰苦奋斗、奋发图强、无私奉献、开拓创新。陈奕君强调,研讨、传承和弘扬大陈岛垦荒精神,就是要以垦荒的决心和姿态推动改革开放再出发,感召越来越多的人勇当新时代垦荒精神的传承者、垦荒故事的书写者,在新时代为国家强大、民族复兴、家乡发展、人民幸福不懈努力,奋力垦荒。中共台州市委常委、宣传部部长叶海燕和台州学院党委书记崔凤军为研究中心主任,中共台州市委宣传部常务副部长胡韶光、台州学院党委副书记潘通天为执行主任。

在随后举行的大陈岛垦荒精神理论研讨会上,中共椒江区委书记陈挺晨作题为《准确把握新时代"两个大陈"建设的丰富内涵,加快推进"两个大陈"建设》的报告,中共台州市委宣传部常务副部长胡韶光作题为《弘扬大陈岛垦荒精神,凝聚新时代力量》的报告,中国作家协会原副主席黄亚洲作题为《红船精神与大陈岛垦荒精神关系之我见》的报告,河海大学教授、博士生导师孙其昂作题为《中国共产党革命精神建设的历史经验及启示》的报告,嘉兴学院中国共产党革命精神与文化资源研究中心副主任、教授赵金飞作题为《大陈岛垦荒精神的形成机制与传播路径》的报告,台州学院马克思主义学院院长、教授林伟作题为《大陈岛垦荒精神的内核及其新时代践行》的报告。来自中央、省、市有关部门领导和专家150多人参加活动,人民日报、光明日报、浙江日报等20多家媒体报道了本次活动。

6月28日 椒江至大陈航线"东镇山号"客轮试航仪式举行,中共椒江区委书记、台州大陈岛开发建设管委会党工委书记陈挺晨宣布启航,椒江区领导王国平、包顺富、陶智炳、葛寒敏等出席。"东镇山号"客轮长61.5米,宽9.2米,核定载客472人,是迄今为止椒江至大陈航线上载客量最大、设施最完备的旅游客轮。

同日 "弘扬大陈岛垦荒精神,聚力建设美丽新府城"主题党日活动在大陈岛举行。中共椒江区委书记陈挺晨主持,包顺富、郑志敏、王智承、孙尚权、胡震国分别作交流发言,区四套班子成员参加活动。

7月4日 台州大陈岛干部学院正式挂牌,并被授予中共浙江省委党校红色学府讲习所大陈岛讲习点、浙江省行政学院大陈岛现场教育基地、中共台州市委党校干部教育基地。中共浙江省委党校副校长黄华章、副巡视员张荣华,台州市和椒江区领导吕志良、陈挺晨、杨玲玲、严灵章、包顺富、郑志敏、陶智炳、孙尚权等出席。

同日 浙江省文化厅公布2018年度全省舞台艺术重点题材扶持项目名单,台州乱弹现代戏《我的大陈岛》榜上有名。

7月16日 中共台州市委书记陈奕君主持召开市五届二次党代会重点提案办理面商会,就领办翁丽芬等党代表提出的57号《关于大力弘扬大陈岛垦荒精神的提案》进行面商,推动提案所提意见建议全面落实。

同日 大陈岛景区观光巴士投入试运行,共有中巴车21辆。上大陈岛一日票每人15元,下大陈岛一日票每人25元,两岛联票一日每人35元,一天内可随意乘坐,岛上居民免费。

7月17日 中央团校大陈岛党性教育基地授牌仪式举行。中央团校党委书记倪邦文,共青团浙江省委副书记周苏红,台州市和椒江区领导吕志良、陈挺晨、郑志敏等出席。

7月18日 以"弘扬大陈岛垦荒精神,争做新时代垦荒人"为主题的椒江区"三百干部五线熔炼"誓师大会举行,身穿赤橙黄绿青蓝紫七色"军服"的机关干部扛起七大"垦荒军团"战旗,誓师出征。

7月20日 云南省建水县政协主席赵建伟一行考察大陈岛,椒江区政协主席严灵章等陪同考察。

7月25日 中共椒江区委书记陈挺晨主持召开"站在历史的新高度,弘扬大陈岛垦荒精神"区政协委员提案面商会。

7月31日 大陈镇获得"2017年度浙江省小城镇文明行动样板小城镇"称号。

7月 椒江在浙江省首推海陆医疗卫生一体化"9+1"新模式。"9+1"模式就是陆上9家医院在人财物上全力支援大陈镇卫生院,扭转了大陈镇卫生院人才"进不去、留不住"等难题,有效提升了海岛医疗卫生条件。

8月7日至8日 中共浙江省委副书记、省长袁家军到大陈岛考循各项规划、浓抹红色底蕴、发展特色产业、补齐基建短板、做好科学管理、打造民生福地等工作目标和要求。

11月18日　旨在推动全民健身运动的2018年金秋环大陈岛徒步行活动举行,来自全国各地的五百多名游客参加活动。椒江区领导杨玲玲、严灵章、陶智炳、孙尚权等参加。

11月21日至23日　中央电视台第四频道《国家记忆》栏目分三集播出《一江山之战》。

11月28日　中共台州市委召开常委会议,专题研究"两个大陈"建设和"一江两岸"开发。市委书记陈奕君要求树立垦荒之志、拿出垦荒之力,推进"两个大陈"和"一江两岸"开发建设,书写"两个高水平"建设的台州新篇章。

同日　"庆祝改革开放40周年之乡村变形记"网络直播行动组登上大陈岛,人民日报社、中央电视台、凤凰网等十多家重要媒体参与直播,点击率达到100多万人次。

同日　全国晚报总编"美丽台州山海行"大型采风活动走进大陈岛、一江山岛,来全国各地五十多家晚报的百名总编、主任记者参加此次活动。

同日　"大陈黄鱼"跻身2018年浙江省优秀农产品区域公共品牌最具历史价值十强。

11月　"百姓渔村"牌大陈黄鱼在2018浙江农业博览会优质产品评选中荣获金奖。

12月1日　中共椒江区委召开常委(扩大)会议,传达学习中共台州市委常委会议精神,研究部署"两个大陈"建设和"一江两岸"开发。中共椒江区委书记陈挺晨要求全区上下时刻牢记习近平总书记的殷殷嘱托,明垦荒之义、立垦荒之志、尽垦荒之力,搞好"两个大陈"和"一江两岸"开发建设。

12月2日　台州市青少年教育基地授牌仪式暨白云街道"大陈岛垦荒精神实践营"在云海和合书院举行。

12月4日　由中共台州市委宣传部主办的"寻找台州网红乡村"专题组登上大陈岛,梅花湾村成为"台州十大网红乡村"之一。

12月20日　椒江区庆祝改革开放40周年暨大陈岛垦荒精神巡回宣讲活动启动,本次宣讲团队有三十余人组成。

12月29日　由中共台州市委宣传部、台州学院、台州大陈岛垦荒精神研究中心、台州广播电视总台、中共椒江区委宣传部联合制作的首档大型通俗类理论融媒体对话节目《垦荒精神不老》播出。节目分为《垦荒精神是什么》《垦荒精神有能量》两期,在全媒体播出,点击量达410多万人次。

2018年　大陈镇实现固定资产投资61700万元,比上年增长47%;渔业总产值67000万元,比上年增长11.7%。财政总收入1878万元,比上年增长60.79%;其中地方财政收入878万元,增长54.58%;规模以上服务业增加值6666.8万元,比上年增长58.4%;

是年　大陈镇深化"最多跑一次"改革,建立"渔小二"代办制度,全年共办理3618件,其中代办2792件。

是年　大陈岛新增民宿13家,床位280张,全镇总床位达到1182张。

是年　上岛游客14.3万人次,比上年增长14.4%。

截至是年底,大陈岛森林覆盖率达到60%,人均绿地面积25平方米以上,有乔木11319亩、灌木1408亩,共有芙蓉菊、麻黄、樟树、朴树、红叶石蓝、水仙花等各种植物600多种。

2019年

1月2日　《浙江日报》整版刊发《寻宝大陈岛》,密切关注大陈岛垦荒精神的传承和时代内涵。

1月3日　在中国共产党台州市第五届委员会第三次会议上,"大陈岛垦荒精神"正式上升为台州城市精神。

1月16日　中共大陈镇第十一届代表大会第三次会议召开,倪国正作工作报告。会议提出围绕"一区五岛"(一区指现代化海岛建设示范区,五岛指中国红色旅游第一岛、海峡两岸交流合作示范岛、零排放生态美丽岛、现代化数字智慧岛、幸福宜居平安岛)目标,高水平建设"小康的大陈、现代化的大陈"的工作要求。

1月18日　大陈镇第十六届人民代表大会第五次会议召开,王啸啸作政府工作报告。

同日　大陈岛"有家客栈"入选2018年度浙江省银宿名单。

1月24日　中共椒江区委书记陈挺晨赴大陈岛慰问老垦荒队员,并指导大陈镇领导班子民主生活会。

2月13日　中共大陈镇委、镇政府召开干部大会,表彰一批在践行垦荒精神中涌现的先进单位和个人,部署大抓"五年"建设,实施"520"工程,全面掀起"两抓"年热潮。会后,全体与会人员在大陈岛垦荒纪念碑开展"践行垦荒精神"宣誓仪式。

2月25日　《雷锋》杂志2019年2月号刊登中共台州市委书记陈奕君题为《注重发挥大陈岛垦荒精神的价值引领作用》的署名文章。

2月27日　国家电网浙江台州市椒江区供电有限公司大陈供电所被评为第五批全国学雷锋活动示范点。

3月6日　全国第56个学雷锋日,台州市启动"弘扬大陈岛垦荒

同日　大陈镇居家养老服务中心为首批45位符合条件的老人提供免费午餐、晚餐。即日起,大陈籍年满60周岁以上"三无"老人、身边无子女照顾的低保老人、重点优抚对象,老垦荒队员和年满80周岁以上老人均可免费就餐。

6月23日　大陈黄鱼参加由中国渔业协会等单位主办的第三届中国国际现代渔业暨渔业科技博览会、首届中国国际智慧渔业博览会,荣获"特色渔业优势区域奖"。

6月26日至28日　2019年海峡两岸大陈乡情文化节举行,两百多名大陈籍台湾同胞回到大陈岛。本次乡情文化节有祭祀天后、拜祭祖先、两岸村里长座谈会、联欢晚会、环岛长跑比赛、大陈方言故事会等活动组成。国台办交流局副局长董碧幽,中共台州市委常委蒋华江和椒江区领导杨玲玲、蔡士荣、孙尚权、李越、胡震国等参加活动。

7月4日　台州学院大陈岛垦荒精神管理研修学院授牌仪式在椒江校区国际会议厅举行。成立该学院是学校响应中共台州市委号召,助力台州城市精神打造,培养各类优秀党务业务干部和骨干,服务新时代台州高质量发展的重要举措。授牌仪式后,由研修学院承办的椒江农商银行"守初心、担使命、强信心"学习讲堂开班。

7月5日　以"弘扬垦荒精神、培养时代新人"为主题的第三届大陈岛垦荒精神理论研讨会在椒江举行。中共浙江省委常委、宣传部部长朱国贤,中共台州市委书记陈奕君,浙江省中国特色社会主义理论体系研究中心主任胡坚,浙江省社科联党组书记、副主席盛世豪,人民日报社浙江分社社长李中文,中共浙江省委党校副校长陈立旭,共青团浙江省委副书记王慧琳,中共椒江区委副书记、区长杨玲玲等围绕"大陈岛垦荒精神与台州城市精神"作主旨发言。

7月8日　台州大陈岛开发建设管委会、台州市文联、中共椒江

区委宣传部、椒江区文联等单位发起举办"东海明珠谱华章"有奖征文活动,面向全国征集散文、诗歌、诗词、微型报告文学等文学作品和有关大陈岛的神话传说、生活故事、海洋生物故事、民间笑话、民间歌谣、民间寓言等。

7月10日至11日 浙江省高级人民法院院长李占国一行上岛,调研椒江区法院大陈工作站暨无讼岛联络站工作。

7月14日 国家农业农村部推出150条"夏纳凉"系列休闲农业与乡村旅游精品景点线路,东海明珠大陈海韵二日游入选。

7月15日 椒江区政府与海军驻连云港某部完成签约,标志着台州舰等18件海陆空大型退役装备即将集结大陈岛。

7月19日 椒江区清华大学学生社会实践基地——大陈岛乡村振兴工作站奠基仪式在大陈岛举行。基地总用地6800平方米,建筑面积950平方米。

7月20日 浙江省公布100个避暑胜地,大陈岛榜上有名。

7月30日 浙江省第三届海洋运动会首个比赛项目——海岛太极拳比赛赛暨海峡两岸太极拳公开赛在大陈岛举行,来自全省各地的154名运动员和台湾的22名运动员参赛。

7月31日至8月1日 浙江省人民检察院党组书记、检察长贾宇一行到大陈岛考察。

8月3日 核载260人、航行时间70分钟的豪华双体高速客船"新海滨号"成功首航,椒江至大陈航线再添新成员。

8月9日 《人民日报》头版头条刊登题为《浙江大陈岛老垦荒队员后代:争做新时代的垦荒者》的报道,并配发"传承好垦荒精神"的评论。

同日 2019年第9号超强台风"利奇马"登陆温岭,重创台州,大陈岛出现17级大风,全岛断水断电断网,养殖业受灾严重。

8月21日　"大陈黄鱼"入选第二批全国名特优新农产品名录。

8月24日　全台湾第二届大陈乡情文化节活动在台北市举行，台湾卫温船队远航研究中心主任陆炳文出席活动并致辞。

8月29日　浙江省政府新闻办公室在浙江省人民大会堂举行庆祝新中国成立70周年台州专场新闻发布会。发布会以"弘扬大陈岛垦荒精神，建设新时代美丽台州"为主题，围绕大陈岛垦荒精神的孕育、传承和发扬这一主线，展示台州人民以大陈岛垦荒精神建设新时代美丽台州的行动和愿景。中共台州市委书记陈奕君、台州市人民政府市长张晓强、中共椒江区委书记陈挺晨、椒江区人民政府区长杨玲玲等出席。

8月30日　浙江省第三届海洋运动会海岛定向挑战赛在大陈岛举行，共有26支队伍、175名选手参赛，杭州一队、宁波二队、舟山一队夺得一等奖。

9月5日　浙江省纪委原副书记、省人大常委杨晓光一行，在台州市人大常委会副主任王建平的陪同下，考察大陈岛垦荒精神研究中心。

9月17日　由朱培华作曲、杨晓光作词的有关大陈垦荒的歌舞《那时我们正年轻》MV在大陈岛上选点拍摄。

9月18日　中共台州市委理论学习中心组在大陈岛垦荒精神研究中心开展"不忘初心、牢记使命"现场学习会。中共浙江省委主题教育巡回指导组全体成员、台州市四套班子成员、市委相关部门负责人70余人，在中共台州市委书记陈奕君的带领下，循足迹，悟初心，重温习近平总书记"一次登岛、两次回信"的重要指示精神。陈奕君强调，我们要始终牢记习总书记的嘱托，牢记省委书记车俊"红船精神永存，垦荒精神不老"的指示，把深入开展"不忘初心、牢记使命"主题教育与传承弘扬大陈岛垦荒精神紧密结合，把全力推动台州高质绩。中共台州市委秘书长周凌翔参加考察。

12月27日　大陈镇污水零直排区创建验收会召开,台州市治水办和椒江区治水办、住建局、综合行政执法局、生态环境分局、农林水利局、排水集团、旅游集团、大陈镇政府等单位相关人员参加会议。与会人员认为,大陈镇污水零直排工作做到"应截尽截、应处尽处",实现了水环境质量的提高和突破,同意通过验收。

12月30日　浙江省城市规划学会公布2019年度浙江省优秀城乡规划设计奖获奖项目名单,《台州市椒江区大陈镇城镇总体规划》荣获二等奖。

12月31日　大陈镇文化站电影院开张,海岛居民看上了数字电影。

截至12月月底,"小康大陈"指标累计完成45项,完成率达到76.2%。

2019年　大陈镇实现固定资产投资35000万元。财政总收入2174万元,增长15.8%;地方财政收入1052万元,增长19.8%。渔业总产值74600万元,增长11.2%;渔业水产品总产量6.8万吨,增长7.5%;海水养殖产量增至1.1万吨,产值近3亿元;规模以上服务业增加值20300万元。

截至是年年底,大陈岛共有民宿45家(其中下大陈岛27家、上大陈岛8家),总床位1350张,可同时容纳1500人就餐。

是年,大陈镇组建专职消防队,有队员8名,配备消防车3辆、森林高压水泵4台、消防水泵3台。

是年,上岛231504人次,创航线开通以来年度旅客载运量最高纪录。

2020年

1月8日　浙江省工商联公布大陈岛垦荒精神教育基地为浙江省民营经济人士理想信念教育基地。

1月15日　台州市急救中心大陈镇卫生院急救站正式启用。

1月18日　解放一江山岛65周年纪念活动在椒江举行。台州市人民政府副市长赵海滨、海军指挥学院教学部副部长朱立新,台州军分区副司令员郭伟忠和椒江区领导陈挺晨、吴华丁、王国平、严灵章等出席。赵海滨、郭伟忠、陈挺晨和战争亲历者代表刘石安、71897部队代表王道峰、青年志愿者代表郭一均等发表主旨讲话。

2月21日　受新冠疫情影响,椒江海上客运中心往返大陈岛航班航次减少,每逢周一、周五通航。

2月25日　大陈岛两岸乡情文化公园、大沙头停车场、下大陈岛村集体民宿项目、上大陈岛海岸生态公路正式复工。

2月29日　"庆达10号"客船运送46名复工人员前往大陈岛,参加上大陈岛海岸生态公路改造提升工程建设。

3月6日　大陈岛通用机场项目列入《浙江省通用机场布局规划》(2020—2035)。该机场初步确定"1+2+3+N"的建设思路:1即规划在上大陈岛建设通用机场(原军用跑道,计划用地100亩);2即规划建设2处有维修保障能力的起降点(下大陈岛原直升机坪和少体校西侧);3即在有客运需求的合适地块建设3个临时起降点(客运总站、上大陈岛悬崖餐厅、下大陈岛九曲花街);N即在现有保证能力覆盖不到且有紧急救援需求的合适地块筹建N个临时起降点。

3月8日　椒江海上客运中心往返大陈岛旅游航班恢复运营。

3月11日　中共台州市委、市政府召开打好疫情防控总体战、打赢经济发展翻身仗大会,一批在疫情防控和复工复产一线表现突出的基层党组织和党员受到表彰,大陈镇卫生院副院长贺贤鹏榜上有名。

3月13日 《光明日报》推出《以大陈岛垦荒精神逆势奋进》专版。

3月 大陈岛启动1490亩海岛植被修复项目。

4月2日 大陈岛首家奶茶店——米诺奶茶店在下大陈岛环岛路开业,设有休闲奶茶吧、K歌包房、露天茶座等;种类涵盖奶茶、沙冰、鲜榨水果茶、烧仙草等30个品种。

4月18日 浙江电视台"浙江新闻联播"头条点赞大陈岛:《石头屋变身新民宿,扮靓东海明珠》。

4月19日 《浙江日报》头版头条发表题为《将生态保护理念贯彻到项目建设全过程——大陈岛,守护美丽蓝色海湾》的报道。

4月27日 浙江人民广播电台"浙江之声"头条发表题为《总书记回信十周年,"小康的大陈、现代化的大陈"日益接近现实》的报道。

4月 浙江省乡村振兴领导小组办公室公布2019年度"浙江省善治村"名单,大陈镇上大陈村榜上有名。

5月15日 由台州市妇联组织的"致敬最美逆行者海岛集体婚礼"在大陈岛举行,共有8对抗疫英雄情侣参与这场"蓝天为媒、大海作证"的不寻常婚礼。

5月16日 大陈岛垦荒精神研究方案论证会在杭州之江饭店召开。中共浙江省委宣传部副部长盛世豪、浙江省社科联一级巡视员邵清、中共浙江省委党校副校长陈立旭、台州学院党委书记崔凤军、中共台州市委宣传部常务副部长陈红雷等领导专家出席。

5月27日 上大陈岛乌沙头景区试运营。4日后,正式对游人开放。

陈岛梅花湾美丽乡村夜经济精品线榜上有名。

8月29日　中共台州市委书记李跃旗到大陈岛考察调研。李跃旗强调,大陈岛是台州重要的政治地标和精神高地,要深刻牢记习近平总书记的殷切嘱托,坚持垦荒精神立心,把"两个大陈"建设摆到"重要窗口"的新目标新定位中审视,摆到全市大局中把握,坚定不移走好新时代垦荒路,更高水平建设"小康的大陈、现代化的大陈"。中共台州市委常委、秘书长周凌翔,椒江区领导陈挺晨、吴华丁、陶智炳等陪同考察。

同日　《光明日报》头版头条发表题为《大陈岛:"精神灯塔"写传奇》的长篇通讯。

8月31日　浙江卫视《今日评说》专题播出《新时代如何传承和弘扬大陈岛垦荒精神》。

8月　浙江省"扫黄打非"工作领导小组办公室公布第四批全省"扫黄打非"进基层示范标兵和示范点,大陈镇榜上有名。

后 记

无论是对台州发展史来说,还是对中国近现代史和当代史来说,尤其是对于海峡两岸交往史,大陈岛都是绕不开的话题。特别是进入新时代,大陈岛引起了更大范围和更高层级的关注。2019年初,植根于大陈岛这片热土、深深熔铸于台州人民血脉之中的大陈岛垦荒精神,上升为台州城市精神,挖掘大陈岛历史文化、写论文、编故事、出图书等等,一时成了大热门。但也凸显出两个问题:一是查找大陈岛的历史资料困难,不少人引用的都是互联网上的资料,包括引用我先前在博客上发布、未作修改补充的《大陈岛大事记》中的内容。二是写论文、编故事的人,一般情况下仅仅是收集自己所需要的内容,不会也无法把大陈岛历史发展中所涉及的事件、人物反映出来。因而,梳理一下大陈岛的发展脉络,简略地呈现大陈岛清晰可信的发展轨迹,让这座以传奇历史驰名中外的海上名山与新时代文明作一次深情对话,变得十分迫切和重要。

我对大陈岛有着特殊感情,把大陈岛风云跌荡的历史脉络梳理出来,一直是我的一个梦想。1989年至1994年,我在大陈岛工作和生活了五年。当时,我翻遍了岛上能够找到的所有资料,又托每年来岛上寻根问祖的大陈籍台胞从海外带回少得可怜的与大陈岛有关的史料,并查阅椒江档案馆、温岭档案馆、浙江档案馆等的馆藏资料,选取对查证历史有作用和作为史料有保存价值的事项,诸如管理机构设置、撤销或合并,负责人任免,上级重大方针、政策的贯彻与落实,各种代表大会和其他主要会议、村镇面貌、经济状况和社会事业变化等，取名为《大陈岛大事记》。整理重点是1949年新中国成立后尤其是1955年2月大陈岛解放后的相关史料。离开大陈岛后，我始终密切关注大陈岛的发展变化，日复一日、年复一年地收集资料，充实着这份大事记。大事记部分内容曾在自己的博客上发布，也被《台州市地方史志辑余》一书收录，不少读者朋友提出了十分中肯的意见建议，有的还给我发来相关资料。这些资料，不少是十分珍贵的第一手史料，有的则是从互联网上载下来的，我都表示感谢。为了让读者更多更好地了解大陈岛的发展轨迹，这份大事记把整个台州和椒江的历史脉络，经选择性剪裁后一并纳入其中。

　　记录今天的事实，就是在记录明天的历史。因此，大事记的第一要求便是守真。互联网上的资料虽可汇溪成川，但未加核实不能信以为实，只有剔除杂芜方成信史。这些年，我搜罗的资料大概有300余万字，经多方鉴裁，剩下这20万字。这份大事记，本来是2018年底在帮助椒江区档案馆编辑《大陈风云》时作为附录一并出版的，有友人建议稍加补充单独成集。于是，把这一年多的资料补充上去，时间下限为正式发排前，并易名为《大陈岛备忘录》。

　　限于本人水平和资料搜集困难等因素，遗漏和错误之处在所难免，敬请广大读者批评指正。

作　者

2020年8月

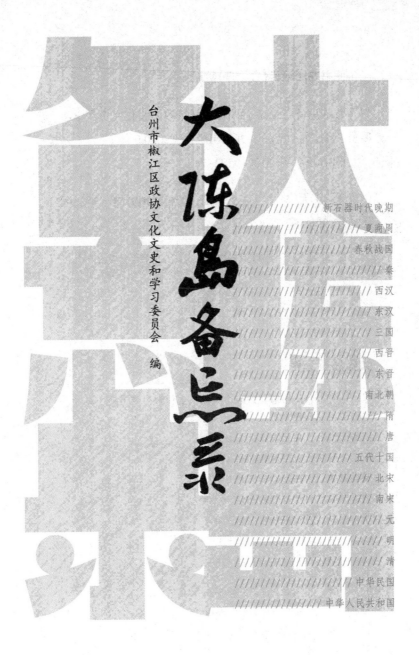

台州市椒江区政协文化文史和学习委员会 编

新石器时代晚期
夏商周
春秋战国
秦
西汉
东汉
三国
西晋
东晋
南北朝
隋
唐
五代十国
北宋
南宋
元
明
清
中华民国
中华人民共和国

九州出版社 JIUZHOUPRESS

前　言

在浙江省2100多个大小不等的岛屿中,大陈岛无疑是最具标志意义的。

习惯称呼中的大陈岛,指台州列岛,也称大陈列岛。它位于浙江沿海中部台州湾口东南海域,由上大陈岛、下大陈岛和竹屿、猪腰屿、油菜花屿等29个岛屿组成,陆域总面积14.6平方公里。其中上大陈岛陆域面积7.008平方公里,海岸线长32.24公里,最高点红美山海拔207米,为台州列岛最大岛屿。与上大陈岛间隔2.5公里水道的下大陈岛,陆域面积4.895平方公里,海岸线长28.14公里,最高点凤尾山海拔228.6米,为台州列岛海拔最高点。下大陈岛距台州市区52公里,至大陆岸线最近点21.6公里,是台州列岛主岛和台州市椒江区大陈镇人民政府驻地岛。

大陈岛古称东镇山或洞正山,公元五世纪中叶始闻。自东晋至唐初,在大陈岛及其附近海域发生了数十次农民、渔民、盐民起义,或攻州占县,或据岛为王,史称"晋唐台州三百年海乱"。唐宋时期,海上丝绸之路勃兴,台州往返朝鲜、日本的商贸船只大多取道该岛,并习惯以上大陈岛近岸的高丽头礁为航海标识。五代后晋高祖天福六年(941)大陈岛上始建悟空院,北宋治平三年(1066)英宗赵曙为其赐额。元末,方国珍兄弟率佃户渔民起事,曾屯兵大陈岛,梗阻海道,劫掠元王朝海运粮船,朝野大震。正式以"大陈山"为名的,最早见于明代永乐年间的《郑和航海图》;嘉靖年间,大陈岛成为海上抗倭主战场之一，抗倭名将、台州知府谭纶曾督水师于大陈洋追剿倭寇，格杀47人，擒获倭酋林碧川、乌鲁美他郎等百余人，并在上大陈岛风门岭修建墩台，遇有紧急军情，白天燃起狼烟，黑夜则照明信火，千里之地，瞬间可知。其后，民族英雄戚继光任分守台(州)、金(华)、严(州)参将，屯驻海门卫，以游哨本总率大小战船八艘、兵853名，汛期泊大陈，游哨外洋。隆庆五年(1571)，朝廷因大陈岛"山峦阔大，外海别无岛屿，明初以来倭俱假此栖泊"，遂派兵驻守。此为大陈岛有可考官治之始。明末清初，民族英雄郑成功数度举兵北伐，皆借大陈岛屯兵或操练水师。清顺治十八年(1661)，清王朝以沿海居民接济郑成功、张煌言等抗清为由，令宁波、温州、台州三府沿海民众并大陈岛、玉环岛等海岛居民悉数内徙，百姓流离失所，民众散亡殆尽。一直至雍正六年(1728)，大陈岛居民渐聚，黄岩镇中营在岛上专设凤尾汛，由把总一名驻山防守。乾隆五十八年(1793)，朝廷以大陈各岛居民甚多，而制度废弛，遂派员整顿，令每岛各设岙长一名，每十户设甲长一人，每十甲设总甲长一人，实行甲内互保，严防通盗。嘉庆《太平县志》载："东南海岛惟大陈最大，有淡水，地膏腴。明季倭巢于此，防守至切。内港迂曲，难以拒贼，必至此迎战，伎乃得展。相近有南赤礁、夏公岙，皆海中小山，可用伏。出大陈、披山，则大洋无际矣。"发展至民国初年，大陈岛设为凤尾区，管辖上大陈岛红美、黄土两乡和下大陈岛沙头、南坑、南浦、凤尾四乡，居民两千三百余户、超过一万人，成为台州湾最繁华的海上集镇。

抗日战争爆发后，日本军国主义分子全面封锁沿海港口，断绝海上交通，毁坏渔船，杀戮渔民，大陈民众纷纷外逃，据1937年底统计仅有居民1760余户。1938年9月、1940年6月、1943年3月、1943年10月、1944年9月，日寇曾五度侵占大陈岛，遭岛上土著武装奋勇抵抗，声震东南沿海。新中国成立后，国民党军残部盘踞大陈列岛，国

民党台湾当局先后在岛上设立"浙南行署""台州专员公署""浙江省政府""大陈专员公署"等机构,在美国政府的支持下,控制北起渔山列岛南至福建沙埕岛长达174海里的沿海区域,收罗海匪,集结重兵,袭扰东南沿海地区,妄图伺机反攻大陆,颠覆摇篮中的共和国。为了粉碎美国政府和国民党台湾当局的图谋,以毛泽东、周恩来为代表的第一代中共领导核心审时度势,决定发起解放台州列岛战役。1955年1月18日,中国人民解放军陆海空三军首次联合作战,一举攻克大陈岛的重要门户、被称为"台湾北大门门栓"的一江山岛,全歼岛上国民党守军。2月8日至12日,在美国海空军大批舰艇、飞机的帮助下,国民党军政人员全部从大陈岛撤离,还掳走了岛上一万六千多居民,同时将岛上水库、码头、道路等公共设施、所有船只和物资全部焚毁,并在岛上的沟沟壑壑、角角落落埋下了数以万计的地雷,大陈岛遂成荒岛、死岛,制造了震惊中外的"大陈浩劫"。

　　1955年7月,毛泽东同志发出"有计划地开垦荒地"的号召,军垦官兵、垦荒队员、支边青年开始掀起一波又一波的垦荒热潮。同年11月,中国新民主主义青年团中央委员会书记胡耀邦到浙江检查指导青年团工作时,提议在大陈岛解放一周年来临之际,组织青年志愿垦荒队开发建设伟大祖国的大陈岛。1956年1月31日,温州、台州首批227名热血青年组成青年志愿垦荒队登上大陈岛垦荒。至1960年4月,共有5批467名青年上岛垦荒建设,践行着"一定要把荒岛建设成为海上乐园"的誓言。1983年6月,时任中共中央总书记胡耀邦在原大陈岛青年志愿垦荒队员写给他的信上作重要批示:"宣传一下这类不畏艰苦的创业事迹,鼓舞人们特别是青年奋发图强。"1985年12月,胡耀邦登上大陈岛看望老垦荒队员,勉励他们继续作贡献,把大陈岛建设得更美好。

　　2006年以来,习近平总书记一次登上大陈岛考察、两次给老垦荒

春秋　战国

越王勾践元年,即周敬王二十四年(前496)　越国自无余传国历三十余世而至允常,拓土始大。是年,允常死,子勾践继位。吴王阖闾闻讯,出兵攻越,战于檇李(今浙江嘉兴),吴军战败,阖闾伤重不治,夫差继位。大陈岛属越国。

越王勾践三年,即周敬王二十六年(前494)　吴王夫差大举伐越,攻入越境,越军大败,仅剩五千余骑退守于会稽(今浙江绍兴)。

越王勾践五年,即周敬王二十八年(前492)　越王勾践携妻带子入吴国,向吴王夫差称臣,其地归吴国。大陈岛属吴国。

越王勾践十五年,即周敬王三十八年(前482)　经十数年卧薪尝胆、励精图治后,越王勾践率兵攻陷吴国都城,吴王夫差求和。

越王勾践二十四年,即周元王三年(前473)　越王勾践率兵再次攻陷吴国,夫差求和,越王不准,吴王自杀,吴国遂亡。越国成为春秋最后一霸,疆土北过淮河与鲁国接壤,南至今浙江诸暨至温州一线,西达今江西鄱阳湖,东面由今宁波出海。

周赧王九年(前306)　勾践第六世孙无疆率兵攻打楚国,一战即败,无疆被杀,越国灭亡。"越以此散,诸族子争立,或为王,或为君,滨于江南海上,服朝于楚。"大陈岛属楚国。

案:越国灭亡后,越人四散,其中一支隐逸南山一带,曾在东冶铸造青铜兵器,图谋复国。有史家认为,"南山"为括苍山,"东冶"即章安。1984年,章安铁场村村民朱某掘地时得3斤9两重紫铜一块;考古工作者在鹫岭脚下也发现冶铸遗址。

秦

秦王政二十四年（前223） 秦国派大将王翦率军60万攻打楚国，瓯越王摇、闽越王无诸出兵救援。楚国不敌，秦军攻占楚都寿春（今安徽淮南寿州），楚王负刍被俘。其弟昌平君熊启被部众拥立为末代楚王，在淮南一带反抗秦国，不久被杀，楚国灭亡。

秦王政二十五年（前222） 王翦率军南征百越，悉平之，置为会稽郡，设郡治于吴（今江苏苏州）。

秦王政二十六年（前221） 秦王政统一天下，结束春秋战国长期分裂、动乱的局面。秦王政称始皇帝，改诸侯分封制为郡县制，全国分置36郡（后扩大至48郡），郡下设县，县下设乡、亭。废瓯越王摇、闽越王无诸为君长，以其地置闽中郡。大陈岛属闽中郡。

秦始皇三十三年（前214） 秦始皇派大将蒙恬率军30万北伐匈奴，大破之。为防匈奴南侵，征发大量民工，修筑西起临洮（今甘肃岷县）、东至辽东（今辽宁辽阳）的城墙，史称"万里长城"。

秦始皇三十七年（前210） 秦始皇南巡至会稽（今浙江绍兴），北归时病发，死于沙丘平台（今属河北广宗）。朝廷强徙于越民入内地，并迁罪人至海边。

秦二世时期（前210—207） 徙东瓯人至江淮之间。

东　汉

　　建武二年(26)　在章安县江南地区(今属台州椒江)凤凰山北麓兴建开阳观。此为台州最早建立的道教宫观。

　　建武六年(30)　撤各郡都尉,并职太守,唯留边郡偏远地之都尉,故东部都尉仍治章安。至献帝时(190—220),东部都尉尚在。

　　章帝章和元年(87)　改回浦为章安县。

　　顺帝永建四年(129)　以浙江(即钱塘江)为界,分会稽郡为吴郡、会稽两郡,吴郡郡治在吴县(今江苏苏州);会稽郡郡治在山阴(今浙江绍兴)。会稽郡领10县,章安县属会稽。

　　阳嘉元年(132)　曾旌聚众千余人起事于海上,杀浙东鄞(今宁波鄞州)、鄮(今宁波之奉化、慈溪及江东、北仑)、句章(今余姚)三县县令。复出兵海上,攻打东部都尉治所章安,顺帝急诏沿海各县筑寨驻兵戍守。此为我国有文字记载的海防之始。

　　永和三年(138)　析章安县之东瓯乡置永宁县(即后之永嘉郡,今温州全境和台州之玉环、温岭部分区域及丽水部分地区),县治设于大溪(今属温岭),是为温州建县之始。

　　献帝兴平元年(194)　于章安县北部兴建石头禅院(即今仙居杨府乡石牛村大兴寺),此为台州最早之佛教寺院。

　　建安元年(196)　孙策渡浙江,攻取会稽郡,会稽太守王朗败溃至章安;孙策派南部都尉贺齐率兵追击,王朗从章安浮海,撤兵至东冶侯官(今福建福州);贺齐率兵追至侯官,大破之,王朗降,授为谏议大夫、参司空军事。

建安四年(199) 析章安、永宁两县部分地置松阳县(今丽水大部分地区)。孙权任讨虏将军兼会稽太守,扬州名士张纮以侍御史外任会稽东部都尉。

东汉末年到三国初年(200—220) 越族在江南一带重新崛起,与孙吴对抗,后被镇压,越族人的一部分退避至山区或海岛。

东汉末期,章安一带瘟疫流行。东阳(今浙江金华)方士赵昞医术精湛,禁咒神奇,能治百病,行至章安,救人行善,深得民众拥戴。章安令华表以赵昞用巫术惑众为由,捕而杀之,弃尸椒江。浙东南、闽北一带百姓纷纷为赵昞立祠,奉为海上保护神。至宋,封为广惠威烈王、仁济侯、显仁公、灵顺王、白鹤崇和大帝等。

案:关于回浦改章安,有三种不同说法:一是章帝章和元年(87)说。清全祖望《汉会稽三都尉分部录》云:"《晋太康记》:章安县本鄞县南之回浦乡,汉章帝立。今由象山以至台州之临海一带,正值鄞之南土,是前汉之回浦,而东汉改名为章安者。"二是光武帝建武年间(25—54)说。范晔《后汉书》、陈耆卿《嘉定赤城志》等均持此说。三是光武并回浦入鄞为乡章帝重置易名章安说。光武帝刘秀废除王莽改制后的行政区划名称,撤并四百余县,回浦县裁撤,改为回浦乡,并入鄞县;章帝章和元年。清杨守敬《〈郡国志〉东冶候官考》云:"前汉本有回浦县,《太康记》所云'回浦乡'者,以后汉初废为回浦乡也。后汉之章安,即前汉之回浦,故城在临海县东南一百五十里。"今人周琦、任林豪等亦持此说。

三　国

吴大帝黄龙元年(229)　夏,孙权在武昌(今湖北鄂州)称帝,建国号为吴;九月,迁都建业(今江苏南京)。孙权派遣吕岱、潘濬率兵5万南征,平定"五溪蛮夷"(浙闽沿海一带山越)。

黄龙二年(230)　春,孙权遣卫温、诸葛直率万余人的船队,由建业始发,经章安港修整,集结水师,远航夷洲(今台湾),"欲俘其民以益众"。经过一年多时间,因患疾疫,吴军死者十之八九,"得夷洲数千人还"。远征回归后,卫温、诸葛直以"违诏无功"被诛杀。这是中国历史上有文字记载的大陆政权与台湾的第一次大规模交往活动。

赤乌年间(238—251)　东吴在章安湖置章安船屯,在横屿山置横屿船屯(今平阳宋埠镇仙口村),徙迁一批囚徒至船屯,委派典船校尉监督罪徒造船、操练水师,成为东南沿海主要造船基地。

赤乌十二年(249)　分章安县西部置临海县。

赤乌十三年(250)前后　吴国发生"南鲁党争",孙权欲废太子孙和而立孙霸。时任尚书仆射的章安人屈晃忠言直谏:"今三方鼎峙,不宜摇动太子,以生众心,愿陛下少垂圣虑,老臣虽死,犹生之年。"孙权不听,屈晃泥头自缚,连日固谏不止,叩头至流血,被孙权杖责一百,斥归章安乡里,不久忧郁而死。

废帝建兴二年(253)　会稽王孙亮废齐王孙奋为庶人,流放到章安。

响应,"旬日之中,众数十万"。章安"五斗米道"教徒周胄率众猛攻临海郡城章安,太守司马崇弃官逃遁,周胄迎孙恩至章安。起义军曾在温峤岭(今属温岭市)筑城,城高四丈,周围六百步;在永宁江畔灵石寺(今属台州市黄岩区)建造战船,其大者"起四层,高十余丈",转战各地。

　　隆安四年(400)　五月,孙恩率起义军再次占浃口(今宁波镇海口)、入余姚、破上虞,于山阴斩杀卫将军谢琰及其两子,复转攻章安郡城,破城。

　　隆安五年(401)　五月,孙恩率起义军攻占沪渎垒(今上海),杀内史袁山松,死者数千人;六月,孙恩义军从水路攻占京口(今江苏镇江),威胁京城。因建康有备,起义军北上破广陵(今江苏扬州)、郁州(今江苏连云港)。

　　元兴元年(402)　正月,孙恩率起义军再攻临海郡城章安,太守辛景弃城,转移至临海大固山。三月,孙恩与辛景战,兵败大固山,再败于章安。孙恩投海自尽,部众数百人随之投海。孙恩死后,当地百姓立庙祀之,今白峰山脚建有祠,纪念孙恩投海化水仙,谓之水仙洞。是年,建威将军臧熹出任临海太守,整顿社会,招揽流民,各地有上千家投章安落户。

　　元兴三年(404)　孙恩兵败后,余众推举其妹夫卢循为首领,占据永嘉、晋安两郡,与晋军继续战斗。是年,起义军由水路攻占番禺(今广州),卢循自称平南将军。

　　义熙六年(410)　卢循率起义军分两路从番禺出发北伐,大军抵达淮口(秦淮河入长江之口),直逼京城建康,后退回广州。振武将军孙季高率兵从海道袭击广州,大军在章安港休整,接受了大量的军需补给。次年二月,卢循转战至交州(今越南北部),被交州刺史杜慧度所杀,传首级至京都。

南　北　朝

宋武帝永初元年（420）　东晋权臣刘裕废晋恭帝，自立为王，国号宋，定都建康（今江苏南京），史称"刘宋"。自此至589年，中国历史进入大分裂的南北朝时期，南方先后出现宋、齐、梁、陈四个国家，北方出现北魏、东魏、西魏、北齐、北周五个王朝，长期维持对峙局势。

宋文帝元嘉二十六年（449）　文帝第六子、竟陵王刘诞都督临海等五郡军事。

宋孝武帝大明五年（461）　九月，孝武帝第七子刘子顼为临海王。

大明八年（464）　是年，临海郡凡一万四千户、三万四千二百人。

宋明帝泰始五年（469）　为反抗沉重的赋税，临海郡田流率众揭竿而起，活动于山谷和海岛间，自立屯田，分兵把守各处要害，号"东海王"，曾先后攻占鄞县、海盐等地。次年，义军内讧，田流被杀。

齐武帝永明年间（483—493）　孔子第二十九代孙孔琇之自廷尉卿出为临海太守，在任清约，以善治称。离开章安返京时，孔琇之带去章安特产干姜20斤，武帝曾嫌少，"及知琇之清，乃太息，出为辅国将军"。著名医学家陶弘景于480年—498年间撰成的《本草经集注》中称："干姜，今惟出临海章安，两三村解作之。"

梁武帝中大通三年（531）　著名文学家、诗人王筠自司徒左长史出为临海太守。其诗能押强韵，"圆美流转如弹丸"，被誉为"律诗之源"。三年后离任时，"载芒屝两舫以还"。芒屝者，麻鞋也。

　　梁简文帝大宝元年(550)　　江浙一带闹大饥荒,浙东一带尤甚,饿死者十之七八,闽中豪强陈羽、陈宝应父子乘机发兵,从晋安海道攻临海郡,进袭章安;还从晋安运送大量谷米到章安,取回大量玉帛、人口,章安一带能驾驭舟车者皆投归闽中。至天嘉四年(563)十二月,始平陈宝应之乱。

　　陈文帝天嘉二年(561)　　章安人灌顶(561—632)出生。父吴备,南朝陈永定、天嘉中(557—566)任章安县令。

　　陈宣帝至德四年(586)　　宣帝第三十子陈叔显立为临海王。

　　案:据南朝宋孙诜《临海记》记载:"洋山东百里,有东镇大山,去岸二百七十里,生昆布、海藻、甲香、矾等物;又有金漆,木用涂器物,与黄金不殊,永昌元年州司马孟诜以闻。中四呇,极险峻。山上望海中突出一石,舟之往高丽者,必视以为准焉,俗呼高丽头。"大陈岛"岛屿巍峨,孤悬海外,另一乾坤,最为据险"。因而,自晋至唐,在大陈岛及其附近海域发生了数十次农民、渔民、盐民起义,或攻州占县,或据岛为王,被称为"晋唐台州三百年海乱"。

宁波),西攻越州(今绍兴),南下黄岩。十月,攻下越州后,直取婺州(今金华)、衢州,复下永嘉(今温州)、吴兴(今湖州)、信州(今上饶)等州,兵力发展到二十万,尽占江南十州。十二月,袁晁在临海建立政权,建号"宝胜"。

宝应二年(763) 一月,袁晁率义军转战江淮流域,先后攻陷苏浙皖赣境内15州,聚众多达四五十万,成为唐中期规模最大的一次农民起义。三月,唐朝遣大将李光弼进剿,与袁晁大战于台州。四月,袁晁在关岭石磊寨被俘;其弟袁瑛率五百余众退守宁海紫溪洞,遭唐军围困,全部饿死。次年十一月,袁晁就义于长安。

德宗贞元九年(793) 朝廷开征茶叶税,取什税一,台州茶民叫苦不迭。

宪宗元和十三年(818) 十一月,宪宗起用山人柳泌(原名杨仁力)为台州刺史,为其寻取天台仙药。柳泌至台州后,动用大量人力入天台山,虽年余而一无所得,恐惧获罪,居家逃入山谷中,被浙东观察使捕获送至京师。十五年正月,新继位的穆宗以"轻怀左道,上惑先朝",诏京兆府决杖处死柳泌。

武宗会昌四年(844) 朝廷颁布法令发行纸币,称为"交子"。

宣宗大中十三年(859) 十二月,因抗击沉重的茶烟酒税,唐兴县(今浙江天台)人裘甫在象山率盐民、渔民起义,义军攻克县城,经宁海、奉化,在天台山桐柏宫大败前来镇压的官军。

懿宗咸通元年(860) 正月,裘甫义军攻破剡县,打开府库,赈济穷人,一时归者云集。裘甫建立农民政权,自称"天下都知兵马使",改元"罗平",铸印"天平"。继而占据慈溪、奉化、余姚、宁海、新昌、上虞和台州、衢州、婺州(今金华)部分地区,朝野震动。四月,浙东道观察使王式率军与义军激战于天台山桐柏宫,义军死四千余人,流散及被俘七千余人。八月,裘甫在剡县被俘,不久就义于长安。

僖宗乾符六年（879）　章安人罗虬任台州刺史，中和元年（881）遭台州草寇刘文所杀。罗虬工诗文，尤擅七绝，著有《比红儿诗》百首及《花九锡》等，与罗隐、罗邺并称"三罗"。

光启三年（887）　升台州为德化军。军为设兵戍守之地最高军事单位，其下为守捉、镇、戍等，军、守捉的将领称使，镇的将领称镇将，戍的将领称戍主。

昭宗乾宁三年（896）　朝廷封钱镠为镇海、镇东节度使，拥有浙东、浙西之地。加检校太尉、中书令，赐铁券。

乾宁四年（897）　十一月，钱镠率军占台州。

天复二年（902）　朝廷封钱镠为越王。

天复四年（904）　朝廷改封钱镠为吴王。

案：台州之名，始于唐代。据相关史书称，在武德五年（622）置台州前曾名"海州""改海州为台州"，但在设置时间和创置者上说法各异，主要有三种：一是隋炀帝大业四年（608）说，云系梁王沈法兴擅立，宋陈耆卿《嘉定赤城志》持此说。二是大业十四年（618）说，清康熙《台州府志》、民国《临海县志》持此说。三是唐高祖武德四年（621）说，云系平定李子通后置，民国《台州府志》持此说。然综合各说所引《旧唐书》《新唐书》《元和郡县图志》资料，考诸创置者之事迹，此"海州"乃秦汉之东海郡、南朝之青州、宋朝之西海州、元朝之海宁州、民国之东海县、今连云港市海州区是也。故以上"三说"所谓"台州曾称海州""改海州为台州"纯属子虚。

五代十国

梁太祖开平元年(907)　四月,天下兵马元帅、梁王朱温废唐哀帝,即皇帝位,唐朝灭亡。朱温更名朱晃,改元开平,国号大梁,史称后梁。钱镠被封为吴越王,领十四州,辖境包括今浙江全境及江苏南部、福建北部。大陈岛属吴越国。

开平二年(908)　改唐兴县为天台县。

后唐庄宗同光元年(923)　钱镠被册封为吴越国王,定都杭州,设立百官,一切礼制皆按照皇帝的规格,是为武肃王,亦称吴越国太祖。

后唐明宗天成五年(930)　改乐安县为永安县(今仙居)。

后唐长兴三年(932)　三月,钱镠去世,第七子元瓘继承王位,是为文穆王。元瓘遵从父王遗命,去掉国家的典礼而使用藩镇法制,免除民田荒芜无收者租税,设置择能院遴选使用优秀人才。其九子钱弘俶曾任台州刺史。

后晋高祖天福六年(941)　于东镇山(今大陈岛)上建悟空院。据传,院内有金钟一口,金光四射。有寨官胁而取之,登舟,人钟皆沉没于海底,故后世大陈岛海面常现金光。

后晋出帝开运四年(947)　六月,钱弘佐去世,七弟弘倧继承王位,是为忠逊王。同年十二月除夕,弘倧传位于九弟弘俶,是为忠懿王。弘俶崇信佛教,曾遣使赴日本、高丽求取天台论疏,奉天台山德昭大师为国师,致令天台教观盛然而起。

名胜和水乡风光。

徽宗宣和二年(1120) 十一月,睦州清溪人方腊率众起义,连克安徽、江苏、浙江、江西州县五十二座,部众迅速发展到近百万,建立政权,改元永乐。次年八月兵败,方腊就义于汴京。

宣和三年(1121) 仙居大旱,饥民遍地。三月,十四都吕高田村(今属仙居县白塔镇)摩尼教首领吕师囊率贫苦农民起义,破仙居县城,一时应者云集,号称十万。吕师囊宣布废除"宣和"年号,改以方腊年号"永和"纪年。四月,三攻台州府城,未克,继占天台、黄岩县城。五月,江淮荆浙宣抚使童贯率十五万大军围剿义军。八月,两军于黄岩断头山激战,吕师囊被俘,先被箭射,后遭裂尸,吕高田遭屠村。

宣和四年(1122) 杜渎盐场岁纳正盐二万一千八百石。新亭盐监遭裁撤,台州新设黄岩、桃渚南北两监。

南 宋

高宗建炎元年(1127) 二月,金兵攻陷汴京(今河南开封),徽宗、钦宗、太后、诸皇子均被俘至金营。九月,徽宗九子康王赵构在南京(今河南商丘)即帝位,是为高宗。

建炎二年(1128) 朝廷于章安设"市舶务",专管海上运输、贸易、税收诸事。其时,章安与日本、高丽、印度、爪哇等地有贸易往来。至孝宗乾道二年(1166)六月,诏罢两浙市舶务。

建炎四年(1130) 正月初一,高宗赵构御舟自明州(今宁波)出发,渡海南下中遭遇大风,只好下锚停泊。初二日深夜,御舟航至章安金鳌山下停泊;初三日晨登岸,行在驻跸金鳌山祥符寺,诏浙西制置使韩世忠、浙东制置使张俊护驾。温州知府卢知原获悉高宗驾幸章安,急筹粮食和金缯十万由海道运抵章安。初七日,张俊引兵南走台州,十四日至于行在。高宗授张俊为浙东招抚使,刘洪道为浙东安抚使,抗击金兵。十六日,金兵攻陷明州,破定海,占昌国,以舟师追赵构,被枢密院提领海舶张公裕击退。十八日,高宗离开章安,御舟前往温州。据传,驻跸章安时,高宗及随从百官曾过江,游览家子埠(今葭沚)、枫山清修寺等处。同月,著名女词人李清照日夜兼程追赶高宗御驾,从越州(今绍兴)水路至剡(今嵊州),舍舟陆行至临海,顺灵江至黄岩,再至章安时,则宋高宗已离去。

建炎年间(1127—1130) 宋室南渡,出现历史上第二次北人大规模南迁现象。"渡江之民,溢于道路。""四方之民,云集两浙,百倍常时。"

绍兴二十年(1150) 海寇于台州列岛聚众连年,为祸地方。六月,犯临海县章安镇、宁海县临门寨等地。朝廷命萧振知台州,与殿前司水统领王交追捕。王交率兵乘战船入海,大败海寇,府境始宁。

绍兴二十一年(1151) 左迪功郎、著名理学家朱熹慕名拜访章安理学家石子重。子重(1128—1182),名敦,号克斋,迪功郎公孺之孙,中绍兴十五年(1145)刘章榜进士。先后任郴州桂阳县主簿、泉州同安县丞(时,朱熹为同安主簿)、常州武进县知县。绍兴二十六年(1156)归里,研究学问,著书立说,并于金鳌山麓创办台州第一所设在府县城之外的书院——观澜书院,教授乡中子弟。孝宗乾道九年(1172),复授南剑州尤溪县知县,创设县学。迁将作监主簿、太常寺主簿。淳熙七年(1180),知南康军事,适逢母丧,遂归故里。

孝宗乾道五年(1169) 夏秋间,台州大风雨,漂民庐,坏田稼,人畜溺死者甚众,郡守陈岩肖隐瞒不报,遭黜削。

淳熙九年(1182) 七月,提举浙东常平茶盐公事、兼办赈务的朱熹巡察台州后,发现"人户连遭灾荒,细民艰食",马上奏免了台州丁绢。复向朝廷奏请拨钱一万贯,用以兴修蛟龙、陡门、鲍步、长浦、迂浦、金清六闸。在朱熹及后任的林鼏、蔡镐、龙昌泰、李洪川、刘友直等府县官员共同努力下,历时十余年,六闸于宁宗庆元四年(1198)全部建成。

淳熙十六年(1189) 提举浙东常平茶盐公事袁说友奏请"遵绍兴甲首法",以三十家为一结,流水排次,其输足者先出甲,从未输或输未足中间择一人罚为甲首,催甲内税,违者绳之。自此,台州民众畏充甲首,竞先输官,倾家荡产之事便鲜有发生。

宁宗庆元元年(1195) 六月,台州大风雨,山潮海涛并作,漂没田庐无算,死者蔽川,漂沉旬日。浙东常平茶盐公事莫漳以缓于抚恤,被革职。九月,朝廷免除台州灾民丁绢。

其徒防漕粮至直沽以自效"，元廷授方国珍兄弟徽州、广德、信州等路治中。方国珍"疑惧不受命"，"复入海"，攻台州府城，遭浙东道元帅也忒迷失、福建元帅黑的儿联军合击，败退至大陈岛。

至正十四年（1354）　九月，方国珍分水陆两路再攻台州府城，采用"调虎离山、声东击西"之计，成功破城，活捉浙东道元帅也忒迷失、黄岩州达鲁花赤宋伯颜不花、黄岩知州赵宜浩等。其时，方国珍拥兵十万，有海船一千三百余艘。

至正十五年（1355）　春，方国珍攻陷台州城。七月，元廷升台州海道巡防千户所为海道防御运粮万户府。八月，方国珍连破庆元（今宁波）、余姚、温州、昌国（今舟山），留方国瑛守台州，自率大军开府庆元，后迁昌国。至此，方国珍管理着三路六州十一县之民。

至正十六年（1356）　元廷诏方国珍为海道防御运粮万户。

至正十七年（1357）　八月，元廷复授方国珍江浙行省参知政事，令其与苗军首领杨完者前往讨伐张士诚。方国珍与张士诚部大战于昆山，进抵太仓，兵临苏州，先后七战七捷，迫使张士诚投降。

至正十八年（1358）　元廷授方国珍江浙行省左丞相，赐衢国公印，镇守浙东，兼领温州、台州、庆元（宁波及舟山）三府之地。是年，方国珍出兵攻占上虞、余姚，以部将冯渝宗镇守之；复命其侄明善为省都镇抚，分据温州。

至正十九年（1359）　十月，朱元璋授方国珍福建行省平章，方国珍托病不受。

至正二十四年（1364）　正月，朱元璋即吴王位，定都建康（今江苏南京）。

至正二十七年（1367）　七月，朱元璋遣部将朱亮祖、汤和、吴祯、廖永忠率军征讨方国珍。九月，朱亮祖攻克黄岩、临海；十月，破温州，方明善败退海上；十一月，廖永忠率舟师入海，与汤和合力追击方国珍;十二月初五,方国珍率军士23500余人、官吏650人、海船420艘、马190匹、粮151900石等,归降朱元璋。

　　案:自至正十五年(1355)到至正二十七年(1367)十二月归降朱元璋,方国珍管理着浙东三路六州十一县之民。在这段时间里,方国珍实施"保境安民"政策,使辖境之民免受战乱之苦。仅就台州而言,人口发展到195540户、1003833人,在册良田2634292.75亩、地65020.854亩、山地206757.96亩。除此之外,方国珍还做了不少好事:一是修建城墙,防止入侵;二是修筑堤塘,兴修水利,鼓励农业生产;三是建办市舶司,开展对朝鲜、日本等海上贸易;四是修建道路、桥梁,便利交通;五是修建书院,兴办儒学。清初学者朱彝尊感叹道:"淮张之兄弟,庆元之父子,皆右文好士,志胜国郡雄者,何得尽没之哉?!"淮张兄弟指占据苏州的张士诚兄弟,庆元父子指方国珍与子侄们,他们均以兴办教育、礼待文人为己任,是元末战乱中罕见的现象。

明

　　太祖洪武元年(1368)　朱元璋称帝,国号明,改元洪武。改江浙行省为浙江行省,改台州路为台州府。

　　洪武二年(1369)　官府列大陈洋所产之石首鱼、鲳鱼为贡品。从是年始,倭寇侵扰中国山东、浙江、江苏、福建等沿海地区。

　　洪武三年(1370)　三月,降黄岩州为黄岩县,大陈岛属焉。十二月,朝廷命靖海侯吴祯将方国珍旧部军士及温州、台州、庆元三府和兰秀山无田粮之民凡111730人,隶各卫为军。

　　洪武四年(1371)　七月,台州卫兵出海捕倭,获倭夷74人,船两艘,释还被掠男女四人。鉴于倭患日益严重,朱元璋于是年秋诏令"沿海民不得私自出海"。

　　洪武五年(1372)　六月,朝廷命羽林卫指挥使毛骧、于显领兵追歼进犯台州、温州沿海的倭寇。八月,设台州卫指挥使司于临海。

　　洪武六年(1373)　朝廷以于显为广洋卫总兵官,出海备倭;复令各濒海之地改造多橹快船以防倭寇。

　　洪武七年(1374)　六月,朝廷以靖海侯吴祯为总兵官,巡海备倭;并暂罢市舶司,以防倭寇。

　　洪武八年(1375)　朝廷命靖宁侯叶升巡行温台等卫,督造防倭海船。

　　洪武九年(1376)　改浙江行中书省为浙江承宜布政使。

　　洪武十一年(1378)　七月,台州湾飓风至海溢,溺死甚众。

提督浙闽海防军务，统一指挥浙闽抗倭。朱纨整顿海防，征调战船四十余艘，分布沿海卫所，加强海防力量；封锁海疆，禁止商船下海，严立保甲制度，搜捕、严惩勾结倭寇的内贼，杜绝乱源，孤立倭寇。

嘉靖三十年（1551） 初夏，倭寇徐海、陈东、萧显、麻叶等部侵扰台州湾。

嘉靖三十一年（1552） 四月，倭寇攻打海门卫，守城卫军溃败，倭寇进入严峤街，杀人如割草。五月，倭寇陷松门卫，烧杀抢掠，无恶不作，知府谭纶遣杨文率军往救。六月，朝廷命都御史王忬巡视浙江，兼辖福建沿海诸府，提督军务。王忬奏释受诬陷而解职的卢镗等抗倭名将，编练舟师，请调援军。

嘉靖三十二年（1553） 闰三月，汪直自称徽王，联倭舰百余艘，入侵台州、温州沿海各地。五月，朝廷为加强台州抗倭，改分巡宁波金事为分巡台州金事。

嘉靖三十三年（1554） 四月，倭寇突入松门卫，流突黄岩、临海、仙居。五月，朝廷为统筹剿倭，特置总督大臣，命南京兵部尚书张经总督江苏、浙江、山东、广东、广西、福建军务。因首辅严嵩派往督察沿海防倭军务的工部侍郎赵文华争功，诬陷张经"养寇不战"，致张经和浙江巡抚李天宠冤杀。

嘉靖三十四年（1555） 谭纶修城浚壕，练兵训卒。八月，海寇林碧川部出没台州湾，备倭都指挥王沛率水军巡洋，于大陈洋遇倭寇，格杀9人，擒获19人，余寇逃入上大陈岛山坳藏匿。台州知府谭纶、海道副使孙宏斌、参将卢镗率兵登岛搜捕，擒获倭酋林碧川、乌鲁美他郎等84人，毙38人。并在上大陈岛风门岭修建墩台，设兵卒四名，配有旗、锣、烟筒等，一旦遇有紧急军情，白天则燃起狼烟，黑夜即照明信火，千里之地，瞬间可知。十月，戚继光任浙江都司金事，司屯局事。

嘉靖三十五年（1556）　二月，朝廷命浙江巡抚胡宗宪为兵部右侍郎，总督浙江、南直隶、福建军务。胡宗宪剿抚兼施，计杀倭酋徐海，诱降汪直。秋，戚继光改宁绍台参将，府署宁波，专管宁波（含今舟山）、绍兴（含今萧山）、台州（含今宁海）抗倭军事。

嘉靖三十六年（1557）　初夏，倭船四十余艘攻海门卫，守将应袭、俞宪章战死。倭寇复流劫松门卫。台州知府谭纶率兵追击，杀敌于隘顽湾。

嘉靖三十七年（1558）　四月，倭寇犯台州，屯兵栅浦，数次进逼郡城，知府谭纶积极备战。倭寇转攻岑港（今舟山西），再掠柯梅（今舟山北），俞大猷和戚继光督率军民进剿，迫其泛海南移福建。

嘉靖三十八年（1559）　夏秋之交，倭寇以栅浦、桃渚、健跳等地为巢穴，四处攻掠，台州警报不绝，总督胡宗宪命戚继光驰援台州。五月二十三日，戚继光解桃渚之围，旋又歼敌于章安黄礁山，继而进军海门卫，驻兵于东山南麓城隍庙；六月六日夜半，戚继光与谭纶合兵歼灭偷袭海门卫之倭寇数百人；数日后，又于沙王伏击从栅浦、葭沚遁逃之倭寇；复兵分三路夹击新河，放火烧毁倭寇双桅大船32艘，毙敌一千余众；六月二十一日，戚继光与谭纶乘胜追击，于太平（今温岭）南湾包围大股倭寇并全歼之。

嘉靖三十九年（1560）　朝廷以宁（波）绍（兴）台（州）海岸线过长，抗倭任务繁重，新设分守台（州）、金（华）、严（州）参将，以戚继光为首任参将，屯驻海门卫城隍庙，辖水陆兵员6528名，大小战船四十余艘，统筹三府兵备。同时，设立松海总备倭把总，驻海门卫，统辖海门卫、松门卫，有水军十二支，大小战船113艘。其中，游哨本总，亲率大小战船八艘，兵853名，"汛期泊大陈，游哨各外洋，山岛有警，会合本参游哨兵船及策应所在汛地协剿，无事巡督各汛地兵船哨防"；海门关口哨，哨官一名，领大小战船七艘，兵188名，泊关口；东西矶

哨,哨官一名,领大小战船七艘,兵115名,"泊东西矶,与大陈山、主山官兵会哨"。九月,戚继光亲往义乌募兵三千人,在台州边御寇边训练,教以适应江南水乡作战之鸳鸯阵战术,组建了举世闻名的"戚家军"。戚继光这样评述海门港和海门卫:"以其险要言之,则海口横阔十里,港流巨浸,直至内地二十里分流,一脉径抵台州府城下,一脉径抵黄岩县城下。港外乘风,一潮可到,则沿海形势,是独海门港为冲。以城垣形势言之,北枕大港,东近海潮,西控巨村,贼舟可泊。南面群山骈肩,内视南城,俯窥山麓,天石自上而下,规模险陋,皆无足恃。海门系台黄门户,腹里藩篱,且通大海之洋,贼舟时刻可到。城大人寡,兵家所忌。夫军城之空虚者,因莫急于海门卫;而军户之在籍,易于清查勾补充实行伍者,亦莫易于海门卫。"

嘉靖四十年(1561) 春,倭寇万余人分乘战船百余艘进攻浙东沿海,戚继光亲率主力剿倭,取得九战九捷的重大胜利。

嘉靖四十一年(1562) 浙江沿海既平,倭寇纷纷南下福建。秋,戚继光率军赴闽剿倭,至四十五年(1566)讨平广东南澳岛上的倭寇,基本上平定了这一持续两百多年的"倭寇之乱"。天顺年间(1436—1449),台州有民户18.8万余,至嘉靖年间(1522—1566)只剩下三分之一。流民百十成群分布各地,以采野菜、煮榆皮为食,途中冻饿死的不少。

穆宗隆庆元年(1567) 鉴于"市通则寇转而为商,市禁则商转而为寇"的实际,穆宗诏令解除海禁,调整海外贸易政策,允许民间私人远贩东西二洋。民间私人贸易合法化,使得包括台州在内的东南沿海地区民间海外贸易进入全新的时期,史称"隆庆开关"。

隆庆二年(1568) 七月,台州大风暴雨,山崩海溢,平地水深数丈,溺死3万余人,淹没良田15万亩,坏庐舍5万间。

隆庆五年(1571) 朝廷"议叙浙江大陈山斩获倭寇功",升赏官

毁,"片板不许下水,粒货不许越疆";"限两月止,不迁者杀"。椒北从桃渚所经杜下桥至前所之东一线,椒南从海门枫山之南经新河至松门之东一线,边界栅牌经过牌头—洪家场—灵香店—墩头(今长浦墩头王)—洋屿—下梁—陈头闸北岸—南闸—新河,在太平县循木城河,经塘下、箬横、淋川至松门,大陈岛、玉环岛居民全部内迁。原海门卫所辖桃渚、健跳、前所等均被迁弃,百姓流离失所,"男女号哭之声,四野相闻"。康熙八年(1669)开始弛禁,至末年(1722)展界完毕。数十年间,繁华富庶之浙东沿海成为废墟,人烟绝迹,大陈岛成了孤荒之岛,民众散亡殆尽。

圣祖康熙元年(1662) 二月,于海门置右路水师总兵官,有战船四十余艘。

康熙二年(1663) 春,奉檄沿海一带钉定界桩,仍筑墩堠台寨,竖旗为号,设目兵昼夜巡探,编传烽歌辞,互相警备。六月,移右路水师总兵官驻黄岩,辖营四,共计兵员三千四百人。

康熙四年(1665) 康熙遣大臣巡视台州沿海各地,每年检巡五六次,两年后撤回。

康熙八年(1669) 设宁绍台镇总兵官于宁海;次年,改为宁台镇总兵官,迁黄岩。

康熙九年(1670) 台州沿海边界开始展复开垦。松门绿营把总奏请于大陈岛设立红美汛,汛寨设于上大陈岛关帝庙,派兵驻防,不久裁撤。

康熙十年(1671) 台州展界十里,拆毁木城。次年,查蠲荒积荒。

康熙十三年(1674) 三月,靖南王耿精忠响应吴三桂在福建起兵反清;六月,遣部下曾养性分水陆两路向温州用兵,温州总兵官降,聚兵十万破乐清,下天台、仙居。八月七日克黄岩,十月十日攻台州府城,水师战于海门。自此至次年六月,清军与曾养性及杨大焯、吕胡长髯等多次激战于台州湾;七月,曾养性从西门攻入海门,屠城。

康熙十六年(1677) 黄岩知县张思齐主持围筑张塘。海塘北起三甲南野份,经牛轭桥、半洋朱、下陈街、下云墩、南坦、裕广堂,南至金清戴家,长约40华里。该塘堤南北两端及中间局部地段与旧四府塘重合。

康熙十九年(1680) 改宁台镇总兵官为海门镇总兵官,旋改黄岩镇总兵官,下设中左右三营,管辖台州协、太平营、象山营、宁海营、宁波城守营,共有马兵1012人、步兵9111人。以右营游击一员、中营守备一员、左营把总一员驻防海门。

康熙二十二年(1683) 郑成功之孙郑克爽降清,以工部侍郎金世鉴、都御史呀思哈巡江浙,尽复所弃地,就地险易,拨置戍兵,沿海遂定。十月,裁撤松门卫、海门卫。复于大陈岛设立红美汛,派员驻山,检查进出船舶,以杜奸宄。

康熙二十三年(1684) 五月,倭寇占台州湾,攻海门卫,劫涌泉等地,掳走男女两百余人。十月二十五日,朝廷弛海禁,设置江、浙、闽、粤四海关,许百姓往海上贸易,捕鱼,船只限五百石以下,需办理登记手续,发给印票,才准开航。

康熙二十四年(1685) 朝廷设浙海关家子分口,辖金清、白峤、健跳、江厦四个旁口,兼管台州各县船舶丈量、检验事宜。是年,乡贤冯甦发起募修海门卫城。

康熙四十一年(1702) 诏修海门卫城。东城墙长410米,南城墙长1240米,西城墙长640米,北城墙长1200米。

康熙五十一年(1712) 五月二十三日,因驻军加收每艘渔船银四两激起民变,海门渔民于燕海坞(即东山外金沙滩)起事,黄岩镇左营游击阎福玉率兵弹压,砍杀渔民十余人,起事渔民抛火罐焚烧官兵

船只,杀死阎福玉及部众六十多名。为此,康熙皇帝于六月二十二日、八月八日两次作出批示。

康熙五十六年(1717) 于海门设置临海县丞衙门(俗称粮厅)。朝廷再次下令海禁:商船只许与东洋贸易,禁止与南洋贸易,禁止卖船与国外及运粮出口。

世宗雍正五年(1727) 清廷以补充巡哨官兵经费为由,开始征收台州等地海洋渔船涂税。至乾隆八年(1743)革除。

雍正六年(1728) 六月,朝廷准浙江巡抚兼兵部右侍郎李卫奏请,析太平县之二十四、二十五、二十六都及部分乐清地置玉环厅,属温州府,此为玉环设治之始。时辖地周围七百余里,包括今玉环、洞头两县辖地和温岭之石塘和乐清之大荆、芙蓉、蒲岐、磐石及瓯海之灵昆等地。同时,设立玉环营,划外洋披山岛归其管辖,大陈岛归属黄岩镇中营外洋汛管辖。次年,专设凤尾汛,由千总一名负责驻山防守。

雍正七年(1729) 在葭沚、章安道头设汛,构筑炮台,各派汛兵10名驻守。

雍正十三年(1735) 在前所设置巡检司署,驻兵450名。小圆山炮台由中营管辖,驻兵50名。

高宗乾隆二年(1737) 七月初至八月十五日,台州湾接连遭飓风暴雨历7次,海溢,田地尽没。

乾隆三年(1738) 浙江总督和福建总督合并为闽浙总督,直至清末成为定制。每省在督抚之下,设承宣布政使司和提刑按察使司,布政使司设布政使(又称藩司),主管一省民政、财政、人事大权;按察使司设按察使(又称臬司),主管一省司法、刑狱;又设学政,主管一省教育、科举考试。布政使司之下为府、厅、州、县。时,海禁初开,海上生产渐渐复苏。

民团总董苏镜蓉率台属六县民团攻占黄岩县城。六月，天王洪秀全令侍王李世贤回救天京(今江苏南京)，太平军随后撤出台州。

同治四年(1865)　十二月十四日，黄岩镇总兵刚安泰率舟师巡洋，于大陈洋遭遇海盗梁彩，中营游击蔡凤占、中营千总江潜蛟、百总牟仁彪、左营额外林鹰扬及营兵53人遇害，仅左营游击戚鹤龄、右营守备王宪春逃回。刚安泰被俘，押往象山爵溪途中投海自尽。后，乍浦副将张其光击败梁彩帮，解决被劫持民众百余人。

同治五年(1866)　于大陈岛设立凤尾汛，由海门镇中营千总一员驻防，兼管外洋汛。

同治六年(1867)　正月，台州知府刘璈请移黄岩镇总兵驻海门。十一年(1872)二月二十八日，改称海门镇总兵，中左两营游击同驻海门，右营游击驻松门，以副将驻临海，参将分驻宁海、太平两营。海门镇总兵沿海防区范围为：北起昌国卫石浦所(今象山石浦)东南宁海界，南至玉环岛，分别与定海镇、温州镇接防。

同治八年(1869)　四月十日，黄岩镇总兵陈绍以出洋巡盗为名，率所部及百余名"奇田军"出海门关外，至大陈岛附近，尽屠"奇田军"并抛尸入海；同日，驻守临海巾山、黄岩城关和沙埠等处的"奇田军"百余人亦遭毒手。早在咸丰间，黄岩沙埠奇田农民黄延暄、屠敖三、徐锦鹏等聚众占山，武装抗清，称"奇田军"。同治七年(1868)底，由兆桥西王绅士王维哲作保，两百多名"奇田军"下山接受台州知府刘璈和黄岩知县孙熹招安，编为靖南军，分属海门卫和台州各营汛。后，刘璈和孙熹拟定斩草除根之计。

同治九年(1870)　三月，黄岩镇总兵陈绍率右营游击江九华巡海至东矶列岛时，发现七艘海盗船只，遂挥兵进击。陈绍身先士卒，跃登盗船，受伤后仍连杀五名海盗，中弹身亡，年仅36岁。陈绍死后，检其囊无分文，黄岩县令孙熹买棺为其收殓。后赐谥忠勇，建祠于海门。

同治十年（1871）　法国传教士先后在栅桥、海门等地建立天主教堂。

同治十三年（1874）　在海门关口牛头颈、南门外沙湾等处修筑炮台、营房。

德宗光绪元年（1875）　分海门镇右营游击驻松门，设置大陈山（上大陈岛）、凤尾山（下大陈岛）、东矶山、西矶山四个外洋汛，驻兵防守，管辖大鹅冠山、大渔山、雀儿岙、东屿、西屿等台州湾及外洋岛屿和海域。

光绪十年（1884）　设立海门渔团局，浙江省渔团局委派同知衔黄蒸云办理，履行渔船编团、发照、护渔、收费等各项事务。

光绪十一年（1885）　五月，法国军舰游弋台州湾，施加威胁。海门镇总兵添置"威远号"小兵轮一艘巡海，是为台州沿海有兵轮巡逻之始。

光绪十三年（1887）　二月，全国特有的每年为期50天（从二月初一到三月二十一日）的迎神赛会"拦街福"开始举行，一直延续到20世纪30年代因经济萧条而逐渐冷落，抗战时完全停歇。是年秋，抗法名将杨歧珍由定海镇总兵调任海门镇总兵。在任五年，恩威并施，善待百姓，约束军纪，巡洋缉盗，拿获海匪一千五百多人。十八年，升福建水师提督，邑人立去思碑纪念。

光绪十五年（1889）　七月二十六日，台州湾大洪潮，"室庐丁口，荡然无存"。

光绪十六年（1890）　浙江巡抚崧骏在海门操练水师，巡察台州湾、大陈洋。

光绪十八年（1892）　荷兰商船在大陈岛附近海域遇险，大陈民众自发开展营救，并帮助捞获漂散货物。荷兰商人呈文浙江巡抚，大

陈岛参加营救的相关人员获得奖赏。

光绪十九年(1893) 浙江建红单水师,分为中、南、北三路,各路由管带统率,台州为中路。两年后,拨"永福"小兵轮给中路巡海。

光绪二十五年(1899) 七月,黄岩蓬街(今属台州路桥)天主教徒管小本依仗教会势力横行乡里、欺压百姓,蓬街蜈蚣桥武生应万德等提出"除洋灭教,保护良民"的口号,集中千余义民围困海门天主教堂。官府派兵镇压,义民愤而捣毁栅桥天主教堂,并攻打黄岩县衙,继而焚毁泉井、茅林、路桥、石桥头、箬横、温岭、泽国等11所教堂。法国政府派军舰3艘开往海门干涉,浙江巡抚刘树堂令台州府和海门卫镇压。八月十二日,因叛徒出卖,应万德与其弟万林被官兵捕获,并被秘密杀害于停泊在椒江上的"超武号"兵舰中。应万德反教运动成为"浙江第一教案",影响巨大。

光绪二十六年(1900) 四月中旬,法国军舰入侵台州湾,至椒江口示威。

光绪二十七年(1901) 八月,朝廷拟议推行新学制,要求各省府厅州县将所有书院改为兼习中学、西学的学堂,务必"切实通筹,认真举办"。

光绪二十九年(1903) 朝廷颁布《奏定学堂章程》,州县城乡均应建设高等小学堂,虽僻小州县必由官府设立高等小学堂一所。规定初等小学五年,高等小学四年;规定设立蒙养园,作为保育3岁至7岁的幼儿之所。次年,再次颁令各地分别设立高等、初等和两等小学堂。

光绪三十一年(1905) 清政府宣布"自丙午(1906)科为始,所有乡会试一律停止"。自此,科举正式废除,各地推行学校教育。

光绪三十二年(1906) 海门天主教徒和耶稣教徒为争夺南门外菱塘而聚众斗殴,海门驻军曹世华出面调定时,被闹事者击伤。是

1913年

1月17日　太平县农会成立,共有会员109人。

1月　海门印山小学、修齐女校先后创办。

春季　设台州镇守使署于海门。

夏季　改台州镇守使为宁台镇守使,署所由海门迁至临海。

7月　海门商会成立,设会址于宁波。

秋季　浙江省外海水师巡防队在大陈岛、东矶列岛、南麂列岛开展剿匪,以利沿海渔民开展冬汛作业。

11月　浙江银行在海门开设分行。

同月　临海县警察署改为警察事务所,在海门设立分所。

1913年　核定大陈岛等处渔船的纳税标准为:渔船梁头八尺以上者征银3两,七尺以上者征银2.4两,五至六尺者征银1.6两,四尺以下者征银1.2两;贩新船征银4两。

1914年

1月　改浙江外海水上警察队为浙江省外海水上警察厅,首任厅长为临海人王荨,厅址设镇海。管辖两个总署、11个分署,第一总署驻扎海门,下辖第四、第五、第六、第七、第八分署,共有官兵652名,负责台州、温州海面剿匪、护航等治安任务。

同月　乡绅徐岳桂等在下大陈岛招宝寺倡设初等小学,僧人串联强横岛民进行阻扰,捣毁教具,办学未果。

2月23日　内务府改定各省重复县名,浙江太平县与安徽太平县同名而易名温岭,因县西温峤岭别称温岭而得名。大陈岛属温岭。

春季　在下大陈岛杨府庙创办国民学校一所,校长兼教员梁丘,首期招收学生32名,为大陈岛开办新式学校之始。

5月23日　颁布《道官制》,各地方行政区域改为省、道、县制,省设巡按使,道设道尹,县设知事。浙江分设钱塘、会稽、金华、瓯海四道,台州各县属会稽道。

6月1日　浙江行政公署改称浙江巡按使公署,临海人屈映光为首任巡按使。

6月30日　北洋政府在海门重新设立台州镇守使署,任命张载阳为首任镇守使兼浙江省禁烟督办(张于1922年10月至1924年10月任浙江省省长)。

秋季　葭沚士绅黄崇威于海门创办椒江布厂。

9月19日　浙江渔团成立,第三队驻海门,第四队驻坎门。

10月　由黄崇威、陶祝华等任团董的海葭保卫团成立,负责海门、葭沚、栅浦、三山、赤山东、赤山西民间巡防。

1915年

3月25日　温岭县公署张贴白话文告示,劝告各地将庙会演戏捐款用来开办小学。此系台州第一张白话文公告。

夏季　台州第六保安大队在海门成立,大队长郭辅潮,下辖四个中队。

7月28日　飓风袭击大陈岛,岛民死伤甚众。《温岭县志》称"沿海渔民、居民死伤数万人"。

8月　于葭沚椒江书院原址创设浙江省立甲种水产学校,首任监督(校长)为温岭人赵冀禄。

10月　黄崇威、杨晨等集资赎回天主堂所占海门轮埠码头及涂地,成立海门振市公司,辟建东、西振市街。

11月　一艘英国商船之前在大陈岛附近洋面触礁沉没,部分货物为渔民所获并转售,英人出面追究,数年未了。是月,英国驻上海总领事馆派员来台州要求会审,遭到黄岩县知事汤赞清拒绝。

12月13日　袁世凯在清故宫居仁堂登帝位,接受百官朝拜,改明年为"洪宪元年",引起全国公愤,各地纷纷起兵讨袁,浙江省立甲种水产学校师生开展上街游行,以示声援。

1919年

春季　主捕产卵期墨鱼的张笼作业方法自福建传入大陈岛。

5月4日　五四运动爆发。不久,设立在葭沚的浙江省立甲种水产学校学生积极响应,在该校学生会主席宣侠父的带领下,上街宣传、演讲,声援北京学生爱国运动。

5月中下旬　宣侠父联合温岭、黄岩等地的学生会,成立"台州学生联合会";联合工商业界,成立海门商学联合会,发动开展罢课、罢工、罢市等爱国活动。

5月28日　台州救国协会在临海成立,浙江省立第六中学校长毛泚沅任会长,后由项士元接任。

6月6日　海门商家罢市,声援北京学生爱国运动。

9月　温岭县立乙种蚕业学校成立,开温岭县职业教育先河。

10月19日至22日　海门商学联合会发动各界开展声势浩大的抵制日货运动。

11月　改街村制为地方自治制度,海门分为椒东、椒西两镇。

1920年

1月1日　海门商学联合会在大校场举行"烧日货、赠寒衣"大会,各界人士慷慨陈词,强烈要求提倡国货、抵制洋货,并当众烧毁日货,向码头工人赠送寒衣。

1月31日　台州湾沿岸地震。

2月　海门电灯公司成立,首次装灯1400盏。

7月13日至17日　台州湾飓风大雨,海潮暴涨,灾情奇重,仅温岭溺死者就超过三千人,为六十年间所未见者。

7月　海门至前所渡轮沉没,死27人。

8月　台州出现大饥荒。26日,饥民千余人涌入海门警署,混乱中死妇孺三人。而后,陶祝华等士绅筹资八万元,在海门设立台州六邑赈济联合总会赈济灾民。

9月　海门启蒙小学创办。

10月　温岭县政府颁布通告,严禁女子缠足。

1921年

6月　北京大学助教、温岭横湖人郑振埙和北京大学物理系学生、温岭长屿人闻诗等温岭籍知识青年,在北京组织"旅京温岭学会",创办《新横湖》杂志,向家乡人民传播新思想、新文化。

7月23日至31日　中国共产党第一次全国代表大会在上海—浙江嘉兴召开,宣告中国共产党正式诞生。

7月　温岭县在大陈岛设立官办之渔盐店,每担缴税三角,所用渔盐均由海门盐廒调拨,以杜绝私盐。

8月14日　飓风暴雨肆虐大陈岛,拔树倒房,人员死伤甚众。海门希鲁小学及民房两百多间倒塌,压毙二十七人。

12月　海门查米局改称海门海禁局。

1925年

3月12日　孙中山先生逝世,台州各地均举行追悼大会。

春季　私立东山中学创办,黄楚卿任董事长,聘吴文衡为首任校长。

5月30日　上海爆发"五卅惨案"。翌日,海门学生即举行反帝示威大游行,部分商人、市民予以声援。6月初,在上海就读的潘怀等回到温岭,联络县内青年,下乡巡回宣传,开展募捐,支持上海工人罢工。

6月　驻防海门的浙江省外海水上警察厅第六水巡队扩编,下设九个分队,八个管台州外海,一个管椒江内港;并配备"永平号"兵舰一艘巡视外海,有警员40名。

8月　椒江戏院在海门椒济寺建成,共有近600个座位,是为台州第一座近代化戏院。

9月　飓风袭击大陈岛

1926年

3月　中国国民党浙江省第一次代表大会在杭州召开。会后,共产党员汪维恒、张鹏程受国民党浙江省党部委派到台州,发展中共党员,帮助各地筹建国民党县党部。

7月9日　国民革命军在广州举行誓师典礼,开始北伐。

7月　根据国共合作精神,国民党在台州各地普遍建立组织,仅海门就设立了慈幼院小学(负责人蒋微笑)、印山小学(负责人王蓴交)、东山中学(负责人孙一影)三个区属分党部。

初夏　温岭县调整行政建制,改凤尾区为凤尾乡。

8月23日至24日　大陈岛大风雨,台州湾海溢。

8月　浙江省立甲种水产学校由葭沚迁往舟山定海,与浙江省立水产品制造厂合并。

10月　国民党第二次全国代表大会采用"二五减租"(减原交租额25%)作为土地纲领的中心要点,但大多数省份未予实行,惟浙江于次年11月开始发布一系列减租条例,予以实施。

11月　中共宁波地委指派张鹏程来台州活动,与海门慈幼院小学中共党员蒋微笑等商量组织发展等事宜。

12月29日　在北伐军追迫下,军阀孙传芳部师长兼福建督军周荫人部溃退至海门,以筹饷为名向民间强索财物。

12月　中共温岭独立支部成立,隶属中共宁波地委。

1927年

2月17日　北伐军东路军占领杭州,组织浙江省临时政务会议,以褚辅成为代理主席。

2月　经中共宁波地委批准,中共海门独立支部成立,共有党员13人,负责人蒋微笑,工作机关设在海门慈幼院小学内。

3月11日　台州各种地方势力借响应北伐之名拉起队伍,横行乡里。北伐军台(州)温(州)宁(波)司令王俊于是日在海门召集各支杂牌武装进行检阅,当场收缴枪械三千余支,并遣散杂牌武装。

3月12日　浙江省临时政务会议决定撤销专署级建制,各县直属省政府管辖,县公署改为县政府,知事改称县长。

3月27日　浙江省临时政务会议通令,各地孔庙、关庙、岳庙大祀一律废除,且将文庙改为孙中山祠。

4月12日　北伐军总司令蒋介石在上海发动"四·一二"反革命政变。浙江省同时发生政变,大肆捕杀共产党人,全省被捕1805人,被杀932人。

5月18日　国民政府定都南京。

5月　改浙江省外海水上警察厅为浙江省外海水上警察局,驻宁波镇海。以第六水巡队(官兵128名)、第八水巡队(官兵101名)和第二巡游队(官兵27名)、第六巡游队(官兵26名)驻海门。

6月10日　改温岭县公署为温岭县政府,县知事改称县长。

6月　中共浙江省委成立,海门独立支部划归省委直接领导。

7月　浙江省警备队撤销,改为浙江省防军,以第五团驻防海门,团长章祖衡。

8月1日　周恩来、朱德、贺龙、叶挺等领导南昌起义。

1929 年

春季　台州各地普遍设立官营盐店,每担向盐民征税8角钱,遭盐民抵制,各地时有风潮发生。

3月　中共领导的温岭县坞根游击队大队成立。4月,编入浙南红军第二独立团;不久改编为中国工农红军第十三军第二团,后扩编为第二师。

4月　温岭县佛教会成立。全县有寺院221座,僧民2328人。

6月　国民政府实施村里制改革,凤尾乡改为凤尾村,下辖沙头、南坑、南浦、红美、黄土五里。

秋季　集沙头、南坑二里之力,创办沙南初级小学,学制四年,有学生48名、教师2名,校址设在下大陈岛财神庙。

9月　台州各地发生严重水灾、螟灾,为五十年所未遇,饥民投河或结队逃荒者不绝。浙江省主席张静江要求全省文官减俸赈灾,简任官(司厅级及以上)八折,荐任官(县处级)九折,月薪80元以下者不减。

10月　拆除海门卫城北城墙,于其址上建造中山路。

11月11日　国民政府颁布《渔业法》,要求各省、县依法管理渔业。

1929年　温岭县警察所改为县公安局,各地分所改为公安分局,原凤尾山警察分所易名为温岭县第二公安分局,配备分局长一名,警员十二名。

1930年

1月28日　浙江省航政局成立。2月13日,在海门设立第四分局办事处,负责台州各县船舶管理。

2月　温岭县改村里制为乡里制,凤尾村复改为凤尾乡。

3月中旬　浙江省外海水上警察局督"静海号""永平号"两艘巡逻舰在台州湾开展剿匪,剿灭匪徒百余人,解救人质三十余人。

4月18日　中共临海县委驻海门联络处遭到破坏,县委委员兼秘书方林(曹廷祥)被捕。

5月　海门电话分局成立,与黄岩县城开通长途电话。

6月　中共浙江省委作出《浙江问题决议案》,决定暂时取消省委建制,分别成立杭州、宁波、温州、台州、湖州、兰溪六个中心县委。是月,中共台州中心县委在海门东门陶家成立;8月,遭国民党当局破坏;11月,重建中共台州中心县委,蓝尘侣(金国祥)任书记,在海门主持工作。

7月　浙江省教育厅准予私立东山初级中学试办。

9月　温岭电话支局设立。

秋冬季　椒北尹鸿瀛聚集近百人入海为盗,占据下大陈岛;梁歪农股数十人占据上大陈岛。

1930年　温岭箬山人陈其凤购置钢质货轮"泰顺号",载重两百吨,航行于广州、大连等地,为当时台州最大的钢质货轮。

1931年

1月　黄(岩)泽(国)路(桥)椒(海门)汽车公司成立。

2月7日　红十三军第二团政委叶勉秀等12人,从温州登上"广济号"轮船,劫轮后欲攻海门,途经大陈岛以西花礁洋面时,遭到浙江外海水警局"超武号"巡逻艇拦截,全部被捕。次年8月,叶勉秀等12人在杭州浙江陆军监狱英勇就义。

春季　温岭县政府屡次发兵征剿大陈岛尹鸿瀛股海匪,均无功而返。

4月1日　浙江省航政局第四分局海门办事处改称为浙江省第四船舶管理事务所第五分所。

4月　浙江省立第六中学获准从葭沚迁至海门,于江边圩择地建造校舍。"九一八事变"后,因经费不敷而停工。

5月　经浙江省政府核准,决定招抚尹鸿瀛股海匪。经八个昼夜清点登记,共招抚海匪84名,收缴长短枪支95支,子弹1081发,释放被绑"肉票"七人。

6月　国民政府内政部公布全国人口为四亿七千四百八十万七千余口,简称"四万万七千万"。

同月　温岭县律师公会成立。

9月　"九一八"事变发生后,设在葭沚的浙江省立第六中学等校学生纷纷上街宣传,募款支援东北义勇军。

11月　浙江省外海水上警察局以第六水警队第七分队驻大陈岛。

1935 年

3月　温岭县进行乡镇调整,城区易名太平镇,上大陈岛鸿美、下大陈岛凤尾两乡归并为凤尾乡。

春季　浙江省渔业管理处在下大陈岛福建会馆创办渔民小学,未几即停办。

6月　浙江省划分全省为九个专员公署,并委派专员。台州为第七专区,庞镜塘为首任专员兼临海县县长。辖临海、天台、仙居、宁海、温岭、黄岩,署址设于临海。

8月　红十三军第二师余部数年间转战台州沿海,依靠渔民群众越战越强。国民党浙江省党部调集"玉平"舰、"永平"舰等舰船数十艘,在大陈岛至南麂列岛间海面及沿海各大小港口进行"围剿",毫无所获。

9月　临海县设立海门区公所。

10月　国民政府财政部设两浙临海盐税分局于海门西沙岸。

11月　国民政府发行法币(纸币),并禁止白银、银圆在市场上流通,导致物价飞涨,商市混乱。

是年　《台州商报》《海门公报》《时事日报》先后在海门创刊。

1936年

1月18日　浙江省政府主席黄绍竑颁布训令：暂停外人游历临海、黄岩、温岭、宁海、玉环等东南各县，称为"国防要地"。

春季　鉴于海上局势混乱，由乡绅陈炳麟召集岛上主事者商议，决定购买枪支弹药，邀王相义（即王仙金）、王采平、吴梅生等人，组织大陈岛保岛自卫武装。初购枪支7支，后增至三十余支。

4月　国民政府在全国范围内按行政区域设立兵役管区制度。浙江省设立军管区，下设杭嘉、临黄、严衢、温处四个师管区。

5月　浙江省渔业管理委员会在海门设立办事处，负责管理台州各县海洋渔业事务。

6月　两浙盐务税警局在海门设立第六管理区，有警员504人，管理台州各地缉私。

8月　温岭县宗文初级中学创设四年制简易师范班。

秋季　黄岩盐场购得椒江口岩头至石柱一线以下滨海滩涂4.3万亩，建屋立坨产销原盐，共有盐工452人，年产盐1500吨。

10月　始行征兵制，温岭县于太平镇东岳庙公开抽签征兵，俗称"抽壮丁"。嗣后，因主事者受贿作弊，百姓怨声载道。

11月16日　海门仓前街火炮厂失火，延烧房屋两百余间，死七人。

1937年

2月27日　日本军舰在大陈洋旗岛南侧海域攻击渔船,毁船一艘,死伤渔民三人。

春季　改浙江省渔业管理委员会海门办事处为浙江省第二区渔业管理处。

7月7日　日军炮击宛平城,攻占卢沟桥,"七七事变"发生,中国抗日战争全面爆发。

暑假　林尧任东山中学校长;11月,任中共海门特别支部书记,组织开展抗日救亡工作。

8月13日　"八一三淞沪抗战"爆发。时任上海保安司令部一营长的海门北门人包志秀,率部驻守大场,与日寇浴血奋战,于9月3日壮烈殉国,年仅27岁。海门乡贤、上海八仙桥龙宫旅馆老板丁子胥多方设法觅得包志秀遗体,辗转运回海门,当地官府和民众在小山头为其举行隆重的追悼大会。

8月中下旬　日军全面封锁沿海港口,海门至各口岸的华籍轮船全部停航。

9月5日　日军飞机数架入侵海门上空狂轰滥炸,炸死炸伤平民200余人,炸毁民房百余间。

9月22日　国民党中央通讯社发表《中共中央为公布国共合作宣言》,抗日民族统一战线正式形成。中共中央将中国工农红军主力三万多人改编为国民革命军第八路军,简称八路军;将南方八省十三个地区的红军游击队一万二千多人改编为国民革命军新编第四军,简称新四军。

10月31日　旅沪回乡大学生和进步青年发起组织的温岭县青

1939年

元旦前后　《努力》《力行》《台钟》等杂志先后在海门创刊。

1月25日至26日　日军兵舰数艘入侵台州湾,在椒江口向海门发射炮弹160余发。

1月　浙江省外海水上警察局组建炮兵队,在椒江口设置重炮4门。

2月15日至16日　日军兵舰三艘侵袭台州湾,掳去商船三艘,皆毁沉于港,封锁了台州湾,切断了海门港通往各地的航线。

2月18日　日军兵舰四艘侵入椒江,炮击海门,浙江省外海水上警察局局址被炸毁,迁移至台州中学内办公。

2月　浙江省教育厅以"办学不善,视学业为儿戏"为由勒令东山中学停办。

同月　浙江省台州中学、台州六县联合高中自海门迁往仙居;海门七区中心小学迁往临海白水洋。

3月　浙江省第七行政督察专员公署决定拆除海门卫城东城墙,以利民众疏散。

5月12日　上午,距下大陈岛二里许海面发现日舰一艘,数名日军乘舢板企图登陆,被驻凤尾山水警三大队六中队和岛上土著武装开枪阻击而未果。

6月27日　日军兵舰一艘入侵大陈岛海域,向土地堂发射四枚炮弹后退去;复攻温岭石塘上马石,被石塘抗日自卫队击退。

7月7日　温岭县政府于太平镇西郊场举行"抗日阵亡将士暨死难同胞纪念碑"落成典礼。

7月21日至30日　中共浙江省第一次党员代表大会在平阳县

凤卧乡召开,选出新的省委领导和出席中共"七大"代表,刘英任书记。

8月初　大陈岛土著武装王采平率所部诈降日本军队,领得枪械弹药,暗中与台州专员公署取得联络。6日晚,日军图谋在海门外沙一带登陆,攻取海门。王采平出其不意,率部两百余人举枪反讧,击沉日舰两艘,击毙日军四十余人。

8月7日　日军飞机轰炸海门,破坏椒江轮渡,炸沉"章安""临浦"两轮和木船39艘;台州中学新校舍全部被毁,浙江省外海水上警察局再次迁址办公。

9月13日　日军飞机轰炸海门,炸死炸伤两百余人,炸毁房屋五百余间。

9月底　海门至温州航线开航,英国籍新安利轮、德国籍飞康轮,行驶该航线。

1940年

1月　浙江省重新划分专员公署,共十区,台州为第七区,原属台州之宁海县划入第六区(宁波专区)。

2月1日　温岭县于太平镇西郊场举行抵制日货反对资敌誓师大会。

3月　台州守备区指挥部在海门设立,浙江省保安处副处长蒋志英任指挥官,浙江省外海水上警察局局长陈普民为副指挥官。

5月　日军侵占福建崳山列岛,成立"崳山维持会",台湾人蔡功(原名蔡阿九)为维持会主任,兼任"闽浙边区和平救国军第一路军"司令,下辖台州列岛(指挥官王仲)、温州列岛(指挥官林友森)、福宁列岛(指挥官陈益民)。日伪军最多时达千余人,经常在日舰掩护下袭扰闽浙沿海地区。

同月　木刻期刊《巨轮》在海门创办。

6月20日　驻扎栅浦的浙江省抗战自卫队六连哗变,占路桥区署、镇公所,抢劫银行和金银店,掳走镇长和群众三十多人。

6月22日　清晨,日军炮艇两艘停泊于下大陈岛土地堂海面,上午十时许,日伪军五十余名登岛,烧毁凤尾山初级小学校舍和财神庙、渔师庙。当日下午5时,日伪军退去。

7月1日　分宁海县东南18个乡镇、临海县东北5个乡镇,与南田县合并,成立三门县,第七区专员邢震南兼首任县长。

9月24日　日军飞机轰炸海门,海门民众教育馆主任李仁柳等被炸死。

9月28日　日军兵舰在上大陈岛至头门岛海域,用机枪扫射海上作业渔民,击沉大陈岛林永标商船,船上9人遇难。

1942年

1月　共产党员毛贤友以"工合"临海指导站主任指导员的身份在椒江南北开展活动,创立海门渔业合作社等组织。

2月　浙江省外海水上警察局从涂下桥移驻海门。

春季　海门霍乱肆虐。海门五洲药房曾试制霍乱疫苗针剂,因有效成分含量低而中止。

4月　浙江省政府主席黄绍竑、民政长阮毅成率县政检阅团出巡台州各县,在海门召开各界人士座谈会。

5月1日　帆船出海管制由浙江省驿运处划归浙江省航政处,在海门设立办事处,核发台州各地帆船通行证书。

6月1日　下午,日军飞机轰炸海门,在江边圩投弹13枚,炸毁房屋三十余间。

8月7日　海匪杨信贵部在台州湾雀儿岙岛附近击沉日军汽艇一艘;次日,大批日军攻占雀儿岙岛,残杀岛上民众三百余人。

10月　温岭县政府任命叶大娇为凤尾乡乡长,这是大陈岛有文字记载的首位女乡长。

11月至12月　国民政府台州专员公署专员、保安司令杜伟委派专人到大陈岛等海岛游说,劝告各岛土著武装、各股土匪切勿附敌。

1943年

2月3日　福建"和平救国军"蔡功部入侵大陈岛,遭到土著武装王相义部阻击,毙伤伪军24人。

2月29日　日舰多艘停泊大陈岛周边,盟军两架轰炸机对日舰进行轰炸,炸沉日舰一艘,炸死、炸伤日伪军数十人,误伤岛上民众十余人。

3月16日　日舰多艘入侵大陈港,日军召集岛民代表登舰开会,下令组织维持会,未成。日军随后登岛,杀害岛上群众12人。王相义率部还击,毙日军八人,余下日军逃回军舰后炮击大陈岛。

4月1日　《宁绍台日报》在海门创刊,社长牟镇西。至1949年初停刊。

4月12日　王相义部在大陈岛海域俘日伪军11人,摧毁敌舰一艘,缴获机枪一挺。

6月1日　浙江省温(州)台(州)沿海护航委员会在路桥成立。第七行政督察区专员杜伟和温州行政专员张宝琛轮流兼任护航会主任委员,原浙江省水警厅厅长王文瀚、浙江省水警局局长陈佑华担任副主任委员;同时成立台州外海护航总队,陈佑华兼任总队长,毛止熙任副总队长。

6月11日　王相义策反敌伪运输船船员,在温岭箬山洋面击沉日军船一艘,击毙日军九名、打伤一名。

6月中旬　浙江温(州)台(州)沿海护航委员会在海门设立办事处,收编台州湾内各路海匪。原部人员三百左右的编为大队,一百左右的编为中队,统一发给服装和生活费,各部按指定岛屿驻扎。7月,收编杨新贵部314人为第一大队,活动区域白沙岛一带;8月,收编李

日忠、江可亮部500人为第三大队,活动区域温岭外海。次年3月,收编仇灼华部427人为第二大队,活动区域健跳港一带;6月,收编王相义部600人为第四、第五大队;7月,收编陈南田部300人为第六大队。

7月　方正中、贺鸣声出版抗日宣传书籍《美术字集》,印刷5000册;次月,出版《报楣集》《图案集》,各印1000册。

9月　浙江省政府在天台县街头镇设立浙东行政公署,管辖宁波、台州各县。

10月2日　上午,日军"黄海丸""大元丸"军舰率汽艇六艘,停泊猪腰屿海面。中午,日伪军分乘四艘汽艇,企图在下大陈岛大沙头附近登陆,遭到王相义率部阻击,毙伤日伪军十余名。经激战,王部于次日拂晓前乘黑将主力从大陈岛撤往温岭松门。

10月3日　日伪军三百多人登岛,大陈岛沦陷。日军设岛务局于王相义宅,企图久踞。据《宁绍台日报》记载:"(日军)汽艇在大沙头企图登陆时,原踞该岛之海上豪客王先进(仙金)股,因利害攸关,率部阻击。激烈的战斗展开了,居民均逃避红美山一带。王先进股凭借地形掩蔽击毙敌伪军五名,敌人登陆未成……敌舰发炮助威,继之,汽艇在机枪掩护下冲锋……战至深夜,王部实力不支,一部乘帆船遁去,一部亦暂退至红美山头。4日,敌伪三百名左右在大沙头登陆,敌舰'黄海丸''大元丸'两舰长暨伪军指挥官蔡功亦先后上陆,设岛务局于王先进新屋内……此次登陆敌伪军,计日兵三十名,伪军二百七十余名。"大陈岛民纷纷避往松门、金清、海门等处,王相义在松门专门设立救济院,收容大陈岛难民。

10月19日　王相义派遣得力干将潜回大陈岛,刺杀卖国求荣的汉奸翁赦赦。

10月23日　日军援兵四十余名登上大陈岛。

1946年

1月　归属浙江外海水上警察局的原海上抗日护航支队三个大队遭到裁撤。王相义金盆洗手,在大陈岛经营水产品生意,其部属中有不少人难以维持生计,只得重操旧业,入洋为匪,致使大陈及周围岛屿海匪复起,先后有陈兆云股、梁宝玉股、丁宝四股等为害海上,侵扰乡里。

6月　国民政府台州地区剿匪指挥部于海门成立,对盘踞台州湾内各岛屿和台州沿海的土匪进行清剿。

7月　浙江省第二区渔业管理处改称为浙江省渔业管理处海门办事处,管理临海、黄岩、温岭三县海洋渔业事务,并在石塘设立工作站。

8月　毛贤友在海门举办读书会,吸纳陶萍田、周承训等参加,并编印《读书通讯》,传播进步思想。

9月17日　《农工日报》在海门创刊,至1949年3月停办。

10月　《工商日报》在海门创刊。至1949年3月停办。

12月13日　浙江省政府主席沈鸿烈乘"咸宁号"炮舰抵达海门,巡视水陆治安、水利开发、农业改良、交通运输、城市建设及禁烟禁毒禁赌工作,并在海门召开各界代表人士座谈会,商议海门设市事宜。沈鸿烈称:"要繁荣台属各县,先要繁荣海门;要繁荣海门,先要设市。"

1947年

2月 中共台属工作委员会成立,邵明任书记,许少春任副书记。

4月23日 国民政府中央银行发行万元大钞,物价暴涨。

5月 浙江外海水上警察局伙同海门区署、警察署不法官员,假军粮之名私运大米1200包至上海,被民众举报,国民政府电令浙江省政府严查。

同月 台州复改为浙江省第七行政督察区,辖临海、黄岩、温岭、仙居、天台、三门、宁海、磐安八县。

春夏之交 鱼汛旺发,渔船八千余艘云集至大陈山洋面捕捞作业。

6月 中共椒路工作委员会成立,郏国森任书记,以海门、路桥、温岭为中心开展工作。

秋季 由王相义捐资创办的温岭县凤尾乡相义代用国民小学正式开学,温岭县长梁鸿鸣到场祝贺。校址设在下大陈岛天仰山头,校舍为西式二层楼房结构,共有房舍32间,首届招收学生三百余人。王相义任董事长,聘请卢圣快为校长,蒋介石赠"兴建乡校"红匾一方。

10月21日 浙江省政府主席沈鸿烈再度视察海门,巡视台州中学并发表演讲。

10月 《台州通讯》在临海创刊。不久,社址迁海门。

11月 中共洪家小板桥支部成立。

12月18日 大陈岛和椒北渔民共有一百多对红头船至嵊泗渔场箱子岙洋面作业时遭遇风暴,覆没七十余对,生还者不及半数。

1948 年

1月　米价暴涨。20日,涨到法币2.5万元买米一公斤;到了2月份,法币6万元才买米一公斤;7月12日,海门城区大米每公斤涨至38万元,黄金每两涨至三亿元。

3月　浙江省政府批准成立椒江口建设委员会。

6月　浙江省调整行政区域,台州改为第六区,宁海县划归宁波专区,磐安县划归金华专区。

夏秋之交　数次强台风袭击大陈岛,渔业歉收,灾民成群。凤尾乡乡长陈香玉等联名要求温岭县政府拨粮救助。

8月18日　中共浙东临委书记顾德欢和参谋长张任伟率领的"钢铁"部队进入台州,击退国民党军进攻,在宁海县平溪村与台属武装"铁流"部队会合,成立浙东人民解放军第四支队。

9月　新任浙江省第六区(台州)行政督察专员兼保安司令张宝琛在温岭县长程方等的陪同下,巡视台州湾沿岸,登上大陈岛会见王相义,察看灾民断粮状况。

12月　中共椒路工作委员会改称中共椒南工作委员会,郏国森任记、徐德任副书记,负责海门、路桥、温岭等地党团工作。徐德秘密策动国民党临海县党部书记长潘梦麟、县长汪振国起义。

中华人民共和国

1949年

10月1日　中华人民共和国宣告成立。建立台州专员公署直属海门区,管辖海门、葭沚、三山、山东、涌泉、玉砚、章安、前所八个乡镇。

10月10日　浙江省第六专区改称台州专区。

10月26日　海门各界支前委员会成立,徐德任主任委员,下设船舶、人事、总务、供应、宣慰、运输六个股,动员船工、民工支援部队解放沿海岛屿。

10月下旬　解放军进剿松门,王相义部被击溃,退守大陈岛。

11月上旬　国民党台湾当局升王相义部为"国防部独立第三十六纵队",额定兵员1800人,委任王相义为纵队司令兼"温岭县县长",陈翰为副司令,陈仲秀为高级参议兼"温岭县副县长"。在岛上设立"温岭县警察局"和卫生院等机构。

11月中旬　驻大陈国民党军队及王相义部封锁沿海,伺机骚扰台州沿海乡村,海上交通受阻。

11月19日　从温州开往宁波的"台航8号"客轮,在台州湾江厦附近海面被国民党飞机炸沉,死290人,大部分为解放军二十一军青训班、卫训班学员及支前海员。

11月20日　一股土匪自大陈岛潜入直属海门区葭沚乡,葭沚第一保国民学校四名教师被绑架。

11月下旬　国民党军统特务骨干吕渭祥打着"军事联络组"旗号,率72人从台北抵达大陈岛,组建"0712"部队。一方面派遣特务潜入上海、杭州等地,进行刺探军情和破坏活动;另一方面收容大陆逃亡人员,充实军事力量。

12月上旬　一股土匪共38人从大陈岛潜入海门,准备抢劫麻帽行,为驻海门部队侦知,预先设伏。因行动步骤不统一,过早暴露伏击意图,致使土匪大部分逃走。不久,驻海门部队又破获大陈岛"国防部独立第三十六纵队"潜至海门的特务一股,逮捕11人。

12月12日　王相义部袭击温岭箬横粮库,抢劫粮食,烧毁粮库。

12月　国民党台湾当局改"浙南行署"为"浙江绥靖总司令部浙南指挥所",委任叶苔中为主任,卢伯炎为副主任,指挥所设在下大陈岛招宝寺。

1951年

1月15日至19日　直属海门区第一届各界人民代表会议第一次会议召开,到会代表121人。会议听取程精业区长所作的工作报告,审议通过四项决议,选举产生由19人组成的常务委员会,程精业为主席,滕章茂、王仲光为副主席。

1月　驻海门部队破获大陈岛潜入的"江浙反共突击军第六纵队"派遣组,抓捕16人。

同月　直属海门区人民法院成立。

2月　浙江省公安厅边防保卫局台州专区海防分局在海门成立,管辖临海连盘、黄岩金清、三门健跳、温岭松门四个边防派出所和江厦边防检查站。8月,改称为浙江省公安厅边防保卫局海门分局,并新建海门边防大队和海门、长沙、青珠、浦坝港、南田、石塘等边防派出所。

4月中旬　大陈岛国民党军一股二十余人在三甲裕广堂登陆,甲南乡胜利村民兵队长张普海率民兵与之战斗,击毙其大部,生擒中队长一名,缴获手枪三支、机帆船一艘。

4月27日至29日　直属海门区第一届各界人民代表会议第二次会议召开,到会代表120人。会议审议通过三项决议,选举产生由17人组成的常务委员会,程精业为主席。

4月　解放军一〇四师三一二团接防海门。

5月9日　上海"中利号"货轮驶往海门途中,在白沙山洋面遭两艘国民党军机帆船袭击,参加护航的18名解放军战士沉着应战,击退敌军,350吨货物被抢,船员安全抵达海门港。

5月12日　为了严防驻大陈岛国民党军队的侵扰,中共台州地委、台州军分区决定建立大陈区和松门区,并组建武装工作队。大陈区公所暂设温岭石塘。

6月初　国民党台湾当局在大陈岛成立"江浙人民反共游击总指挥部",划定"辖区"为北起南田、渔山等岛,南至福建沙埕岛的海域,约长174海里,共有包括洞头岛在内的大小岛屿九十余个。蒋介石任命陆军二级上将胡宗南为总指挥,钟松为副总指挥,冯龙为总参议兼代总参谋长,赵才标为秘书长,沈之岳为政治部主任。其主要任务是:"秘密策划向大陆东南沿海发展敌后武力,准备配合国际间局势的演变,由大陈岛发起反攻大陆军事作战。"踌躇满志的胡宗南向国民党"行政院长"陈诚呈送了一份报告,提出了自己的宏图大略,内称:"成立三个野战挺进纵队,施以必要的军事战斗技术,及实施游击所需之技能……深入浙、闽、赣、苏等各省边境,建立游击基地。"

6月10日　反共救国军独立"第三十六纵队"司令王相义率部从大陈岛突袭黄礁岛。

6月至7月　胡宗南派遣钟松、沈之岳到大陈岛,在上大陈岛大岙里设立大陈岛心理作战指挥所、"国防部保密局"大陈工作站。前者主要任务是对江浙沿海地区开展心理作战、社会调查、情报收集工作;后者主要任务是在江浙沿海地区建立特务交通、派遣特务开展破坏活动。几乎与此同时,国民党"中统"在下大陈岛南田设立江浙调查处,国民党"国防部二厅"在下大陈岛南田设立工作组。

7月21日　浙江省公安厅海防处直属海防大队(简称浙边大队)进驻三甲。次年6月,改编为公安十七师某部第二连。

7月　海门渔民在椒江口外作业时,常遭驻守大陈岛的国民党军侵害,仅本月就被劫14艘。

8月15日　获悉驻大陈岛国民党军队近期可能组织大规模登陆的情报后,台州党政军机关联合作出决定,在30里沿海地区实行

戒严。

8月20日　大陈岛遭受强台风袭击。

9月11日　蒋经国送胡宗南（化名秦东昌）赴大陈岛就任,总指挥部初设下大陈岛王相义住宅内,11月迁至上大陈岛大岙里。胡宗南到任后,按照蒋介石"反共复国战争一年准备,两年反攻,三年扫荡,五年成功"的总体要求,部署大陈地区的工作计划:第一阶段自1951年9月至12月,是"纷乱阶段,以建立军政秩序为急务";第二阶段自1952年1月至1953年12月,是"巩固基地时期,以建立大陈地区防务、部队训练、武器装备、地方保甲等为主要事务";第三阶段为1954年以后,是"发展时期",以充实反共救国军兵力,加强大陆情报网,扩大大陆边沿突击与海上游击,组训岛民充实后备力量,发展闽浙边区游击基地等为重点。

同日　国民党"浙江省政府"在大陈岛成立,胡宗南为"浙江省政府主席",方青儒、钟松（化名钟长青）、沈之岳（化名王明）等7人为委员,方青儒为秘书长,钟松兼军事处长、沈之岳兼政治处长,程开椿为经济处长。

9月19日至22日　直属海门区第一届各界人民代表会议第三次会议召开,到会代表121人。会议审议通过四项决议,选举产生由15人组成的常务委员会,程精业为主席。

9月30日　四艘渔船在黄礁岛附近作业时遭遇海匪抢劫,渔民死1人、伤8人,17人被抓走,一艘渔船被烧,一艘渔船被抢走。

11月23日至25日　直属海门区第一次民兵代表大会召开,共有30名正式代表、15名列席代表与会。

11月上旬　驻大陈岛国民党军队先后四次在台州沿海登陆。中旬起,中国人民解放军海军开始在台州湾口护航,保护沿海乡村和渔民海上作业。

5月　国民党“温岭县政府”在大陈岛推行强制教育：凡六岁以上儿童均要入学就读，每村（里）设立初级小学一所，上、下大陈岛各设完全小学一所；原有大陈相义代用中心国民小学扩改为“温岭县立中心国民小学”，后改为勾践小学，委派军统上校特务分子严伯钧为校长，兼负各村校辅导之责。至8月，县立中心小学由原有的6个班级增至11个班级，学生由159人增至470人。新设立之村校，只招收一班，采用单一复式教育，多者四十余人，少者二十余人；各村校附设民众补习班，凡14至40岁之男女，均利用晚上和闲暇时间强迫补习，共18班，790人。

6月6日　国民党“江浙总指挥部政治部”创办《江浙日报》，四开双面，铅字印刷，总编辑吴宗德。《新闻日报》同时停刊，并入《江浙日报》。

6月10日　夜晚，胡宗南组织第一、第三大队一千二百余人，分乘两艘军舰、14艘机帆船，从大陈岛出发突袭黄礁岛。驻岛解放军二十一军六十二师一八六团九连顽强战斗7个小时，确保主阵地屹立不动。11日5时，解放军增援部队到达，迅速组织反击，予敌重创，共俘获上尉教官以下10人，毙伤中队长以下300余人，缴获60炮1门、火箭筒3具、轻重机枪9挺、冲锋枪4支、卡宾枪18支、左轮手枪1支、步行机1台及其他弹药物资。

6月　浙江省公安厅边防保卫局海门分局改称为中国人民解放军公安部队海门派驻部队，管辖松门、健跳、金清、上盘、岙环五个工作点。

7月17日至22日　大陈岛遭受强台风袭击，倒塌房屋九百余间。

7月　国民党“浙江省政府”成立竹屿管理局，专营与大陆地区的贸易。

8月14日　胡宗南部一千余人在多艘军舰的掩护下,袭占了南麂、北麂等岛屿。

8月29日至31日　直属海门区第一届各界人民代表会议第五次会议召开,到会代表109人。会议审议通过林正区长所作的四个报告,选举产生由17人组成的常务委员会,林正为主席。

9月　交通部上海海运局在海门设立办事处,华东地区公安部成立护航团,由公安部队指战员武装随船护航。其时,共有10艘国营货轮、19艘私营货轮航行于海门至上海航线。

同月　解放军海军温台巡防区从象山石浦港移驻海门,下辖温州、台州两个巡逻艇大队和洞头、黄礁、松门、坎门四个观测站。次年6月改为温州水警区,1954年1月移驻温州。台州巡逻艇大队后改称为海军护卫舰第二十六大队,驻守海门。

秋季　海门广泛开展互助合作运动。至10月份,共建立农业互助组48个,渔业互助组10个。

10月23日至25日　中国新民主主义青年团海门区第一次代表大会召开,正式代表73人、列席代表49人出席,选举产生青年团海门区委,林正兼任书记。

10月　国民党"浙江省政府"将大陈及其周围岛屿的管理权进行细分:"温岭县"管辖上、下大陈岛;"临海县"管辖一江山、头门、蒋儿岙诸岛;"玉环县"管辖披山、大鹿岛;"平阳县"管辖南麂列岛;另设"竹屿管理局"和"渔山管理局"。

11月上旬　解放军海军航空兵第一师先后两次对一江山岛和大陈岛军事目标进行轰炸。

11月　椒江北岸老鼠屿从临海县划归海门直属区管辖。

12月　解放军二十军六〇师一八〇团进驻海门。在参加解放一江山岛战役后,该团调离海门。

据1952年年底统计,大陈岛人口情况为:上大陈岛4079人,下大陈岛11259人,竹屿292人,总计15630人。其中,男性8133人,女性7497人;总户数为2823户,平均每户5.5人。

成立,主要任务是搜集解放军海军情报和海上动态。

10月中旬　熊国和接任国民党"温岭县县长",对岛上社团机构开展清理整顿。经清理登记,当时岛上主要社团机构和负责人如下:

"浙江省救济会",会址设在下大陈岛南坑里。

"浙江省农业试验场",场址设在下大陈岛南坑里,刘鹏任场长。

"浙江军友区社",社址设在下大陈岛南坑里,朱剑农任理事长、黄镇钟任总干事。

"大陈训练班",班址设在下大陈岛威武寺,沈之岳任主任。

"浙江妇女分会",会址设在下大陈岛南坑里,黄百器任主任委员。

"温岭县党部",部址设在下大陈岛西咀头,王炎任主任委员。

"温岭县渔会",会址设在下大陈岛南坑里,郑文卿任理事长。

"大陈岛公款公产保管委员会",会址设在下大陈岛温岭"县政府"内,陈仲秀任主任委员。

"温岭县救济会",会址设在下大陈岛"县政府"内,赵继法任主任委员。

"大陈调解会",会址设在下大陈岛温岭"县政府"内,陈仲秀任主任委员。

"温岭县农会",回址设在下大陈岛南坑里,黄木炎任理事长。

"温岭县商会",回址设在下大陈岛小坑,陈寿钧任理事长。

"温岭县挑扛工会",会址设在下大陈岛小坑,周正富任理事长。

"温岭县舢板工会",会址设在下大陈岛小坑,杨长升任理事长。

"温岭县木筏泥石工会",会址设在下大陈岛小坑,吴德富任理事长。

"大陈岛客房联谊会",会址设在下大陈岛港口,唐允任理事长。

"福建旅大陈同乡会",会址设在下大陈岛大沙头,陈培铭任理事长。

"舟山旅大陈同乡会",会址设在下大岛大沙头,江晓梅任理事长。

"黄岩旅大陈同乡会",会址设在下大陈岛大沙头,张春舫任理事长。

"象山旅大陈同乡会",会址设在下大陈岛大沙头,柯芝芳任理事长。

"浙江省立中正中学",校址设在下大陈岛南田,吴宗德任校长。

"大陈妇孺缝纫工厂",厂址设在下大陈岛大沙头,黄百器任厂长。

"大陈军眷托儿所",所址设在下大陈岛大沙头,黄百器任所长。

"温岭税捐稽征所",所址设在下大陈岛港口,蒋松青任主任。

"成功镇村民代表会",会址设在下大陈岛南坑里,章子和任主席。

"克难乡村民代表会",会址设在下大陈岛南田,黄金福任主席。

"复兴乡村民代表会",会址设在上大陈岛大半天,廖洪周任主席。

西方企业公司,司址设在上大陈岛大岙里,总裁为负责人等。

10月　以解放军公安十七师派驻部队为主体,联合直属海门区公安、航运、税务等部门,组建椒江水上公安派出所。次年1月,公安十七师派驻部队撤出,改称为直属海门区公安分局椒江水上派出所。

11月　汪树梧任直属海门区人民政府区长,贾乐堂、季玉芳任副区长。

12月　国民党"温岭县政府"在下大陈岛南坑里设立国民医院,在上大陈岛和竹屿设立卫生所。

据1953年底统计,大陈岛共计2823户、15630人(男性8133人、女性7497人)。其中,上大陈岛4079人,下大陈岛11259人,竹屿292人。

1954年

1月　解放军公安十七师把驻守海门部队改称解放军公安部队驻海门武工队,下辖金清、上盘、松门、健跳等七个分队。

3月　直属海门区人民武装部改为直属海门区兵役局,统一负责征兵工作,首次征集新兵40名。

4月　国民党"大陈渔管处"从台湾购置四艘大型钢质渔轮开展捕捞,分别编为1、2、3、5号。次年2月,驶往台湾。

5月6日　下午,蒋介石在"国防部长"俞大维、"内政部长"黄季陆和"国防部总政治部主任"蒋经国等的陪同下,乘"峨嵋号"兵舰抵达大陈岛,当晚下榻于上大陈岛半天飞"大陈防卫司令部"。

5月7日　上午,蒋介石巡视大陈岛防务;下午,召开军事会议;夜宿下大陈岛渔师庙。蒋介石称:"大陈岛是台湾的北大门,一江山岛是北大门的门闩。保卫台湾,必先强固大陈;要守住大陈,必须确保一江。""一江是大陈的门户,大陈是台湾的屏障,一江不保,大陈难守,台湾垂危。"还叮嘱守岛将领,只有固守大陈,才能将浙东沿海诸岛包括在拟议中的"《美中协防条约》"之内。当天夜晚,刘廉一在渔师庙召开团级以上军官参加的军事决策会议,请俞大维、蒋经国作训示。俞大维说:"一江山是大陈的门户,一江不保,大陈难守,大陈不保,台湾垂危!"蒋经国强调:"一江山是反共复国的大门,我们不仅要守住这扇大门,而且要从这大门里出去反攻大陆!"

同日　直属海门区首届妇女代表大会召开,决定成立海门区民主妇女联合会,选举15名成员组成执行委员会,丁原琴为主席。

5月8日　上午,蒋介石巡视岛上各国民党机关、团体,召见王相义,又向岛上中小学生发布训词,并观赏甲午岩风光;下午,上舰环岛

10月中旬　王生明任一江山岛防守司令。

10月20日　经上级批准,开始筹建海门县。拟划出三门县小雄区,临海县章安区、涂桃区、连盘区,黄岩县三甲区、金清区,作为海门县辖区,加上直属海门区,总计人口365785人。后因大陈岛解放,建县计划撤销。

10月下旬　宋美龄率"战地慰问团"到大陈岛慰问驻岛官兵。

11月1日　解放军空军出动各种飞机112架次、投弹1151枚,对大陈岛、一江山岛进行首次轰炸,国民党驻军死伤六十余人。

11月7日至8日　美国军事顾问团团长、陆军少将蔡斯等抵达大陈岛、一江山岛检查防务。

11月14日　解放军海军鱼雷快艇部队隐蔽设伏,在大陈岛西北海面一举击沉国民党海军主力舰之一的"太平号"护卫驱逐舰。

11月12日　为了配合中国人民解放军解放一江山岛和大陈岛,浙江省政府决定成立"浙江省黄岩支前办事处",由中共浙江省委常委、副省长杨思一直接主管。

11月中旬　蒋介石指派"国防部长"俞大维、"副参谋总长"余伯泉及"美军顾问团副团长"麦克雷登赶赴大陈岛、一江山岛检查防务,并手谕令"大陈防卫司令"刘廉一:"务必加强两岛防守"。

11月20日　直属海门区人民政府成立以汪树梧区长为主任的支前委员会,下设渔民支前大队、担架大队、运输队、救护队、消防队、洗衣队、物资供应组、临时急救站和码头指挥所等机构,共有4130人参加各项工作,为解放一江山岛、大陈岛作好充分准备。

11月26日　中共海门区委、区政府和解放军十六师政治部联合向上级请示,要求将临海县头门、田岙、蒋儿岙三岛划归直属海门区管辖。

11月30日　国民党大陈防卫司令部二处派出区队长王道等十

人潜入甲北翻身村，乡民兵队长卢启芳配合驻军进行围歼，击毙王道等八人，生擒两人，缴获冲锋枪一支、卡宾枪九支、手枪十支。

12月2日　美国政府与台湾蒋介石集团正式签订"共同防御条约"。该条约宣称，美蒋"将采取行动对付共同危险"，并将大陈列岛和福建金门、马祖两岛及广东伶仃、狸猫两岛列入台湾澎湖共同防御体系之内。

12月8日　周恩来总理兼外长代表中华人民共和国政府发表严正声明，指出美蒋"共同防御条约"是非法的、无效的。

12月10日　解放军空军出动飞机轰炸大陈岛海域的国民党军舰。

12月13日　解放军各参战部队在穿鼻半岛和大、小猫山开展协同作战、登陆突破和纵深战斗演练。

12月24日至27日　直属海门区第一届人民代表大会第二次会议召开，传达全国人民代表大会、浙江省人民代表大会精神，听取《政治报告》《政府工作报告》《提案征集和处理报告》等，选举产生了人民陪审员。

据1954年年底统计，大陈岛渔民共有渔轮四艘、舢板渔船333艘，年渔获量约六十万公斤。

1955 年

1月8日　国民党"国防部总政治部主任"蒋经国与国民党"国防部长"俞大维,在大陈防卫司令刘廉一、一江山岛防守司令王生明等陪同下,视察大陈岛、一江山岛防务。

1月10日　解放军空军和海军航空兵出动轰炸机、歼击机共一百三十余架次,分四次轰炸大陈港内的国民党军舰艇和岛上的重要军事设施,击沉"中权号"坦克登陆艇,重创"衡山号"修理舰,击伤"太和号"护卫舰等三艘军舰。是日晚,解放军海军又在大陈岛通往南麂岛的航道上击沉国民党军"洞庭号"军舰。

1月13日　华东军区浙东前线指挥部发布《关于进攻一江山的战斗命令》,要求所有参战部队在1月17日24时前完成战役准备。

参战部队如下:

步兵:以第六十师一七八团全部、一八〇团二营为登陆主攻部队。

炮兵:以82迫击炮四个连(36门)、120迫击炮两个连(8门),57防坦克炮五个连(24门)组成炮兵群;以122榴弹炮36门,76.2野战炮11门,120迫击炮4门和白岩山、头门山三个130岸炮连组成支援炮兵群;以M-13联装火箭炮1个营(12门)在登陆部队展开前和展开时支援;以步兵三十一师、五十八师、五十九师、七十七师四个高炮营(37高炮共40门)和高射炮兵五二六团两个连(76.2野战炮8门)、步兵六十团高射炮营(37高炮12门)组成高射炮兵群。

航空兵:以歼击机空军十二师、三师一个大队、五十八团一个大队、独立第一团一个大队,海军航空兵四师、二师六团、一师四团一个大队(米格-15比斯88架、拉-11飞机28架),掩护地面部队、舰船和

后方之民众,不分男女老幼,自即日起至2月2日止,至各该县政府登记,以便准备交通工具。

1月27日 国民党台湾当局"国防部长"俞大维抵达大陈岛,巡视防务工作,面告刘廉一"大陈撤退"计划。

1月28日 美国国务卿约翰·杜勒斯将大陈岛撤退行动通知英国,让英国驻苏联大使威廉·海特转告苏联外长莫洛托夫。杜勒斯希望由莫洛托夫再将讯息转达给中国政府,让其"在大陈撤退行动开展中不要加以攻击"。

同日 国民党台湾当局保密局局长毛人凤率特勤小组抵达大陈岛,先行处理"通共"嫌疑分子,将岛上所谓"通共"或有思想问题的人员,关押于下大陈东南的洋旗岛(解放军登岛后统计共五十余人,其中包括保密局借机安插的特务分子3名:分别是"国防部第二厅"的吴时孝和王义才、保密局的顾楚庭)。

1月30日 《人民日报》头版发表新华社社论,就英国驻苏大使关于台湾局势通知莫洛托夫外长一事发表意见,指出美国粗暴干涉中国内政是引起紧张局势的真正原因。社论说:"(英国)大使代表他的政府表示希望苏联政府将认为有可能劝告中华人民共和国政府表现自制并且避免可能导向全面敌对行动的任何事件。"社论其余内容仅转述苏联外长莫洛托夫关于联合国提案的批评,全文没有一个字提及中国政府态度。实际上,中国政府以这种方式向美国作出响应:大陈撤退讯息"已收到",我们"不反对"。至此,美国人终于"心里有底"了。

同日 蒋经国在"国防部总政治部"顾问杨帝泽、"美国驻台机构负责人"兰金和美国军事援助顾问团团长蔡斯、副团长麦唐纳等陪同下,乘"蓝天鹅号"水陆两用飞机抵达大陈岛,在下大陈岛渔师庙设立大陈撤退行动指挥部。主持实施弃岛撤离的"金刚计划"。

"金刚计划"在具体实施中又拆分为A、B、C三个部分，要点如下：

（一）美军作业部分称为"金刚计划A"，负责上、下大陈两岛国民党正规武装及配属武器辎重的撤运。

（二）国民党军作业部分称为"金刚计划B"，负责上、下大陈两岛游击队等非正规武装及武器装备和政府、学校等公务机构人员物资及军眷、百姓民众的撤运。

（三）国民党军另外作业部分称为"金刚计划C"，负责披山列岛和渔山列岛所有人员和物资的撤运。

（四）披山、渔山撤运的"金刚计划C"完成后，如美军部分之"金刚计划A"尚未实施完毕，则国民党军协助"金刚计划A"执行。

（五）大陈地区空中警戒由美国海军第七舰队航空兵负责，美国海军投入四艘航空母舰，四百余架航舰战机（实际投入五艘攻击型航母、一艘反潜型航母，航母载机五百余架）。

（六）台湾至大陈的海上走廊，以北纬27度线为界（基隆向北100海里）：以南空域由国民党军空军负责空中掩护，以北至大陈的海上走廊由美国远东空军负责空中掩护。

（七）海上警戒任务分工：国民党军海军负责披山岛和渔山岛海域，大陈岛海域则由美国海军负责。

（八）参与"金刚计划"行动的所有国民党海军舰艇，归美国海军第七舰队统一指挥。

（九）为防止计划实施时中共海军可能进行的夜袭干扰，国民党海军与美国海军舰艇夜间均一律出港开至大陈以东外海"待命区"停泊，天明后再回港作业。

（十）将1955年2月8日定为国民党军"D日"（美军"D日"为2月7日），即行动开始时间；全部"金刚计划"之A、B、C三部分预计在12天内完成。

　　"金刚计划"还对国民党海空军和美国海空军投入的具体舰艇和作战飞机、海上编组方式、海空火力掩护负责区域、两军之间的紧急通讯联络方式、电台频率和呼号等细节，做了详尽周到的安排，并译成中英文版本。

　　2月1日　国民党"浙江省大陈地区行政督察专员公署"专员沈之岳正式向全岛军民宣布"大陈撤退"消息。

　　2月2日　毛泽东主席向解放军浙东前线部队下达指令："在蒋军撤退时，无论有无美舰，均不向港口及靠近港口一带射击，让敌人安全撤走，不要贪这点小便宜。"从此日起，解放军空军停止对大陈岛轰炸，也未再拦截大陈空域的国民党飞机。

　　同日　大陈岛首批军眷及学生(22日由大陈岛撤至南麂岛)，由南麂岛先期撤退到台湾。同时，大陈岛上开始逐屋逐户进行登记编组。

　　2月3日　国民党台湾当局"国防部长"俞大维、"总统府参军长"孙立人、前陕西省主席祝绍周、"海军总司令"梁序昭、"海军副总司令"黎玉玺、"空军作战署署长"罗英德、"国防部第四厅厅长"王多年、"国防部作战厅副厅长"蒋纬国等抵达大陈岛，协助蒋经国指挥撤离，并在全岛组织撤离登舰的预行演习。《中央日报》刘毅夫、郭琴舫，中央通讯社胡黎明、秦炳炎，中国广播公司王大空，军事新闻通讯社黄影帆、吴益寿，《香港时报》黄仰山，《中华报》周萍，美国广播公司魏景蒙、张广基，哥伦比亚广播公司秦凯等新闻记者随同到达大陈岛。

　　2月4日　美国海军战机飞临大陈空域，与承担海上警戒掩护任务的美军舰队组织海空联合演习。

　　2月5日　美国政府发表声明，称"应中华民国政府之要求，业已下令第七舰队及其他美国部队"，协助"中华民国将原驻台澎以北200英里的一个小群岛的军队调往他处，并撤退那些希望离开的平民"。

　　同日　大陈岛居民进行撤退演练。竹屿居民于是日全部迁至下

1955年

2月13日　公安十六师四十八团登上上大陈岛,四十七团登上下大陈岛,中共大陈区工作委员会和大陈区人民政府工作人员随军赴岛接管。当日,指战员解救出奄奄一息的孔江波老人和囚禁在附近小岛上的五十多名群众。

2月16日　海门举行万人大会,庆祝大陈岛胜利解放。

2月21日　解放军登岛后,调集工兵开展排雷。仅2月13日至本日,就排除地雷7497枚。

2月下旬至3月上旬　直属海门区政府发动30505人参加"反对使用原子弹武器"签名活动,占全区总人口的91.07%。

3月3日至22日　中国红十字会派出调查团登上大陈岛,开始全方位的调查取证。

3月中旬　经直属海门区政府动员,何朝才等八户渔民首先从葭沚自愿迁居大陈岛。至是年年底,共有53户居民从海门、温岭、黄岩等地上岛落户。

4月7日　中国红十字会会长李德全签发《中国红十字会关于蒋军在美国指使和掩护下撤出大陈等岛时所犯下的罪行的调查报告书》(以下简称《报告书》),向全世界公布。

《报告书》称,解放军上岛时解救被囚禁在洋旗岛和屏风山上的居民共58人,他们是:(1)被国民党军无辜囚禁在洋旗岛的大陈居民王守鉴、林子清、王其昌、王香花、颜楚庭、林明瑶、陈三妹、谢宝贤、吴时孝、王萝正、郑吴氏、郑楷梅、叶坚林、王义才、苏炳麟、洪琛、陈正谊等19人(内有一岁多的小孩一名)。(2)在一江山岛战斗中被解放军俘虏,释放回去后被国民党军分别囚禁在洋旗岛和屏风山的原国民党军士兵陈志一、诸葛华、赵胜、胡阿英、王志平、曾庭鹏、朱国光等21人。(3)被国民党军武力劫去囚禁在洋旗岛的浙江沿海渔民方贤岳、陈其和、陈秋才、陈其文、刘福根等16人。(4)大陈岛上留下两个居民:一个是病势垂危的老人孔江波,另一个是神经完全失常的疯子罗小番。

4月18日　根据中共浙江省委指示精神,中共温州地委决定撤销县级大陈区政府和中共大陈区工委,建立区级大陈办事处和中共海门区大陈工委,卢育生任副书记(主持工作),任恒秀、王以宽、巩洪文、李长福、戴合成、韩守荣、徐文彩任委员;李长福任办事处第一副主任,卜广舜任副主任。

4月26日　大陈边防派出所成立。

4月底　中共海门区委领导班子调整,吕众义任书记,汪树梧、刘维宗、许继良、安郁林任副书记,刘世宁、孙世勤、季玉芳、卢育生、张曰连、黄道熙等任委员。

4月　海门至大陈航线开通,初由木质"新章安号"隔日航行,次年2月投运木质"中浙6号",并改为每日一班。

5月　大陈边防派出所会同驻岛部队、大陈区工委组成共有18人组成的港口检查站,办理船舶登记、加强船舶户籍检查。据统计,刚解放的大陈岛,春汛期就有沿海各地作业渔船1900余艘,渔民达9900多人。

6月中旬　中央新闻纪录电影制片厂拍摄完成国民党洗劫大陈岛的纪录片——《解放大陈岛》。

6月　大陈岛共查缴民众捡拾来的国民党军遗弃的各种子弹4060发。

7月15日　南京军区发出司组字26号命令,将公安十六师、十七师调归浙江省军区建制,公安十六师师部及四十七团、四十八团改编为大陈守备师。

7月28日至8月1日　直属海门区区长汪树梧率各界群众代表22人,赴大陈岛慰问驻岛解放军指战员,送去了慰问品,演出了越剧、歌剧、台州乱弹等文艺节目。

7月31日　毛泽东主席在中共中央召开的各省(市、自治区)党委书记会议上作《关于农业合作化问题》的报告,提出国家应当有计划地开垦荒地。要求"在有条件的地方,应当组织移民和鼓励合作社组织分社或者派出生产队,进行垦荒"。此后,军垦官兵、垦荒队员、支边青年纷纷向垦荒地集结,掀起了一波又一波的垦荒运动。

8月　徐文彩任大陈办事处第二副主任;青年团海门区委书记许式盛兼任大陈办事处副主任。

9月　李文俊任大陈工委副书记(主持工作)。

10月20日至25日　中共海门区第一次代表大会召开,正式代表56人、候补代表5人、列席代表45人与会。选举吕众义为书记,汪树梧为副书记,季玉芳、牟善尧为常务委员,刘世宁、张曰连、张茂桐等为委员;选举安郁林为纪律检查委员会书记,汪树梧兼任监察委员会书记。任命张曰连为组织科科长,卢育生为宣传科科长,黄道熙为统战科科长,王兆年为财政贸易科科长,张茂桐为工业手工业科科长,牟善尧为渔业生产互助合作科科长,赵玉鹤为农业生产互助合作科负责人。

10月28日　第一次"全国社会主义建设积极分子代表大会"在北京召开,解放一江山岛战斗英雄王必和参加大会,受到毛泽东、刘少奇、周恩来、朱德、宋庆龄、陈云等党和国家领导人接见。

11月26日　中国新民主主义青年团中央委员会书记胡耀邦到浙江各地检查指导青年团工作后,在杭州召开浙江省青年团干部座谈。青年团海门区委书记兼大陈办事处副主任许式盛在会上汇报了下大陈岛召开,八百多人参加大会。李长福代表中共大陈工委、大陈办事处介绍大陈岛解放一年来的变化,老渔民代表王守鉴、居民代表王香花和驻岛解放军代表、青年志愿垦荒队代表发言,表示要在各个不同的岗位上努力工作,把大陈岛建设得更加美好!

2月27日　青年团温州市委书记叶洪生到大陈岛调研青年志愿垦荒队学习、生产、生活情况,并于3月6日向团中央、团省委、中共温州地委和温州市委递交了书面报告。

3月9日　中共浙江省委决定撤销温州专署直属海门区,改建为温州专署黄岩县海门区,管辖海门、葭沚、大陈三乡镇。

3月中旬　许式盛任大陈办事处负责人。

3月24日　汪树梧任中共海门区委书记,季玉芳任海门区区长。

3月下旬　续建并完成下大陈岛玻璃坑水库工程,大坝坝体高15.95米,库容量为2.12万立方米。

4月5日　解放一江山岛战斗纪念塔及烈士陵园在海门枫山落成。

5月上中旬　大陈岛青年志愿垦荒队选派池德杰、施宝田、黄洁云到温州市开展家访,向队员家庭介绍垦荒队员工作、学习、生活情况。

5月　临海县头门、田岙、蒋儿岙三岛划归海门区管辖。次年8月,仍划归临海县管辖。

6月中旬　中共温州地委书记处书记、中共温州市委书记李铁峰到大陈岛调研,看望、慰问垦荒队员。

7月　中央新闻纪录电影制片厂上岛拍摄新闻纪录片《大陈岛新生》。11月和12月,摄制组又两次上岛拍摄。

8月1日　五十年未遇的强台风在三门湾登陆,袭击大陈岛,风速达每秒63米,树倒菜拔、房毁畜散,岛上军民和垦荒队员的劳动成果几遭灭顶之灾。

8月25日　《人民日报》以《大陈岛上的新生活》为题,在报纸显要位置刊登介绍大陈岛青年志愿垦荒队员上岛半年多来积极开发大陈岛及大陈岛发展前景的文章。

9月　国家号召具有高小毕业以上文化程度的青少年继续升学，共有60多位青年志愿垦荒队员离开大陈岛，回温州原籍报考。考试结束后，只有2名队员返回大陈岛，大部分未考上的队员也陆续进入当地工厂、商店和机关单位工作。

10月7日　温州市学生文工团到大陈岛开展慰问演出。

10月22日　区级大陈办事处撤销，成立乡级中共大陈镇委和大陈镇人民委员会，李文俊任书记。

11月1日　大陈岛青年志愿垦荒队副队长王宗楣出席青年团浙江省第二次代表大会，并在会上作《我们爱上了大陈岛》的发言。

11月中旬　经浙江军区司令员林维先批准，台州军分区将驻扎在海门的军分区船艇大队一对18吨级机帆船赠送给大陈岛青年志愿垦荒队，用于发展渔业生产。

11月16日　黄岩县大陈镇第一届人民代表大会第一次会议召开，选举许式盛为镇长，金吕能、管雪红为副镇长。会议发出《给在台湾的大陈同胞的一封信》。

11月　解放军公安十七师驻海门武工队与公安十七师四十三团合并为边防十五团。

1956年　驻岛部队共在岛上植树56720棵；绿化面积45公顷，被解放军总政治部命名为"绿化造林先进单位"。

是年　大陈岛青年志愿垦荒队共收获马铃薯两万公斤、麦子六千公斤、萝卜两万五千公斤、番薯五万公斤、蔬菜两万五千公斤，捕获墨鱼1.2万公斤、其他鱼类3.5万公斤。

是年　福建渔民把敲罟围捕大黄鱼的作业方法传入大陈岛，在接下来的几年里，大陈渔场黄鱼资源遭受严重摧残。

1957年

1月12日　浙江军区遵照上年12月10日南京军区发布的命令，将驻守大陈岛的公安十六师改编为守备十六旅，四十八团改称为大陈守备团。

1月　东海舰队航保处在下大陈岛望夫礁山顶建成大陈气象站。1982年9月撤销。

同月　黄岩县盐业供应站大陈经营组成立，并在上大陈岛大岙里和黄泥坑建立盐场。

2月　青年团温州地委把原永嘉县四海山林场的14名工作人员送到大陈岛，加入青年志愿垦荒队。

4月上旬　大陈岛青年志愿垦荒队养兔场场长缪茜茜成为《中国妇女》杂志1957年第四期封面人物。

5月1日　大陈岛青年志愿垦荒队在上大陈岛黄泥坑设立养牛场，16名队员担负起饲养一百五十多头牛的任务。

5月6日　东海舰队在大陈岛洋面扣留非法进入中国领海的日本渔船六艘。

5月上旬　大陈岛青年志愿垦荒队队长卢育生调任中共路桥镇委书记，垦荒队由王宗楣任队长，郭寿江任副队长。

5月15日至28日　大陈岛青年志愿垦荒队队长王宗楣参加中国共产主义青年团第三次全国代表大会，并在会上作《我们生活在伟大祖国的大陈岛》经验介绍。会议期间，胡耀邦同志两次接见王宗楣和温州团地委书记郑朝梓，将一架他在战争年代用过的望远镜和一叠画报赠送给大陈岛青年志愿垦荒队，并给垦荒队员写信，希望大家"克服困难，不要退缩，继续奋斗"，并要求大家"无论如何要

5月　大陈火力发电厂在下大陈岛南田建成,装机容量为1586千瓦,每天晚上发电五六个小时。

7月21日　中共浙江省委、省人民政府批准原黄岩县海门区改为台州专署直属区。后因成立人民公社,直属区未予恢复。

同月　大陈岛青年志愿垦荒队队长王宗楣率温州团市委下派到垦荒队锻炼的金志清和垦荒队员李京州、邵福生、章碎金、黄松寿等,赴大连学习海带育苗和养殖技术。

9月上旬　黄庆焕等七名大陈岛青年志愿垦荒队员,在驾驶小舢板养殖海带时,突遇8级以上大风,在海上漂泊三天三夜后获救。

同月　大陈岛友谊俱乐部正式落成。

秋季　在驻岛部队的大力支持下,大陈镇政府建成下大陈岛南磊坑水库,库容量为7.9万立方米。

10月上旬　大陈岛青年志愿垦荒队从工资制改为评工计分制,农业分队队员月平均收入20元,畜牧分队队员月平均收入18元;渔业分队队员仍实行工资制,月平均工资22元。

同月　大陈岛青年志愿垦荒队自筹资金一万五千元,打造了一对机帆船,命名为"勇敢号"。这对无属地、无编号的机帆船,根据鱼汛勇闯吕泗洋、嵊山洋、猫头洋、大陈洋、洞头洋,名扬江浙闽沿海。

11月1日　黄岩县海门区、洪家区合并为海门人民公社,书记吕众义,主任汪树梧,管辖海门、葭沚、大陈、洪家、东山、西山、界牌、渔业八个大队(管理区)。中共大陈镇委和大陈镇人民委员会改称为海门人民公社大陈大队(管理区)和大队党总支,李文俊任书记,许式盛任大队长,金吕能任副大队长。

11月　100万株海带苗自大连运送至大陈岛,青年志愿垦荒队组织180名队员进行养殖,共养殖67亩,收获20吨。

同月　大陈岛青年志愿垦荒队渔业分队轮机长叶荣华参加在北

京召开的第二次全国青年社会主义建设积极分子代表大会，受到毛泽东、刘少奇、周恩来、朱德等党和国家领导人的接见。共青团中央授予大陈岛青年志愿垦荒队"光荣集体"称号。

12月22日　经国务院批准，再次撤销台州专署建制，原辖各县分别划归宁波、温州专署。

1958年　来自温州洞头、乐清，台州温岭、黄岩、海门和宁波象山等地175户渔农民分三批落户大陈岛。

是年　大陈镇政府在驻岛部队的帮助下，对下大陈岛大沙头港湾海滩实施改造。

1959年

1月　大陈岛青年志愿垦荒队决定在周边卫星岛竹屿、洋歧建立畜牧场,开展猪、羊、兔养殖。

2月7日　浙江省军区奉南京军区转国防部电令,台州军分区改编为守备十六师,驻大陈岛守备八十一团旧其建制。

4月　大陈岛青年志愿垦荒队员金育育出席浙江省第二次青年社会主义建设积极分子代表大会,并在主席台就座。

6月　大陈岛青年志愿垦荒队从山东引入海带苗试养成功,开海带在长江以南养殖之先河。但由于投入人力物力过多,第一拨海带养殖总体亏损。垦荒队收割海带后在下大陈岛南田村垦荒队队部举行总结大会,决定:改秋苗养殖为夏苗养殖,使海带生长期提前一个月;海带养殖队人员从180人减至18人。

7月　温州地区教育局把反映大陈岛青年志愿垦荒队业绩和队员金育育事迹的《海上姑娘》一文编入"小学五年一贯制"《语文》课本第十册。

8月上旬　中共温州地委组织五十多人登上大陈岛,慰问青年志愿垦荒队员和驻岛解放军指战员。

8月　从海门公社划出洪家、东山、西山、界牌大队,从路桥公社划出兆桥、长浦大队,建立洪家人民公社,孙世祥任书记,赵玉鹤任主任。大陈恢复为乡级的中共大陈镇委和大陈镇人民委员会,李文俊任书记,许式盛、苏阿福任副书记,许式盛任镇长,金吕能、李宗富、何华友任副镇长。

9月　大陈岛民兵统一编入部队战斗序列:基干民兵与部队混合编组,作为第一线;普通民兵与部队挂钩,作为第二线。

1961年

1月上旬　成立区级大陈岛人民公社管理委员会和大陈岛人民公社党委,并增设黄岩县人民委员会大陈办事处和中共黄岩县大陈工作委员会。公社党委和大陈工委第一书记先后由驻军首长单勇、韩吉禄兼任,李文俊、许式盛、苏阿福、王宗楣任副书记,黄斌(驻军)、何华友、李宗富、金吕能、何满庆、杜永信任委员;公社管委会和大陈办事处主任戴合成未到任,何华友、李宗富、金吕能任副主任。

1月25日　中共温州地委书记处书记、温州市委书记李铁峰在《浙南大众报》上发表题为《建设社会主义、共产主义的大陈岛——为纪念大陈岛青年志愿垦荒队而作》的文章,全面总结和充分肯定青年志愿垦荒队在大陈岛垦荒开发4年半的艰苦创业精神和所取得的成就,并对原大陈岛青年志愿垦荒队员在人民公社建设中取得新成绩寄予厚望。

1月　大陈岛共发生群众踩踏触发地雷爆炸事故17起,炸死1人,重伤17人,轻伤5人。

2月8日　《中国青年报》发表题为《战斗在大陈岛上》的长篇通讯,全面介绍大陈岛青年志愿垦荒队员自力更生、艰苦创业的事迹。

5月　黄岩县罐头厂大陈分厂建立,主要生产黄鱼、墨鱼等海产品罐头。一年后因岛上电力紧缺而停办。

6月　撤销海门人民公社,恢复海门区,辖海门、葭沚、栅浦、椒渔四个公社。

7月8日　以解放军头门守备营为基础,扩建成立守备八十三团驻防海门,代号6407部队(后改称83256部队)。1969年12月,改称南京军区守备二十四团。

8月23日　大陈海洋站测得大陈海域表层温度30.8℃,为历史最高纪录。

8月　原大陈岛青年志愿垦荒队员顾子莲出席中共浙江省第五次代表大会。

9月　原大陈岛青年志愿垦荒队员金荣光、李京州等四人驾驶小船运送生活用品前往竹屿,返回途中突遇风浪,在海上漂流两天一夜后,登上下屿燃火求救,大陈镇政府用机帆船接回。

10月3日至5日　1961年第26号强台风在临海登陆,大陈岛遭到袭击,死亡3人、伤25人、沉船7艘、损坏船只41艘、毁房6094间,直接经济损失103.4万元。上大陈岛大岙里和黄泥坑盐场几遭毁灭,遂于次年正式废止。

11月　浙江幻灯片制作厂委派画家钱贵苏到大陈岛体验生活,用一个多月时间绘制了《大陈岛青年志愿垦荒队》幻灯片,在全省各地放映。

12月　大陈岛人民公社管理委员会和黄岩县水产局在卫星渔业大队进行试点,以前三年平均捕获量为基数,确定1962年指标为20500担。

1962年

1月5日　下大陈岛集镇区发生火灾,烧毁房屋153间,受灾居民55户、173人,损失粮食六百多公斤。

1月25日　大陈海洋站测得大陈海域表层最低温度5℃,为历史最低纪录。

2月7日　海门江面出现海市蜃楼,形似一个大城堡。

4月4日　浙江省人民委员会发布《关于禁止用机轮在机轮禁渔区生产和禁止敲罟作业的紧急通知》,要求沿海各地坚决执行。

4月12日　经中共中央批准,恢复台州专区建制。

5月3日　年仅24岁的大陈水产公司职工、原大陈岛青年志愿垦荒队员陈显坤为抢救落入磷肥坑的黄岩县镇东公社王西大队群众而光荣牺牲,大陈清卫所负责人王小玉同时牺牲。1984年9月,浙江省人民政府正式追认陈显坤、王小玉为革命烈士。

6月9日　中共台州地委召开战备工作会议,中共大陈镇委、镇政府联合驻岛部队部署做好准备工作。

6月14日　大陈水产公司遭到雷击,玻璃全部震碎,电线杆击断,一位职工被击出30米外。

8月　大陈岛人民公社撤销,中共大陈镇委和大陈镇人民委员会成立,书记由驻军首长单勇担任,李文俊、许式盛、苏阿福、王宗楣任副书记,孙志刚(驻军)、何华友、李宗富、何满庆、金吕能、杜永信、迟镇熙、姜渭潘任委员;许式盛任镇长,何华友、李宗富任副镇长。

9月　台州专员公署下令,制止对鱼群进行兜捕的敲梆作业。

10月14日　强台风袭击大陈岛。

10月　李文俊任中共大陈镇委书记。

161

1965年

1月 为纪念大陈岛解放十周年,中共黄岩县委宣传部和驻岛6405部队政治处联合编写的《大陈岛新生》出版。该书记述在重建大陈、保卫大陈中涌现出来的英雄模范,主要有陈显坤、李光旦、张寿春、陈兰芬等人的事迹。

2月 大陈镇跃进大队民兵连副连长罗仙美家庭民兵班在浙江省民兵比武大会上获得步枪射击一等奖。

4月下旬 根据上级指示,对居住在大陈岛上的"四类分子"(地主、富农、反革命分子、坏分子)和治安危险分子共13人及其家属,迁送回原籍。

6月 下大陈岛南磊坑实施大坝加高工程,坝高由原来的9米增高到13米,同年10月完工,库容量增至十万立方米。

7月1日 章安至海门渡轮遇风翻沉,死三人。

8月 大陈镇组织渔民开展培训,参加浙江省渔业机帆船老大、船员考试。

10月 复称大陈镇人民委员会和中共大陈镇委。镇委书记由驻军首长胡刚担任,李文俊、戴合成、王宗楣任副书记,何华友、李宗富、何满庆、金吕能、杜永信、迟镇熙、姜渭潘任委员;许式盛任镇长,何华友、李宗富、迟镇熙任副镇长。

1966年

1月7日　驻军首长孙志刚兼任大陈公社(镇)党委书记。

2月17日　大陈镇选举委员会成立,许式盛任主席,迟镇熙、陈招芬、李光旦、李卫萍、陈梅儿、戴合成、何华友、李宗富任委员。4月至5月,开展人民代表选举工作,共登记选民1965人(参选1806人),选举产生镇人民代表46名(其中妇女代表13名)。

2月19日　黄岩县下达1966年各地渔业生产指标,要求大陈镇完成总产量五万担。

7月21日　大陈渔民在沙滩发现利用气球空飘的塑料袋一个,内有台湾当局以"台湾大陆同胞救济总会"名义印刷的"心战"传单和毛巾、饼干等物品。

7月29日　谢海松任大陈镇信用社主任。

8月　大街小巷开始涂写红色标语,岛上五金店红漆脱销。

9月　大陈初级中学停止招收新生,学校停课,学生开始"破四旧"(破除旧思想、旧文化、旧习俗、旧习惯)运动,岛上寺庙佛像、神龛等均遭捣毁。

受"文化大革命"影响,从1966年冬汛开始,沿海各地渔民拥入大陈渔场,围捕敲罟大黄鱼作业又一次死灰复燃,1967年至1968年达到顶峰。各级政府虽然屡次发布禁令,海军舰艇也奉命出海拦阻,均收效甚微。该作业方法一直延续至1975年才完全停止,近海大黄鱼资源至此宣告彻底枯竭。

1967年

4月9日　台州地区"革命委员会"成立,宣布:"台州地区党政财文一切权力归'革命委员会'。"

4月12日　台州军分区等部门发布通知,规定大黄鱼最高收购价格每百斤不得超过人民币12元。

5月　根据台州地区"革命委员会"批示,大陈镇第一次建立"革命委员会",不久解散,日常工作由驻军主持。镇委书记由驻军首长孙志刚担任,李文俊、戴合成、王宗楣任副书记;主任由驻军代表鲍子文兼任,戴合成任第一副主任,群众代表尤明松任副主任。

夏秋之交　大陈岛旱情严重,累计干旱时间长达135天,岛上水库基本干涸见底。

9月8日　"海门无产阶级革命造反派联合司令部"(海联司)和"海门地区无产阶级革命造反派总司令部"(海总司)在海门中山路游行时发生对峙,双方静坐示威逾三天,各有支持者加入,遂成两大派别。驻军支左办公室发表声明,宣布支持"海联司"。

12月　海门"海联司"和"海总司"多次进行武斗、巷战,甚至发生抢劫部队军用仓库事件。

1970年

1月16日 大陈岛受强寒潮的影响,气温降至零下5.7℃,创有气象记载以来的最低气温。

1月18日 海门举行解放一江山岛战斗胜利15周年纪念活动。

1月20日 王美玲、陈连妹任大陈镇"革命委员会"委员。

春季 开展"一打三反"(打击现行反革命、反贪污盗窃、反投机倒把、反铺张浪费)运动。

3月11日 《浙江日报》以《东海前哨七姐妹》为题,报道大陈岛女民兵炮班的先进事迹。

4月 黄岩县"革命委员会"宣传队进驻大陈岛。

5月13日 建立大陈镇党的核心小组,组长由驻军首长方稽顺担任,戴合成任副组长,李恒(驻军)、姜渭潘、李文俊为成员;戴合成任大陈镇"革命委员会"第一副主任,李文俊、许式盛任常委。

8月25日至9月24日 浙江省军区和驻浙部队在大陈岛和附近海域开展为期一个月的反登陆军事演练活动。

9月 大陈渔业机械修配厂成立,主要生产渔用机械配件。

10月 大陈育苗厂人工试育紫菜苗获得成功,后在台州沿海渔村推广。

12月 恢复大陈派出所。

1970年 大陈岛海带养殖面积1025亩,年产量410吨。

1971年

4月14日　大陈镇党的核心小组撤销。中共大陈镇委书记由驻军首长方稽顺担任,李文俊任第一副书记,李恒(驻军)、梁景标(驻军)、王宗楣、许式盛为副书记,王明德、谷亨昌、胡冷定、姜洪福、谢明周、金敬凤、杨菊兰、姜渭潘、宋从华、何华友、汪洋连、陈英芳、吕水英、华贤恒为委员;主任由方稽顺兼任,李文俊任第一副主任,李恒、陈钦寿、梁景标、王宗楣、许式盛、何华友任副主任。

5月　大陈初级中学改称为大陈中学,招收高中学生30名。

9月　大陈中学成立"革命委员会"。

10月　海门卫城南段城墙拆除,扩建为海门中学操场。

1971年　驻岛部队从玉环县大鹿岛引进木麻黄树苗种植,后经过数年繁衍,成为绿化大陈岛的主要树种。

1972年

5月31日　上大陈岛码头坑道开挖,两名工人在放炮时,因导火线潮湿造成引燃缓慢,放炮工人误认为是哑炮,进去检查时突然爆炸,一人被炸死,一人受重伤。

8月17日　大陈海洋站测得大陈海域最大波高14.4米,为历史最高纪录值。

9月　温岭县水产局从山东引进对虾养殖试验成功,大陈镇组织人员前往学习取经,并开展试养。

1972年　共有25万尾亲体对虾首次在大陈岛望夫礁海域自然越冬获得成功。

11月28日　根据台州地区"革命委员会"通知精神,大陈派出所改称为大陈边防派出所。

12月8日　撤销海门水上派出所。

1975年　大陈渔港被列入国家重点建设项目,国家共投资260万元兴建沿港公路、隧道、供水码头、翻水站等一系列渔港配套设施。

是年　大陈岛海带养殖产量602吨,为历年最高产值。

1976年

1月10日　大陈岛军民举行集会,沉痛悼念周恩来总理逝世。

2月19日　黄岩县"革命委员会"通报表彰大陈镇卫星远洋队。自年初至2月15日,该队总渔获量21639担,五对机帆船对对超过3000担;最高的顾子连单位达到6063担,超额完成全年6000担的任务。

春季　大陈育苗厂从山东引进紫贻贝孵化育苗技术,因遭遇幼苗度夏瓶颈而告失败。

4月　台州渔场指挥部大陈办事处成立。至1984年撤销。

6月10日　大陈海洋站测得大陈海域海水盐度值20.39%,为历史最低值纪录。

7月6日　大陈岛军民以各种形式悼念朱德委员长逝世。

9月9日　毛泽东同志逝世,停止一切娱乐活动,岛上机关、部队、学校等一律下半旗志哀。根据上级命令,驻岛部队、民兵进入一级战备状态。

10月上旬　奚锦春任大陈中学"革委会"主任,尤明松任副主任。

10月下旬至12月底　大陈岛军民开展声势浩大的揭批查"四人帮"及其爪牙运动。

11月　浙江省水产局在上大陈岛大岙里投资兴建可靠泊300吨级船舶的码头三座(其中供水码头一座)。

1976年　大陈渔场马面鲀旺发,仅大陈渔民就捕获1437吨,占当年海洋渔业总产值的42%。

1977年

1月　驻大陈岛部队和岛上基干民兵开展"学习硬骨头六连"活动。

2月15日　何华友任中共大陈镇委副书记。

3月　公安部党组成员、边防保卫总局局长慕丰韵到大陈岛检查边防保卫工作,要求做好"五反"(反武装袭扰、反内潜外逃、反心战策反、反情报渗透、反走私贩毒)斗争。

9月26日　大陈岛遭受强雷暴袭击,日降雨量达271.7毫米,为历史最高值。

10月21日　大陈镇贫下中农协会成立,华贤恒任主任,顾子莲、徐莲素任副主任。

10月　为解决冬汛期间福建、浙江、上海、江苏等地五万余渔民用水问题,在上大陈岛动工兴建黄泥坑水库,次年下半年完工。坝长125米、宽6米,坝体高25.5米。总库容量达13万立方米。

10月26日　华贤恒任中共大陈镇委副书记;沈传培、胡启明任大陈镇"革命委员会"副主任。

11月24日　梁世忠任大陈邮电支局局长。

1980 年

1月上旬　台州行署、台州军分区联合发出《关于做好海防侦查协同工作的通知》，根据通知要求，在大陈和海门成立两个侦查协同片。大陈侦查协同片由驻岛守备二十五团会同大陈镇"革命委员会"、渔业指挥部、大陈海军观通站、雷达站、边防派出所、台湾渔民接待站等单位组织协同。

2月　大陈镇"革命委员会"改为大陈镇人民政府。何华友任大陈镇人民政府镇长，蔡钦方、胡启明、陈志根、黄金生任副镇长。

3月19日　奚锦春任大陈修船厂厂长，梁对荷任副厂长。

4月1日　施宝田任大陈食品加工厂厂长，李盛益、周寿智任副厂长。

6月4日　台州渔政站发布公告，规定每年5月16日至7月15日为定置张网禁渔期。

6月15日　上大陈岛大半天村1013号机帆船运载渔业用盐、水泥、旅客等由下大陈岛返航途中，因搭客和捎带货物过多，在缸爿屿附近倾覆，导致28人死亡。

7月7日　经浙江省人民政府批准，以原海门区为基础，划黄岩县大陈镇、山东公社和临海县的前所公社，组建海门特区，成立海门特区人民政府。

7月　胡启明任中共大陈镇委副书记。

8月　设立上大陈岛边防工作点。

9月　大陈岛渔民试钓石斑鱼并以网箱养殖获得成功，当年起出口香港，为台州开发石斑鱼资源最早的乡镇。

10月1日　海门至黄岩公路通车。

10月　为了控制海洋捕捞强度,开始实行渔业许可证制度。

11月上旬　大陈渔港监督站成立。

11月　中共海门特区委员会和特区人民政府正式成立。吕金浩任中共海门区委书记,汪树梧、杨华明、何华友任副书记,潘法元、徐新福任委员;汪树梧任海门特区人民政府代区长,潘法元、徐新福、潘兆镛任代副区长。

12月10日　蔡钦方、金永法任中共大陈镇委副书记。

12月　国务院批准大陈岛为出口鲜活海产品长期性外轮交货点。

1980年　按照相关政策规定,大陈岛所有民办教师转为公办教师。

1981年

1月30日　经上级批准,大陈镇卫星大队划分为两个大队:卫星大队和近洋大队。

3月1日　《浙江日报》在第二版显著位置刊登题为《他们没有虚度年华——访大陈岛上的老垦荒队员》的长篇通讯,把大陈岛原青年志愿垦荒队的历史功绩和原志愿垦荒队员们创业新貌展现在广大读者眼前。

3月12日　胡启明任中共大陈镇委书记,华贤恒、蔡钦方、金永法任副书记,蔡钦方任大陈镇人民政府代镇长。

3月24日　陈小法任大陈百货商店党支部书记、经理;张景泰任大陈糖烟酒菜商店党支部副书记、经理。

3月29日　大陈镇卫星大队管理委员会成立,陶强法任大队长,顾子莲、曾国余任副大队长,蔡纪才、陈美儿、孙尚友、项兆兴、郑菊花任委员。

4月13日　解放一江山岛烈士纪念塔被列为浙江省重点文物保护单位。

4月29日　大陈镇近洋大队管理委员会成立,王小春任大队长,项加根、陈志福任副大队长,陈仁元、程襄敏、贺德法、叶夏梅任委员。

6月19日　郭文建任大陈镇人民政府代副镇长。

6月　海门特区青少年业余体育运动学校大陈帆船帆板基地建立。

7月21日　经国务院批准,撤销海门特区,成立椒江市,管辖范围不变。

8月1日　驻岛守备第二十五团与中共大陈镇委、镇政府联合启

1983年

1月　中共大陈镇委与驻岛守备二十五团党委决定:在全岛范围广泛开展争创"六好、三先进、九文明"活动,"六好"即"好干部、好社员、好夫妻、好婆媳、好妯娌、好邻居";"三先进"即"先进生产者、先进工作者、先进战士";"九文明"即"文明村、文明店、文明学校、文明(渔)船、文明码头、文明医院、文明家庭、文明连队、文明机关"。

1月29日　大陈海洋站测得大陈港最低潮位负0.2米,为历史最低纪录。

2月25日　椒江市大陈食品厂分为两厂,分别设立椒江市大陈饲料厂和椒江市大陈豆制品厂。

3月8日　椒江市第一届妇女代表大会召开,正式代表286名,选举曹雪昭为主任。

3月17日至23日　政协椒江市第一届委员会第一次会议召开。选举杨华明为椒江市政协主席,赵连城、周德贵为副主席,杨桦为秘书长。

3月19日至24日　椒江市第一届人民代表大会第一次会议举行。选举汪树梧为椒江市人大常委会主任,徐新福、曾炳贵为副主任;何华友为椒江市人民政府市长,潘法元、江直南、曹雪昭为副市长。

3月　国家科委、国家气象局确定大陈岛为中国—欧洲经济共同体联合建设的风力测试中心岛。

4月1日　李光旦任大陈综合商店经理。

4月14日至15日　椒江市第一次工会会员代表大会召开,选举郑忠法为主席。

4月　驻大陈岛守备二十五团与中共大陈镇委、镇政府共建成6所文化补习夜校、13个军民之家、13个青年民兵之家和14个军人俱乐部、67个军民活动室。

5月3日　共青团温州市委原书记叶洪生、原大陈岛青年志愿垦荒队队长王宗楣在《浙南日报》发表题为《胡耀邦同志与温州青年》的文章，回顾胡耀邦同志倡议组建大陈岛青年志愿垦荒队的全过程和垦荒队开发建设大陈岛的事迹。

5月8日　共青团椒江市第一次代表大会召开，选举王立刚为书记。

5月10日　椒江市人民政府以椒政〔1983〕67号文件，批准新建大陈镇南坑里大队。

5月上旬　由驻大陈岛守备二十五团政委杨国耀为组长，建立起一支有170名干部、战士组成的扫盲骨干队伍，采用分片包干、责任到人的方法，开展对全岛青壮年扫盲工作。

5月29日　在《浙江日报》记者迟全华、中共椒江市委报道组组长汪江浩的策划下，陈葶亭等31位坚持在大陈岛建设的原大陈岛青年志愿垦荒队队员，给时任中共中央总书记胡耀邦写信，汇报坚持在海岛27年、以岛为家艰苦创业的历程和大陈岛27年来所发生的巨大变化。

6月18日　中共椒江市委宣传部、椒江市人武部党委联合批转大陈镇人民政府、解放军83248部队《关于军民共建文明岛规划》。

6月25日　中国人民武装警察部队首任司令员李刚到大陈边防派出所检查指导工作。武警浙江省总队总队长于克家等陪同考察。

6月27日　中共中央总书记胡耀邦在原大陈岛青年志愿垦荒队员写给他的信上作重要批示："宣传一下这类不畏艰苦的创业事迹，鼓舞人们特别是青年奋发图强。人们连大陈岛都不知道在哪里，至

于变化,更加茫然无知。为什么不好好宣传?要多搞这些东西。"

6月29日　新华社播发了胡耀邦总书记给大陈岛原志愿垦荒队员回信的消息。编者按中说:31名原大陈岛青年志愿垦荒队队员写信给胡耀邦同志的这封信值得一读,他们在大陈岛上坚持了27年,和其他志愿垦荒者、渔民、农民一起,艰苦奋斗,使当年被国民党军队严重破坏的大陈岛面貌发生了巨大的变化。他们是建设祖国的有志者、实干家。我们不是说要振兴中华吗?一切有志者、实干家们,都应当像这些同志那样,响应党的号召,到祖国最需要的地方去,到最艰苦的地方去建功立业,这是振兴中华最好的实际行动!

同日　共青团温州市委邀请温州团市委原书记叶洪生、原大陈岛青年志愿垦荒队队长王宗楣、副队长金志清,与工交、财贸、基建系统和大专院校的团干部一起,学习胡耀邦总书记重要批示精神,座谈大陈岛艰苦创业经历和垦荒精神。

6月30日　《人民日报》、中央人民广播电台、中央电视台等重要新闻媒体,同时刊登或播报新华社上日播发的消息。

同日　坚持在大陈岛工作的原青年志愿垦荒队员们召开会议,学习座谈胡耀邦重要批示精神,表示要继续发扬不畏艰苦的创业精神,把大陈岛这颗"东海明珠"建设得更加美丽。

7月3日　中共椒江市委、椒江市人大常委会、椒江市人民政府作出《关于认真学习宣传、坚决贯彻落实胡耀邦同志重要批示,艰苦创业振兴椒江的决定》。中共台州地委、中共温州市委也先后发出宣传学习大陈岛老垦荒队员艰苦创业事迹的决定。

7月6日　温州市总工会、共青团温州市委、温州市文联在温州市人民大会堂举行报告会,邀请原大陈岛青年志愿垦荒队队长王宗楣作垦荒事迹报告。

同日　江梅青任大陈发电厂厂长,叶荣华任副厂长。

地区12个部门和椒江市政府负责人登上大陈岛现场办公,对涉及大陈岛建设规划、交通运输、邮电通讯、供电、工业、农林、文化、教育、医疗卫生、科技、劳动安置、军民共建等12个方面的问题,作了近期和远期工作安排。

12月　由中共椒江市委办公室、中共椒江市委宣传部和共青团椒江市委合编的《创造新生活的人们——记大陈岛的建设者》一书出版。

12月26日　共青团大陈镇第六次代表大会召开,陈普林任书记,张云娥任副书记。

1983年　大陈镇实现渔业产值258万元,乡镇企业产值146万元,渔民人均收入383元。

是年　大陈育苗厂从舟山枸杞岛引进贻贝苗种两吨试养,获得成功。

是年　在驻岛部队的帮助下,上大陈岛中咀大队村民人均收入超千元,成为全镇首富大队。

1984年

元旦前后　驻岛部队卫生队携带医疗卫生器材,深入各渔村,为一千多名渔民群众免费体检,并为两百三十多人做心电图和 X 光检查。

1月18日　中共椒江市委领导班子调整。丛林为书记,杨秀芳、张庆雄、何阿义为副书记,潘法元、李祖德、阮孟合、周济世、胡振华为常委。

1月20日　晚上,在大陈渔场捕鱼的嵊泗渔民洪永定,患急性化脓性阑尾炎急需手术治疗。驻岛部队医务人员在卫生队对病人进行手术,三名医务人员一直忙碌到21日凌晨两点,终于使病人脱离危险。

1月24日　椒江区人大常委会任命杨秀芳为椒江市人民政府副市长、代市长。

3月1日　大陈岛青少年宫开工建设,总投资31万元。次年4月竣工。

3月2日　浙江省人民政府召开常务会议,研究大陈岛劫持去台湾居民房产处理问题,并作出会议纪要,要求各级从贯彻落实党的对台方针和政策,促进台湾回归祖国的统一大业的高度重视此项工作。会议提出如下意见:对大陈岛去台湾居民留下的私人房产,按照"产权不变"和"谁拆谁建还"的原则,分别不同情况,予以妥善处理;驻岛部队占用的房屋,也照此办理。当前应抓紧处理以下三方面问题:一是要求归还房屋回岛定居的;二是已经来信来访要求落实房产政策(产权)的;三是岛上垦荒队员和移民居住的危房维修问题。上述三个方面所需资金,除台州地区行署和椒江市人民政府自行解决

一部分以外,省财政适当予以一次性补助,具体数额由省城乡建设厅会同省委统战部、省财政厅加以核实;所需物质,由省物资局适当补助。

据统计,大陈岛去台湾居民私人房产7375间,共计168408.10平方米。驻岛部队因军事需要拆除1090间,计24890平方米;被火烧毁260间,计5937.07平方米;自然倒塌169间,共计3859.10平方米;现有代管房屋3772间,计86133.60平方米(其中危房461间,计10526.93平方米)。

3月6日　椒江市电力公司在下大陈岛屏风山试装1千瓦风力发电机组一台,供驻军某部使用。次年,驻军调离后拆除。

3月上旬　通过近一年的努力,岛上324名青壮年文盲、半文盲全部脱盲。经浙江省有关部门派员考核验收,大陈岛成为全省首个无盲岛。

3月16日至20日　中共台州地委副书记、椒江市委书记丛林,市委副书记、代市长杨秀芳,市委常委、常务副市长潘法元等,带领市级有关部门领导30余人,赴大陈岛进行现场办公,与大陈镇委、镇政府领导一起研究落实加快开发建设大陈岛的具体政策措施。

3月21日　中共中央总书记胡耀邦在台州地区科委报送国家科委的《关于要求设立大陈岛技术开发实验基地建设课题和拨给技术开发经费的报告》上作出"放开手脚吸引外资,搞好海岛开发"的批示:"王芳同志:我不管钱。我不知道国家科委会如何答复台州科委的请求。400万元实在是算不了什么,但要中央一个部门或你们省上批,似乎比剜一块肉还感到更痛。浙江省岛屿很多,沿海待开发地方也很多,400万又做不成多少事。因此,希望你们放开手脚搞吸引外资,浙江省有不少华侨,这是一个吸引对象。请你们好好研究一下,能够在两三年内争取浙江华侨在你省投资3亿—5亿美元。不要拒

王小玉烈士先进事迹活动的决定》。

9月20日　台湾渔轮"太升隆2号"在大陈洋面作业时,因把玉环渔船的渔网拖坏而发生纠纷,玉环渔民登上台湾渔轮殴打船长、大副致重伤,并砸坏船上一些仪器和物品。

9月　大陈岛开办初中文化补习夜校,招收学员120名;举办船舶驾驶和轮机培训班三期,培训人员217名;为驻军承办高中速成班一班,学员34名。

同月　中央新闻纪录电影制片厂摄制组登上大陈岛,拍摄军民共建文明岛情况。

10月1日　驻大陈岛守备第二十五团120炮连原司务长徐有富被评为全军优秀基层干部,受到解放军三总部通报表彰,应邀赴北京参加国庆观礼。

10月2日　由中国电视剧制作中心出品的电视剧《当你十八岁的时候》开播,该电视剧被列为庆祝中华人民共和国成立35周年献礼片。

10月29日　椒江市计划委员会、椒江市科学技术委员会组织力量,启动大陈岛沼气、太阳能热水器、水貂养殖、食用菌种植、水仙花资源开发等八个项目的研究工作。

10月　"浙江401"客轮投运椒江至大陈航线,时速18.5公里,抗风7级,有客位270个(其中卧位54个)。

12月1日　根据浙江省人民政府浙政〔1984〕40号文件《关于大陈岛老垦荒队员及其家属、子女户粮问题的批复》精神,椒江市人民政府出台椒政〔1984〕83号文件,贯彻落实省政府批复精神,把大陈岛210名相关人员转为城镇户粮。此后,按规定陆续办理。

12月3日　椒江市人民政府出台椒政〔1984〕201号文件,对大陈岛老垦荒队员及其家属、子女户粮问题做出补充规定。

同日　中共台州地委、台州行署、台州军分区命名大陈岛为文明岛。

12月9日　朱宗胜任大陈镇育苗厂厂长;陈黎明任大陈自来水厂厂长。

12月19日　浙江省民政厅发文同意扩大椒江市行政区域,黄岩县洪家区、三甲区的11个乡镇和临海县章安区的4个乡镇及大汾乡的五四、七年、横蒋、横西4个行政村划归椒江市管辖,大陈镇隶属关系不变。

12月　椒江市大陈运输公司成立。

1984年　大陈镇实现渔工业生产总值426万元,比1980年翻了一番多,其中乡镇企业产值240万元;渔民人均收入716元,比1983年增加250元,其中卫星、胜利、大沙头3个渔业村人均收入超千元。

是年　大陈岛开展贻贝养殖,收获14吨。

1985年

1月12日　全国青少年绿化祖国表彰大会在甘肃兰州举行,大陈镇团委在会上受到表彰。

1月16日　台湾"进新号"渔轮无视作业信号,闯入大陈洋面渔船作业区域,拖破渔网八张。当大陈渔民登上台轮交涉时,反被野蛮地推下船,台轮上的渔民还用铁棍敲击船舷进行威胁。

1月23日　中共浙江省委书记王芳到大陈岛检查指导工作,中共台州地委书记魏夏久、中共台州地委副书记、椒江市委书记丛林,椒江市委副书记、市长杨秀芳等陪同。

1月下旬　大陈岛渔民捕获一只长60厘米、重达三公斤的墨鱼。

1月30日　中国政府和意大利政府签署协议,在大陈岛联合建立风力发电试验场。

2月7日　上午,台州地区和椒江市联合召开大会,庆祝大陈岛、一江山岛解放30周年。南京军区副司令员唐述棣、浙江省副省长李德葆、浙江省军区司令员康明才、二十军军长杨石毅、东海舰队副司令员陈明山、海军上海基地副司令员陈雪江、六十师政委林积昌等三百三十多人应邀参加庆祝活动。中共台州地委书记魏夏久致辞,南京军区副司令员唐述棣、浙江省副省长李德葆、二十军军长杨石毅、东海舰队副司令员陈明山先后发言,中共台州地委副书记、椒江市委书记丛林主持。

同日下午　中共椒江市委、市政府召开椒江发展恳谈会,邀请前来参加庆祝大陈岛、一江山岛解放30周年的领导和嘉宾为椒江经济和社会发展出谋划策。中共台州地委副书记、椒江市委书记丛林在会上致辞,椒江市委副书记、市长杨秀芳主持。

课,让孩子们从小就熟悉渔业、热爱海洋。"他勉励老垦荒队员说:"老垦荒队员过去是有贡献的,最困难的时候你们挺过来了,现在要继续做贡献,把大陈岛建设得更好!""你们现在的任务主要是教育好自己的子女,要他们发扬当年你们垦荒的精神,掌握建设大陈的管理知识和技术知识,团结奋斗,为大陈的兴旺发达、繁荣昌盛做出贡献!"30日,胡耀邦同志在椒江亲自改定《人民日报》1986年元旦献词《让愚公精神满神州》。

12月　大陈岛冷冻厂建成投产,日处理能力12吨,总冷藏量300吨;日制冰21吨,总贮冰量200吨。

1985年　大陈镇实现渔工业生产总值895万元;渔民人均收入820元,比上年增加104元。

是年　大陈岛人工养殖贻贝10吨。

1986年

1月3日 《人民日报》《光明日报》《解放军报》《中国青年报》等中央主流媒体和全国各级党委机关报刊载新华社播发的胡耀邦同志看望原大陈岛青年志愿垦荒队员的消息。

1月22日 共青团台州地委作出《关于深入开展学习大陈岛老垦荒队员艰苦创业的愚公精神,立志为振兴台州建功立业活动的决定》。

1月27日 共青团温州市委举行纪念大陈岛青年志愿垦荒队艰苦创业30周年座谈会,老垦荒队员代表张菊莲、叶荣华、张寿春等参加座谈。

1月30日 为纪念大陈岛青年志愿垦荒队上岛垦荒30周年,共青团中央向坚持在大陈岛工作的89名垦荒队员颁发"力牛"图案的"光荣垦荒30年"纪念章。

1月 顾天高和张思聪编文、王建和梁平绘画的《东海明珠》连环画,由浙江人民美术出版社出版发行。

2月26日 由陈普林等组成的大陈岛垦荒队员先进事迹报告团在台州各地作巡回报告,历时17天,共计听众达17500人次。

2月 邢强任中共椒江市委副书记,肖东荪、于百友任常委。

2月27日 中共中央总书记胡耀邦在台州地区科委报送的又一份有关大陈岛发展的材料上作出批示。

3月5日 大陈岛军民联防领导小组成立,并设立联防指挥部,从岛上到海上筑起了三道防线:一是组织海上侦察部门,及时了解、掌握可疑船只活动情况,打捞并收缴台湾当局"心战品";二是组织港口、海岸观察网,对近岸和泊港船只进行检查登记,把住关口;三是组

织陆地管理防范网,加强对码头、港口、俱乐部等公共场所和重要目标的巡逻。

3月20日　下大陈岛300吨级客货轮钢筋混凝土码头动工兴建。

3月21日　国务委员兼国家科委主任宋健给胡耀邦同志写信,汇报1984年3月21日胡耀邦在台州地区科委报送国家科委的《关于要求设立大陈岛技术开发实验基地建设课题和拨给技术开发经费的报告》上作出"搞好海岛开发"批示后两年来国家科委在大陈岛和其他海岛开发方面所做的工作,胡耀邦3月22日批示给予充分肯定。

4月14日　椒江市第二届人民代表大会第三次会议补选周林本为椒江市人民政府市长,肖东苏、毛平伟、郑明治为副市长。

4月24日至26日　中共椒江市委召开党建工作会议,贯彻中共浙江省委党建工作会议精神,中共大陈镇委在会上作典型经验交流。

4月27日　浙江省军警民联防工作经验交流会召开,大陈镇军警民联防分队在会上受到表彰。

4月下旬　中共台州地委宣传部、共青团台州地委、中共椒江市委宣传部联合出版《大陈岛老垦荒队员先进事迹报告团材料汇编》。

4月　历时五个月的玻璃坑水库改造工程完工,坝体加高至17米,库容量增至三万立方米。

5月上旬　在北京召开的全国海岛开发建设工作座谈会上,确定大陈岛为全国海岛开发建设的四个示范岛之一。

5月24日　大陈岛被列为全国海岛新能源开发示范岛。

5月　吕毅强任中共椒江市委副书记。

6月12日　椒江市人民政府作出《关于大陈岛在台居民遗留房产政策处理的补充规定》。

6月27日至28日　共青团中央和共青团浙江省委"下基层、抓落实"工作在椒江召开,共青团中央书记处书记李源潮、共青团浙江

同月　欧共体代表和中国驻欧共体大使刘山签署财政协议,正式实施中欧合作大陈岛互补能源系统示范项目。示范项目共六项:风能、潮汐能、抽水蓄能、上下大陈岛电缆并网、生物质汽化炉燃烧用茅草压制块、太阳能光电池,总投资为470万美元。

8月23日　洪道森任大陈中学校长。

8月下旬　大陈帆板队参加在玉环举行的浙江省帆板比赛获得团体第一名。

8月30日　大陈岛渔民在30米水深处捕获一只长1.3米、重达3.5公斤的锦绣龙虾。

8月31日　台州地区水产局通报表扬大陈镇在休渔工作上的卓越成绩。

9月2日　下大陈岛元宝山上安装由乐清机械厂生产的EFDB-20风力发电机组一台,装机容量20千瓦。前一月,还安装了由湖北黄石机械厂和路桥人民工具厂生产的风力发电机组各两台,装机容量4.15千瓦。

9月11日　大陈岛遭受1987年第12号强台风袭击。

9月22日　虞新荣任大陈育苗厂厂长。

9月23日　椒江渔民在大陈海域捕获一只珍稀海洋生物棱皮龟,长1.65米、体围1.70米,重150公斤。

9月30日　椒江市大陈镇精细化工厂创立。

10月28日　为加强对大陈岛新能源建设工程的领导,协调好各方面工作,椒江市政府决定成立以王小青为组长、王友根和陈帮波为副组长、潘兆镛等为成员的大陈岛新能源建设工程协调领导小组;下设办公室,王友根兼任主任。

10月29日　凌晨,位于椒江东山西麓的台州石油公司油库起火,烧死一人,报废大型储油罐三只。

10月30日　吴兆君任大陈盐业站站长。

10月　驻大陈岛守备第二十五团团长张业斌出席全军英模代表大会,班长徐赞军被解放军三总部授予"优秀班长"称号。

11月11日　余辉任大陈供销合作社主任。

11月　大陈帆板队教练员李勇获国家体委颁发的国家体育运动一级荣誉勋章。

12月10日　颜小林任大陈镇人民武装部副部长。

12月29日　大陈岛客运大楼工程竣工验收会议在下大陈岛召开,浙江省交通厅、浙江省航运局、浙江省交通设计院、椒江市政府及相关部门负责人参加会议。大陈岛客运大楼建筑面积884平方米,1986年8月1日开工,1987年8月25日完工。会议决定通过验收,并于次日交付使用。

1987年　大陈镇实现渔工业总产值1541.79万元,比上一年增长28.48%;其中乡镇企业产值618万元,比上一年增长36%;渔民人均收入1252.72元,比上年净增232元。

是年　大陈镇卫星村引入灯光围网作业方式,主捕青占、黄占、沙丁等上层鱼类,因效果不佳而遭淘汰。

从是年开始,大陈籍台湾同胞开始回故乡寻根问祖、探亲访友。

1988年

1月28日　陈子健任大陈岛冷冻厂厂长;程福松任大陈蒸干鱼粉厂厂长;金学友任大陈水厂厂长。

2月3日　毕来法任大陈邮政支局局长。

2月10日　陈招忠任大陈岛渔工商联合公司经理。

2月26日　陈小法任中共大陈镇委书记。

3月18日　国务院批准椒江市为沿海经济开放区(大陈岛除外)。

3月26日　颜小林任大陈镇人民武装部部长;28日,任中共大陈镇委委员。

4月27日　中共椒江市委、市人民政府发出《关于给大陈镇民兵小分队记集体三等功的决定》。3月20日傍晚,大沙头村民邬苏兵、椒江市区青年王华明等五人,在下大陈港边路与大陈岛渔业公司青年渔民林长兴发生争吵,王拿出随身携带的匕首向林连刺五刀致其死亡后试图从海上逃走。大陈镇委、镇政府作出"围捕杀人凶犯"的决定,镇人武部立即组织由12名队员组成的民兵快速小分队,封锁了下大陈岛四个港口码头和船只,并派出一艘海上应急船、一辆面包车,与岛上干警和驻岛指战员布下天罗地网,于次日上午8时将王华明等捉拿归案。为表彰大陈镇民兵小分队不怕危险、通宵战斗、围捕杀人凶犯的先进事迹,市委、市政府决定给大陈镇民兵小分队记集体三等功一次。

4月　中欧合作大陈岛互补能源系统项目之一的"元宝山风力发电站"破土动工。

5月20日　上午9时,大陈岛东偏北侧海面上出现海市蜃楼,幻

5月8日　经国务院同意,国家海关总署批准海门港对外轮开放。

5月13日　中国与欧共体合作项目——连接上、下大陈岛的四公里10千伏海底电缆敷设工程竣工,上、下大陈岛电网联通,大陈发电厂10千伏线路到达上大陈岛庄周庙,全长10公里。

5月中下旬　大陈镇政府会同驻岛部队、驻椒海巡支队及工商、税务等部门,开展历时半个月的海上军民联合行动,共查获海上非法钓捕船10艘,抓获违法犯罪嫌疑人50名,保障了海上治安安全。

5月23日　上海长阳生化制药厂大陈岛联营厂成立,王明德任厂长。

5月25日　浙江省交通厅和椒江市政府联合召开大陈岛码头施工协调会议,要求切实加快工程施工进度,确保工程质量,发挥投资效益。椒江市副市长牟中欧和浙江省交通厅、省计经委重点工程办公室、台州航管处等部门负责人出席会议。

5月　大陈水产购销站鱼粉厂建成投产,年生产能力400吨。

6月26日　中共台州军分区委员会作出《关于开展向伍漠幸同志学习活动的决定》,号召广大指战员向驻大陈岛守备第二十五团后勤处运输助理员伍漠幸同志学习,学习他勤恳工作、默默奉献的精神。

7月7日　早晨,大陈岛遭到雷暴袭击,五虎山头火球乱滚,气象仪器大多遭毁损。

7月20日　1989年第9号强台风袭击大陈岛,日降雨量达242毫米。岛上山体滑坡六千余立方米,死亡四人、伤三人。

同日　椒江市政府决定,划北一江山岛和百夹山岛归属椒渔办事处,南一江山岛归属三甲区。

7月31日　梁相文任大陈镇卫生院院长。

夏秋之交 大陈镇党委、镇政府组织驻岛部队指战员和岛上民兵,在驻椒海巡支队的支持下,开展海上联合行动,历时半个月,共查获海上盗抢船只10艘,抓获犯罪嫌疑人50名。

8月3日 椒江市政府召集市科委、财政局、交通局、水利局、邮电局、重点工程办公室、人民银行、建设银行、大陈镇政府等单位负责同志,就下大陈岛大小浦水库、大陈岛程控电话、上大陈岛候船室三个基础设施项目建设问题进行专题研究,形成会议纪要,要求各相关部门切实抓好落实工作。椒江市副市长毛平伟出席会议。

8月13日 深夜11时45分至次日凌晨1时15分,大陈岛遭受突发性雷暴大风袭击,上、下大陈渔港内12艘渔船受损严重,其中击沉2艘、击毁2艘。

8月28日 陈红卫任大陈中心小学校长。

8月 中国与欧共体合作项目——大陈岛元宝山风力发电站正式移交给椒江市电力公司。

8月初至9月下旬 驻大陈岛守备第二十五团进行守备分队战术训练改革试点。

9月15日 1989年第23号强台风在温岭松门登陆,大陈岛最大风速达每秒46.5米,狂风、暴雨、洪潮"三碰头"。大陈岛死亡1人、失踪2人、倒塌房屋57间、山体塌方180万方、树木毁坏15000多株、网具损失200多张,直接经济损失105.2万元。

9月22日 中共大陈镇乡镇企业支部成立,李京州任书记。

10月14日至17日 椒江市政府召集市计委、水利局、邮电局、土地局、重点工程办公室等15个部门,举行大陈岛基础设施建设现场会,讨论审定大小浦水库及输水工程、上大陈岛候船室,大陈岛自动电话项目具体设计方案和工作方案。

10月18日 为切实加强对中小学校教育工作的领导,大陈镇调

整充实教育委员会领导班子,陈志成任主任,楼祖民任副主任,徐玉银、陈红卫、陶秀云、徐芬娟为成员。

10月26日　梁对荷任椒江市大陈修船厂厂长。

10月31日　椒江市海岛资源综合调查领导小组第一次会议召开,会议确定大陈岛和一江山岛为此次调查重点,调查工作要求在1990年底前完成。椒江市政府副市长、市海岛资源综合调查领导小组组长王小青出席会议。

11月　总库容量为10万立方米的下大陈岛大小浦水库动工兴建,至1991年完工。大坝坝顶长78米、宽4米,坝底宽64米。

同月　由大陈岛等处提供的首批活梭子蟹共216吨,经路桥机场空运至日本国福冈市。

12月6日　台州红十字会大陈急救站成立,址设大陈镇卫生院内。

12月18日　南京军区副司令员王成斌中将到大陈岛检查指导工作。

12月20日　陈志成任中共大陈镇委书记。

1989年　大陈镇实现渔工业生产总值2855万元,其中乡镇企业产值1019万元,渔业产值1836万元;渔民人均收入2058元。

12月底　据统计,大陈镇共有5404人。

1990年　大陈镇渔工业总产值3218.69万元,比上年增加14.2%。其中,工业产值1204万元,比上年增加19.5%;渔业产值2014.69万元,比上年增加11%。渔民人均收入1772元。

据统计,至是年年底,大陈岛计有林地13267亩,其中防护林11049亩,经济林149亩,疏林地2079亩,森林覆盖率62%,林木蓄积9557立方米。

是年　大陈镇共有渔轮和机帆渔船404艘,8253吨,动力16225千瓦,渔获量6623吨。

是年　大陈岛风力发电站共发电27.14万千瓦小时。

是年　大陈岛养殖海带198亩,收获72吨。

1991年

1月16日　根据椒江市人大常委会部署,镇人大主席团召集部分镇人大代表评议一年来的镇政府工作。

1月17日　为加快大陈岛旅游事业建设步伐,决定成立大陈岛旅游经济开发管理办公室,楼祖民任主任。

1月18日　"1991中国椒江国际旅游钓鱼节"大陈办公室成立,陈普林任主任,李云庆、王祖根任副主任。

1月21日　中国人民武装警察部队原政治委员张秀夫到大陈岛检查指导工作。

1月24日　南京军区驻大陈岛守备第二十五团撤销,驻大陈岛守备营改称为大陈海防营,划归台州军分区建制。

2月9日　浙江省体委、浙江省农业厅、浙江省农民体协授予大陈镇"浙江省体育先进乡镇"。

3月1日　大陈镇第二届环岛长跑比赛举行,共有281名选手参加少年组(70名)、青年组(84名)、壮年组(50名)、老年组(20名)和妇女组(57名)的比赛。

3月8日　"鲁海101"轮与"温岭渔"3539号、"温岭渔"3530号在大陈洋面相撞,造成"温岭渔"3530号沉没。

3月13日　陶秀友任大陈镇人大主席团常务主席。

3月15日至16日　中共大陈镇第四次代表大会第二次会议召开。

3月18日至19日　大陈镇第九届人民代表大会第二次会议召开。陈普林作政府工作报告,孔宪华作《关于1990年度义务兵优待金、教育附加费、教育基金等收支情况的报告》,陶秀友作人大主席团

工作报告,李云庆作《关于大陈镇集镇管理实施细则的报告》。会议讨论并通过了《关于椒江市大陈镇集镇管理实施细则的施行决议》。

3月20日　戴仁舜任中共大陈医院支部书记。

4月4日　总投资七十万元的大陈岛邮电支局首期216门程控电话开通,结束了大陈岛摇把子电话的历史。

4月11日　未经批准,大陈水产品厂、大陈鱼品厂擅自投产蒸干鱼粉项目,大陈镇政府要求两厂关停蒸干鱼粉车间。

4月15日　大小浦水库大坝工程竣工。

4月24日　大陈镇政府发布《大陈镇林业生产发展规划》。

4月29日　中共大陈镇委、镇政府全面部署1991中国椒江国际旅游钓鱼节各项准备工作,成立食宿服务(组长王祖根)、渔火晚会(组长杨如喜)、渔灯制作(组长徐玉银)、海钓服务(组长李云庆)、安全保卫(组长颜小林)、医疗卫生(组长陶秀友)、通讯联络(组长楼祖民)七个工作组,各组分别制订了详细工作方案。

5月1日至4日　"五一渔灯展览"在大陈岛青少年宫举行,共有80多盏风格各异的渔灯参展。

5月25日　中共椒江市委、椒江市人民政府作出《关于学习大陈岛军民共建,大张旗鼓地建设"双拥模范城"的决定》。

6月3日至5日　由椒江市政府与浙江省旅游局联合主办的"1991中国椒江国际旅游钓鱼节"在大陈岛成功举行,来自中国大陆和香港、台湾以及美国等的钓鱼爱好者113人参加活动。

6月6日　解放军八一电影制片厂在大陈岛开机拍摄纪录片《大海的回忆》。该片主要介绍几十位老战士回访大陈岛,对解放以来军民共建大陈岛历程的回忆。

6月17日至18日　台州地区人大工委组织全国人大代表林希才、顾世林、吴子熊、林浦雁,对大陈岛开展为期两天的视察。台州地

组长。

5月1日　大陈镇第三届环岛长跑比赛举行,共有285名选手参加少年组(70名)、青年组(85名)、壮年组(51名)、老年组(21名)和妇女组(58名)的比赛。

5月13日　根据上级统一部署,椒江市实行"撤区扩镇并乡"工作:撤销章安等四个区、椒东等四个街道办事处、界牌等十四个乡镇,设置洪家、东山、下陈、三甲、前所、章安、黄礁、大陈八个镇乡和海门、白云、葭沚三个街道办事处。

5月15日　朱汉来任大陈镇镇长助理。

5月21日　大陈镇人民政府发布《关于加强岛礁性水产资源管理的通告》,严禁无证船只和任何个人在大陈镇岛礁周围钓、流、拖、炸各种鱼类;严禁外地船只、个人在大陈镇礁采挖贝壳类资源;禁止外来人员在市场销售岛礁性水产品。

5月25日　大陈镇水库工程管理站成立,金学友任站长。

6月1日至3日　大陈岛经济开发研讨联谊会在大陈岛青少年宫召开。

6月4日至6日　中共浙江省顾问委员会副主任刘亦夫一行到大陈岛考察调研,慰问驻岛部队指战员。

6月12日　"1992中国椒江国际钓鱼节暨海峡两岸企业家联谊会"在凤凰山庄成功举办。次日,两岸企业家来到大陈岛,开展海钓、旅游观光和经贸洽谈活动。

7月20日　中共浙江省委、浙江省人民政府命名椒江市为"双拥模范市"。

8月　中共台州地委、行署、军分区命名大陈镇为基层民兵工作先进单位。

10月12日至13日　浙江省人大常委会副主任朱祖祥到大陈岛

考察调研。

10月29日　罗法茂任中共大陈石油商店支部书记。

11月7日　椒江市经济技术协作公司与大陈海洋渔业公司联合新建规模为储油容量1500立方米的渔业加油站。

11月14日　椒江市人大常委会决定任命卢武为椒江市人民政府副市长、代市长。

12月22日　陈英高任中共大陈镇委副书记,柯开桂任中共大陈镇纪委书记,朱汉来任中共大陈镇委委员。

12月24日　陈定新任中共椒江市委书记。

12月29日　徐玉银任大陈镇镇长助理。

截至是年年底,大陈岛共有各类渔船406艘,其中钢质渔轮38对。

1992年　大陈镇渔工业总产值4400万元,其中工业产值1715万元,渔业产值2685万元。渔民人均收入2600元。

是年　大陈岛渔民开始养殖鲍鱼,其中李世忠等放养10万头,朱志荷等放养8万头。

是年　旅美华侨张奶玉、王香芸捐资扩建下大陈岛天后宫后大殿。

1993年

1月12日至13日　中共大陈镇第五次代表大会召开。林志法作工作报告,柯开桂作纪律检查工作报告。会议选举产生了由林志法、李云庆、陈英高、柯开桂、朱汉来、洪涓、颜小林组成的第五届委员会,林志法为书记,李云庆、陈英高为副书记;柯开桂为纪委书记。

2月13日　大陈镇第九届人民代表大会第四次会议召开,会议同意陈普林辞去大陈镇镇长职务。

3月中旬　香港籍渔船"粤(珠)流3459"号,在大陈岛附近洋面触礁沉没,大陈岛边防民警迅速赶往出事海域救援。该船13名船员获救并被送往市区就医,19日返回香港。

3月29日至4月1日　中共椒江市第四次代表大会召开,选举陈定新为书记,卢武、赵平安、周五来为副书记。

4月5日　大陈镇敬老院开工建设,址设下大陈岛大沙头原部队老营区,新建建筑面积为220平方的二层楼房3间,可供12名孤寡老人养老。

4月8日至9日　大陈镇第十届人民代表大会召开。陈英高作题为《开拓进取,真抓实干,为把大陈岛建成渔工贸游并举的海上乐园而奋斗》的报告,陶秀友作人大主席团工作报告。大会选举杨如喜为人大主席团副主席,李云庆为镇长,朱汉来、林维平、徐玉银为副镇长。

4月15日至19日　政协椒江市五届一次会议召开,选举蒋广德为椒江市政协主席。

4月16日　南京军区副司令员刘伦贤少将到大陈岛检查军民共建和边海防工作。

9月19日　罗仙桃任大陈镇人民政府招待所所长。

9月20日　共青团大陈镇第八次代表大会召开。会议选举出由许鹏飞、徐正友、邬海兵、李欠玉、叶雪丽组成的第八届委员会,许鹏飞、徐正友任副书记。

9月26日　中共大陈镇卫生、教育联合支部成立,梁相文任书记,傅金荣任副书记。

10月10日至11日　1994第30号台风正面袭击大陈岛,最大风力14级,12级以上风力持续10个多小时,打碎打沉渔船10艘,部分损坏渔船22艘,损失网具3100张,广播线路损坏2万余米,部分渔港设施、养殖业受到损毁,直接经济损失311万元。

10月12日　赵平安任中共台州市椒江区委书记。

10月17日至18日　台州地区水利工程质量监督站和椒江市水利局、计委、农经委、监察局、财政局等部门,对大陈岛大小浦水库坝体工程(含防渗墙)进行验收,同意交付使用。

11月21日　台州市椒江区成立大会在椒江区文化馆剧场举行。

11月　原大陈岛青年志愿垦荒队员到大陈岛开展"访故乡"活动,提出要在当年宣誓处建立大陈岛垦荒纪念碑,143位老垦荒队员现场筹集资金五万多元。

12月8日　大陈镇成人文化教育领导小组成立,徐玉银任组长,楼祖民任副组长。

同日　大陈镇人民政府颁布《关于加强环境卫生工作的规定》。

12月13日　大陈镇普及九年义务教育和扫除青壮年文盲工作,通过椒江区"两基"评估验收组验收。

1994年　大陈镇实现渔工业总产值17951万元。其中,工业产值4800万元,水产品总量12000吨,渔业产值5200万元。渔民人均收入3820元。

1995年

1月1日　《椒江经济报》创刊。中共椒江区委批准建立椒江经济报编辑委员会,陈关德任总编辑,卢汝谋、楼祖民任副总编辑,胡韶光、王永江任编委。

1月6日　谢旦平任中共农业银行大陈营业所支部书记。

1月13日　经椒江区物价局批准,大陈镇试行收取海岛基础设施建设费:大陈至海门、大陈至金清航线每客票加收海岛基础设施建设费3元;外地进入大陈岛务工及其他工作的人员每月缴纳海岛基础设施建设费2元;自来水按用户抄表字加收海岛基础设施建设费每吨0.3元。

1月16日　台州市暨椒江区纪念解放一江山岛登陆作战胜利40周年大会在椒江电影城举行。曾担任国务委员兼国防部长的原浙东前线指挥部司令员兼政委张爱萍上将派专人送来贺信;国防大学校长朱敦法上将、政委李文卿上将、曾担任交通部部长的原浙东前线指挥部副司令员彭德清少将等来信或题词;原海军北海舰队司令员、曾在解放一江山岛战役中率鱼雷快艇中队击沉国民党台湾当局"太平号"护卫驱逐舰的朱洪禧中将,曾任兰州军区参谋长的原浙东前线指挥部参谋长王德少将等出席。

1月23日　椒江区人民政府授予大陈镇"两基"合格镇称号。

2月28日　中共大陈镇第五次代表大会第三次会议召开。李云庆作题为《抓机遇,扬优势,展雄风,为把大陈建设成为渔工贸游发达的渔港集镇而奋斗》的报告,柯开桂作题为《加强党的纪律检查工作,更好地为我镇经济建设服务》的纪律检查工作报告。

2月　解放一江山岛烈士陵园和戚继光纪念馆被中共浙江省委、

浙江省人民政府命名为浙江省首批爱国主义教育基地。

3月20日 孔小桔任台州市椒江大陈冷冻脱脂鱼粉厂厂长;陈仙友任台州市椒江大陈冷冻厂厂长;王明德任台州市椒江上大陈冷冻厂厂长;程福松任台州市椒江东海鱼品厂厂长;陈云标任台州市椒江大陈岛水产品厂厂长。

3月27日至4月2日 椒江区专职武装干部业务知识培训活动在大陈岛举行。

3月28日 在1994年度帆板锦标赛中取得优异成绩的大陈帆板队队员张宏、王利卫、王杰、陈达荣、陈项薇、张海宏、鲍剑哲等分别受到椒江区人民政府表彰和奖励。

5月4日 大陈岛公路改造协调会议召开,台州军分区、台州市交通局、椒江区政府和大陈镇委、镇政府等单位负责人参加会议。会议就大陈岛公路改造的资金、建设规模、技术等级和组织实施等方面达成一致意见。

6月3日至11日 林某某、陈某等30名大陈籍台胞来大陈岛参加关帝庙开光活动。在活动期间,两人用摄像机拍摄驻岛部队雷达、营房、坑道工事等,公安边防部门发现后予以制止并销毁所拍磁带。

6月25日 陈招忠任中共大陈镇工办支部书记;崔祝华任中共大陈石油商店支部书记。

7月26日 浙江省人民政府副省长龙安定考察大陈岛,听取中共大陈镇委、镇政府工作汇报。

8月2日 李岳军任大陈发电厂厂长。

8月29日 大陈镇政府委托浙江农业大学园林规划设计室对大陈岛甲午岩景区共约340公顷花圃进行规划设计。

8月 驻大陈岛部队某部专业军士长李广业被南京军区命名为"十佳优秀士兵",并荣记二等功一次。

边自然村;撤销原南田、大沙头两个村,设立大沙头行政村,共172户、569人,办公地点:大沙头自然村;撤销原浪通门、大小浦、胜利三个村,设立胜利行政村,共149户、530人,办公地点:胜利自然村;设立卫星行政村,共192户、654人,办公地点:卫星自然村;撤销原第一、第二、第三、码头四个居委会,设立沿港居民委员会,共406户、901人,办公地点:下大陈岛沿港路。

8月14日　许鹏飞任大陈镇镇长助理、大陈岛海洋渔业公司经理;李斗明任大陈镇旅游规划办公室主任。

9月6日　许鹏飞任大陈镇科委主任。

9月8日　中共浙江省委副书记、省长万学远到大陈岛检查指导工作。

9月27日至29日　1996年第20号台风严重影响大陈岛,损失渔网2000张,直接经济损失300万元。

10月11日　浙江省公安边防部队在大陈岛附近海域进行海上军事演练,庆贺省边防部队成立十周年。公安部边防局局长刘殿玉少将、浙江省公安厅厅长斯大孝和浙江省边防总队总队长叶汝根大校、政委陈胜丰大校以及台州市、椒江区领导孙忠焕、朱福初、陈子敬、赵平安等检阅海上演练。

11月24日　国防大学副校长王厚卿中将到大陈岛考察。

12月18日至19日　全省海洋捕捞会议在椒江召开。会议期间,与会代表到大陈岛考察渔业经济。

1996年　大陈镇实现渔工业总产值1.552亿元,财政收入96.46万元;实现水产品生产总量22525吨,渔业产值10433.5万元;实现工业产值5087万元,外贸出口交货值180万元。渔民人均收入5571元。

是年　上岛游客2.4万人次。

1997年

1月2日 椒江区民政局、大陈镇政府决定给坚守岛上的原大陈岛青年志愿垦荒队员王永元、林国者、吴黄娣、徐松兰、叶万丰、顾子莲、徐定寿等25人发放1300元至3300元不等的补助。

1月19日 在温州市区的原大陈岛青年志愿垦荒队员聚会,纪念上岛垦荒、建设大陈岛41周年。

2月20日 大陈镇政府表彰浙椒渔6125号船长罗永明、浙椒渔6131号船长徐海灵为"明星船长",凤尾养殖场金兆友为"养殖示范户"。

2月28日 中共大陈镇第六次代表大会第二次会议召开。李云庆作题为《实施二次创业,增强本级实力;坚持两手同抓,再塑大陈形象》的工作报告;洪涓作题为《贯彻六中全会精神,加强党风廉政建设,促进我镇两个文明建设更快更好发展》的纪律检查工作报告。

3月16日 朱汉来任中共大陈镇委副书记、纪委书记。

3月17日至18日 大陈镇第十一届人民代表大会第二次会议召开。李云庆作政府工作报告;会议审议并通过了《关于依法治镇的决议》;会议接受李云庆辞去大陈镇人民政府镇长职务,补选洪涓为大陈镇人民政府镇长。

3月20日 大陈镇政府成立科教文卫办公室。

4月11日 大陈镇启动以"晚婚晚育、少生优育、文明幸福、勤劳致富"为主要目标的"新家庭计划"活动三年规划。

4月16日 为缓解陆岛交通问题,椒江区计经委同意大陈镇把海巡支队赠送的旧炮艇改建成100个客位、抗风力8级、航速18节的沿海高速客轮,总投资150万元,由大陈镇负责筹集,项目列入椒江

区1997年国有单位固定资产投资计划。

4月18日　南京军区政治委员方祖岐上将在浙江省军区政治委员贺家弼少将、舟山海军基地政治委员周宗德少将等的陪同下,到大陈岛检查指导军民共建文明岛工作。

4月20日　中共大陈镇委在大陈工商所进行试点的基础上,在全镇范围开展"凝聚力工程"活动,自7月1日开始,至8月1日结束。

5月19日　椒江至大陈航线高速客轮"普宁"号成功试航。

5月22日　林克贤任中共大陈镇委委员、镇人民武装部部长。

6月20日　周桂华任大陈镇渔业办公室主任;曹海军任大陈镇计划生育办公室主任。

7月2日　叶阿东任中共椒江区委书记。

7月7日　中共大陈镇城一支部、城二支部、城三支部撤销,成立中共大陈镇沿港居委会支部,吴小春任书记。

8月18日至19日　1997年第11号强台风在温岭登陆,正面袭击大陈岛,大陈气象站测得岛上极大风速为每秒57米,12级以上大风持续26个小时,加上风、暴、潮"三碰头",全镇渔港基础设施、电力设施、环岛公路、林木、养殖、企业商店、房屋物质皆遭严重破坏,直接经济损失超过1500万元。此次台风掀起36米高的巨浪,击毁浪通门大坝,中国河海大学专家在国际水文学术会议上认定浪通门巨浪为"世界巨浪之最"。

8月26日　椒江区人民政府出台大陈岛开发建设若干优惠政策,主要包括:大陈镇每年上交区财政的渔业税和水产品特产税全额返还;大陈镇范围的土地有偿出让金留区部分全额返还等。

9月19日　椒江区政府召集台州市交通局、区人武部、37831部队、区计经委、区交通局、大陈镇政府等单位负责人,举行大陈岛交通战备道路二期工程(三岔口至雷达连)协调会议,管彦德副区长主持

12月26日　中共大陈镇第七次代表大会召开。洪涓作题为《紧抓海洋开发主题,实现大陈二次腾飞,为把我镇建设成为渔港繁荣、旅游兴旺、环境优美的海上乐园而努力奋斗》的工作报告;孔宪华作题为《坚定不移地推进党风廉政建设和反腐败斗争,为大陈跨世纪的经济建设和社会发展保驾护航》的纪律检查工作报告。会议讨论并通过了《中共大陈镇委工作规则》;选举由洪涓、林维平、孔宪华、徐正友、林克贤组成第七届委员会,洪涓为书记,林维平、孔宪华为副书记;选举由孔宪华、徐正友、曹海军、叶玲敏组成中共大陈镇纪律检查委员会,孔宪华为书记。会议通过《中共大陈镇委议事规则》《关于加强自身建设的决议》。

12月　柯昕野任中共椒江区委副书记。

1998年　大陈镇实现渔工业总产值17900万元,财政总收入170.51万元;实现水产品生产总量48000吨,渔业产值11400万元;实现工业产值6103万元,外贸出口交货值230万元。渔民人均收入6917元。

1999 年

1月5日　中共椒江区委、区政府为大陈籍运动员、亚运会冠军张宏举行庆功表彰大会,表彰其在上年12月曼谷亚运会上勇夺女子帆船欧洲级冠军。区委副书记柯昕野出席表彰大会。

同日　椒江区文明委授予张宏1998年度"精神文明建设优秀成果工作者"称号;区妇联授予张宏"区三八红旗手"称号。

1月26日至27日　大陈镇第十二届人民代表大会召开。林维平作政府工作报告,洪涓作人大主席团工作报告。会议选举洪涓为镇人大主席团常务主席,徐玉银、曹海军为副主席;选举林维平为大陈镇人民政府镇长,许鹏飞、许训一为副镇长。

2月2日　大陈镇政务公开工作领导小组成立,林维平任组长,孔宪华任副组长。

2月7日　在温州市区的原大陈岛青年志愿垦荒队员聚会,纪念上岛垦荒、建设大陈岛43周年。

2月9日　曹海军任大陈镇党政办公室主任;周桂华任大陈镇经济发展办公室主任;陶晨红任大陈镇社会事业发展办公室主任;杨正兴任大陈镇政法民政办公室主任。

2月　椒申航线停航,"浙江404轮"改航椒江至大陈航线。

3月17日　大陈镇北岙村获得"1998年度省定新农村"称号。

4月2日　椒江区政府授予大陈镇"电话镇"称号,授予大陈镇胜利村、卫星村"电话村"称号。

6月3日　椒江区物价局发文取消部分海岛基础设施建设费。即取消外地进入大陈岛务工及其他工作的人员每月缴纳海岛基础设施建设费2元和自来水按用户抄表字加收海岛基础设施建设费每吨

0.3元两项。

6月　大陈镇实行渔船船东互保制度,共有219艘渔船投保。

8月4日　中共椒江区委表彰椒江区首届十佳公务员,大陈镇党政办公室主任曹海军榜上有名,并荣记三等功一次。

9月5日　海军司令员石云生上将在南京军区副司令员董万瑞中将、南京军区副司令员兼东海舰队司令员吴胜利少将等的陪同下,赴大陈岛视察。

9月20日　大陈镇农民体育协会成立,许训一任主席,屠兴森任秘书长。

10月15日至16日　中央党校副校长王伟光考察大陈岛。台州市和椒江区领导龚昌成、薛少仙、高敏、柯昕野等陪同。

11月11日　中共大陈镇委、大陈镇人民政府颁布《大陈镇1995—2005年农业和农村现代化建设实施细则》。

11月11日至12日　大陈岛垦荒纪念碑落成,102位原大陈岛青年志愿垦荒队员齐聚大陈岛,在纪念碑前重温当年的垦荒誓言。

12月9日　大陈镇第七次妇女代表大会召开。选举由叶玲敏、冯荷花、张小红、陈美玲、罗丽燕、陶晨红、蔡金娇组成大陈镇第七届妇女联合会委员会,陶晨红任妇联主席。

12月30日　对大陈岛怀有深厚感情的已故原国家海洋局局长罗钰如同志的骨灰撒入大陈岛海域。

1999年　大陈镇实现渔工业总产值18268万元,财政总收入126.25万元;实现水产品生产总量39700吨,渔业产值11600万元;实现工业产值6868万元,外贸出口交货值255万元。渔民人均收入7036元。

2001年

1月4日　下大陈岛客货码头扩建工程通过竣工验收。该工程于2000年3月11日开工,9月30日完工,总投资150多万元。

1月29日　来自椒江、临海、黄岩、杭州等地与在温州市区的原大陈岛青年志愿垦荒队员及其后裔一百四十余人,在温州海天大酒店隆重聚会,纪念垦荒建设大陈岛45周年。

1月31日　周桂华任大陈镇人民政府镇长助理。

2月2日　胡勇任中共大陈镇委委员。

2月14日　下大陈岛杨府咀至浪通门公路改造工程启动,全长1833米,至7月15日完工。

2月19日　大陈镇第十二届人民代表大会第四次会议召开。徐玉银作政府工作报告,林维平作人大主席团工作报告。会议补选曹海军为人大副主席。

3月15日　大陈镇养殖技术推广站成立,许鹏飞任站长。

4月22日　浙东千里海塘纪念碑揭牌仪式举行。中共浙江省委副书记、省长柴松岳和副省长章猛进出席,台州市和椒江区领导孙忠焕、杨仁争、朱福初、龚昌成、薛少仙、胡斯球、元茂荣、高敏、卢武等参加。

6月11日　中共中央宣传部命名解放一江山岛烈士陵园为全国第二批爱国主义教育示范基地。

7月18日　椒江区政府召开专题会议,决定重建大陈帆板队。明确由台州市三梅中学在大陈岛开设"体育特色班",并以该班为基础组建帆板队,招生工作由大陈实验学校、台州市三梅中学与椒江区文体局共同负责,学生学籍由台州市三梅中学负责,日常教学管理由大陈实验学校负责;帆板队教练由椒江区文体局选调、大陈实验学校聘用并纳入该校日常管理,业务训练由椒江区文体局负责指导与考核,基地建设和训练经费由椒江区文体局拨入大陈实验学校帆板队专用账户,专款专用。大陈镇政府负责有关校舍、维修、教学设施的添置及帆板队有关问题的统一协调工作。"体育特色班"教师工资统一由椒江区财政按班级数核拨。

7月19日　共青团大陈镇第十次代表大会召开,选举潘君才为副书记(主持工作)。

7月30日　台州市"八一拥军慰问团"赴大陈岛慰问驻岛部队官兵,台州市领导薛少仙、李岳保、胡斯球等参加慰问。

8月13日　经有关部门批准,大陈岛海洋高科技养殖示范园区正式立项,项目总投资3670万元。

8月27日　椒江区政府召集计经委、交通局、建设规划分局、土管分局、环保分局、旅游分局和大陈镇等有关单位的负责人,对大陈岛甲午岩旅游度假区的设计方案进行会审。椒江区区长高敏、副区长管彦德出席会议。

9月5日　海军司令员石云生上将在南京军区副司令马晓天少将等的陪同下,到大陈岛检查指导工作。

10月18日　全长2587.30米的椒江大桥正式通车。

11月8日　上大陈岛300吨级客货码头动工兴建。

11月11日至13日　大陈镇开展军警民联防85加农炮等轻重武器实兵演练。

11月16日　下大陈岛杨府咀至浪通门公路单侧安装矮型路灯44盏,并配套建造配电房、变压器房等附属设施,工程总投资35万元。

12月　徐玉银任中共大陈镇委书记。

2001年　大陈镇实现渔工业总产值16268万元；财政总收入103.5万元，其中地方财政收入42.81万元；渔民人均纯收入6524元。

是年　大陈岛渔业总产量33248吨，产值12416万元；其中养殖海水产品623吨，产值2749万元。

是年　大陈岛拥有股份制养殖场10家，深海抗风浪网箱30只，常规标准网箱1300只，总投资1800万元。

是年　大陈岛扇贝、贻贝养殖面积450亩，销售162吨。

是年　上岛游客2.47万人，第三产业产值1816万元。

2003 年

1月1日　经物价部门批准,大陈岛甲午岩景区于是日起开始收取门票,每人10元(含旅游人身保险)。

同日　大陈岛居民生活用电价格由每千瓦时1.05元,下调至0.53元。

1月2日　椒江至大陈快速客轮设计方案论证会举行,台州市港务局、台州市航管处、台州市海事处、台州市船检处、椒江区政府和交通、财政、审计、旅游等部门负责人参加会议,并形成会议纪要。

1月9日至12日　中共台州市椒江区第六次代表大会召开,选举黄志平为书记,高敏、钟夫寿、刘建华为副书记。

1月24日　大陈镇获得台州市文化明星乡镇称号。

2月21日　中共大陈镇第八次党代会第三次会议召开。徐玉银作题为《与时俱进,加快发展,为开创大陈发展新局面而努力奋斗》的工作报告,徐正友作题为《贯彻十六大精神,推进党风廉政建设,为大陈渔业渔村现代化建设提供坚强的政治保证》的纪律检查工作报告。

3月3日　大陈岛青少年宫由共青团椒江区委移交给大陈镇人民政府管理。

3月4日　椒江区政协常委会作出设立政协大陈镇工作委员会的决定,徐正友兼任副主任。

3月5日至6日　大陈镇十三届人民代表大会第二次会议召开。许鹏飞作政府工作报告,曹海军作人大主席团工作报告。会议作出《关于加强森林和岛礁资源管理的决议》。

3月6日　上大陈岛300吨级客货码头通过台州市交通局组织的专家组验收,被评为优良工程,同意交付使用。该工程自2001年

11月18日动工,至2002年12月20日完工。12日,码头正式投入使用,上大陈岛无法靠泊较大型船只的历史宣告结束。

3月8日　大陈岛浪通门巨浪碑落成。

3月17日至21日　政协台州市椒江区七届一次会议召开,选举钟夫寿为椒江区政协主席。

3月18日至22日　台州市椒江区七届人大一次会议召开,选举于百友为椒江区人大常委会主任,高敏为椒江区人民政府区长。

3月24日　郭锋任大陈镇经济发展办公室主任。

4月1日　椒江区青年联合会成立。

4月8日　包慧杰任大陈镇党政办公室副主任(主持工作)。

5月29日　下大陈岛浪通门至甲午岩公路图纸会审会议召开。

5月30日　根据浙江省人民政府省长吕祖善、副省长卢文舸批示精神,浙江省供电局局长陈积民一行在中共台州市委常委、常务副市长元茂荣和中共椒江区委书记黄志平等的陪同下,就解决大陈岛长远用电问题专程上岛考察,初步确定建设35WV海底电缆的方案。

5月　由戚俊伟主编、胡耀邦夫人李昭题写书名的反映大陈岛青年志愿垦荒队工作、学习、生活的《无悔的年华》一书,由中国戏剧出版社正式出版发行。

6月5日至6日　台州市关心下一代工作委员会主任陈幸均、副主任高仁涌率各县市区关工委负责人考察大陈岛,召开各界人士座谈会,慰问老垦荒队员,看望岛上中小学生,并向中共台州市委、市政府递交《关于大陈岛建设的几点意见》。中共台州市委书记史久武、常务副市长元茂荣分别作出批示。

6月11日　李俊任大陈镇政法民政办公室主任。

6月18日　罗仙桃任大陈岛海洋渔业公司经理。

6月26日　中共台州市委书记史久武上岛慰问驻大陈岛海防营官兵,并考察深水网箱养殖基地和计划建设的石油中转基地等。

7月22日　面积1000平方米、投资100万元的大陈边防派出所办公综合楼动工建设。

8月18日　总面积3万平方米的大小浦度假村工程开工。该项目总投资1500万元,建设规模为23幢别墅,建筑占地5050平方米,为欧式现代风格的度假型休闲别墅区。

8月20日　椒江区慈善总会成立。

9月24日　胡耀邦夫人李昭在天台宾馆与张菊莲、李京州、周银翠、李盛益等原大陈岛青年志愿垦荒队员代表座谈。

10月9日　椒江区司法局大陈司法所改为大陈镇政府内设司法所,人员由镇政府配置,业务归区司法局管理指导。

10月29日　高速客轮"庆达一号"正式投入使用。该轮拥有195个客位,航速18节,抗风浪能力8级,椒江至大陈航线航程控制在两小时左右。

11月7日　椒江区第一中学26位同学向中共台州市委、市政府报送《关于在大陈岛建立青少年实践营基地的建议》。中共台州市委副书记、市长瞿素芬作出批示。

11月12日　下大陈岛浪通门至甲午岩公路建设工程动工。

12月15日　郭锋任大陈镇人民政府镇长助理。

12月23日　上大陈岛火神庙至丁勾头公路工程通过竣工验收。该公路全长723.389米,路基宽5.0米,路面宽3.50米,工程于2002年10月18日开工,2003年5月10日完工,总造价110万元。

12月24日　大陈镇十三届人民代表大会第三次会议召开。会议补选许鹏飞为大陈镇人大主席,许训一为大陈镇人民政府镇长。

12月28日　中共大陈镇第八次党代会第四次会议召开。许鹏

义、史济锡、罗润海、黄志平、高敏等陪同考察。

8月28日　"大陈岛:东海明珠之旅"开游仪式在大陈岛举行,由台州市旅游局组织的28家旅行社的负责人参加活动。

9月1日　中共台州市委召开常委会议,专题讨论加快大陈岛开发建设有关问题。

9月5日　大陈镇旅游开发领导小组成立,许训一任组长,许鹤鸣、郭锋任副组长。

9月17日　椒江区海洋环境监测站在大陈岛成立。

同日　李俊任大陈镇党政办公室主任;王业任大陈镇社会事业发展办公室主任。

9月21日　中共椒江区委副书记、区长高敏率各街道办事处、区级机关各有关部门负责人上岛考察,听取工作汇报,研究大陈岛发展问题。

9月22日　大陈镇第八次妇女代表大会召开,杨月芬任副主席(主持工作)。

9月25日　为期一周的大陈镇渔业实用技术培训班开班,为失海渔民转产转业创造条件。

10月8日　李欠掌任共青团大陈镇委副书记(主持工作)。

10月11日　大陈岛海鲜鸡合作社成立。

10月15日　全省边防部队在椒江口外举行海上处理突发事件实战演练。中共浙江省委副书记、省政法委书记夏宝龙,省委副秘书长赵光君、省委政法委书记宋光宝、省公安厅副厅长牟高望、省公安边防总队总队长徐宽宥、省公安边防总队政委郑慧前和台州市、椒江区领导观摩演习。

10月21日　浙江省海洋渔业局局长叶鸿达一行上岛,考察大陈生态海洋经济区建设情况。

10月24日　中共大陈镇委发布《关于建设"平安大陈"的实施意见》。

10月31日　总投资638万元的"庆达号"高速客轮正式投入椒江至大陈航线运行。

11月1日　中共大陈镇委、镇人民政府被评为浙江省2004年抗台救灾先进集体。

11月8日　浙江省旅游局副局长姚升厚率考察组到大陈岛考察旅游资源状况,并进行"2004年浙江—台湾心手相连两岸旅游活动"线路踩点。

11月10日　中共台州市委、台州市人民政府出台《关于加快大陈岛开发建设的若干意见》,提出大陈岛开发建设要按照"生态岛、休闲岛、能源岛"的战略定位,努力做好"渔、游、港、能"四篇文章。

同日　中共台州市委、台州市人民政府成立由市委副书记、纪委书记陈聪道为组长、副市长胡斯球为副组长的大陈岛开发建设领导小组,并建立大陈岛开发建设管理委员会,与大陈镇委、镇政府一套班子两块牌子,人员交叉兼职,管委会主任可高配一级。

11月11日　从温州、台州等地赶来的102位原大陈岛青年志愿垦荒队队员,围聚在下大陈岛主峰凤尾山下的"大陈岛垦荒纪念碑"前,追忆往昔的青春岁月,共话大陈发展前景。

11月20日　台州市人民政府副市长朱贤良率考察组到大陈岛进行旅游资源考察。

11月　解放一江山岛战役纪念地项目列入《全国发展"红色旅游"总体规划2004年—2007年重点建设》红色旅游景区名单。

同月　张莉华、董晓燕任中共椒江区委副书记。

12月3日至4日　2004年第28号台风南玛都影响大陈岛,过程降水量107.3毫米,为有记录以来影响时间最晚的台风。

12月9日　椒江区海洋经济工作领导小组成立,中共椒江区委副书记、区长高敏任组长。

同日　苏永波任椒江区渔政渔港监督管理站副站长兼大陈分站站长。

12月14日　椒江区政府召集区发展计划局、海洋与渔业局、交通局、农林局、水利局、经贸局、国土资源分局、规划办公室、大陈镇政府等单位负责人,召开30万吨级大陈岛石油储运项目和乙烯项目用地预留及相关问题协调会议,并形成会议纪要。

12月15日　上、下大陈岛之间恢复交通航班,由"庆达5号"承运。

12月16日　"2004浙江—台湾心连心两岸互动旅游活动"正式启动,一百五十多位大陈籍台胞及后裔和台湾旅游界、新闻界代表上岛观光。浙江省人民政府副省长钟山,浙江省旅游局局长纪根立,台州市和椒江区领导蔡奇、张鸿铭、朱福初、李岳保、朱贤良、黄志平、高敏等参加。

2004年　大陈镇实现渔工业总产值13600万元;实现财政收入86.06万元,其中地方财政收入71.69万元。渔民人均可支配收入5338元。

是年　上岛游客3.5万人次。

岛考察调研,研究加快大陈岛开发建设工作。

7月30日　台州市人民政府副市长金长征上岛考察东海明珠文化建设工程和文化产业发展情况。

8月6日　2005年第9号台风"麦莎"在玉环县干江镇登陆,大陈岛遭到严重影响。

8月17日至18日　浙江省政协副主席徐鸿道及省政协委员共16人考察大陈岛文体设施,调研文体事业发展情况。台州市和椒江区领导金长征、张蕴华、郑福华、蔡云霞等参加。

8月18日　椒江区政府召集区建设规划分局、区房管局、区台湾事务办公室、大陈镇政府等部门负责人,就大陈镇公房(含代管大陈籍去台人员房产)管理有关问题进行专门协商,并作出会议纪要。中共椒江区委、区人大常委会、区政府领导管文新、管彦德、褚义军出席会议。

8月24日　中国城市规划设计院旅游研究中心主任、教授级规划师周建明等一行九人,上岛考察海岛旅游资源状况。

9月7日　大陈镇第十三届人民代表大会第六次会议召开,大会同意许鹏飞辞去镇人大主席职务。

9月11日　2005年第15号台风"卡努"正面袭击大陈岛后在路桥金清登陆。大陈岛上最大风力达59.5米/秒(17级),超过了2004年14号台风"云娜"58.7米/秒的风速记录,是中国气象史上有记载以来的最大风速。大陈岛倒塌房屋25间,严重受损250间,不同程度受损近千间。

9月16日　孙尚权任大陈岛开发建设管委会主任、中共大陈镇委书记。

9月25日　由浙江省旅游局、共青团浙江省委主办的"浙江省青少年红色之旅经典景区"评选活动揭晓,全省19个旅游风景区获得殊荣，包括大陈岛在内的"解放一江山岛战役纪念地"榜上有名。

9月27日　中共台州市委书记蔡奇率市四套班子成员和市级有关部门负责人到大陈岛考察调研。中共椒江区委书记王建平等陪同。

10月26日　浙江省人民政府副省长王永明一行上岛考察30万吨级油码头和5万吨级码头项目进展情况。中共台州市委常委、常务副市长元茂荣等陪同考察。

10月下旬　国家气象局授予大陈气象站"重大气象服务先进单位"称号。

11月3日　中国国际咨询公司专家调研组一行九人上岛考察30万吨级码头的建港条件。中共台州市委常委、常务副市长元茂荣等陪同。

11月15日至17日　来自温州、椒江的老垦荒队员及其亲属代表共一百八十余人上岛参加"游大陈，忆垦荒，展新篇"联谊活动。

11月22日　椒江区人民政府与路桥区人民政府签订《椒江区和路桥区海域行政区划界线协议书》。

11月26日　三十多名椒江籍商界精英汇聚大陈岛，考察海岛旅游和经济发展状况，分析大陈岛投资前景。

12月9日　大陈镇引进企业——台州新开元海运有限公司建造的"浙海351号"万吨轮投入营运。

12月10日　第二届中国台州旅游节开幕式暨2005年"百家媒体记者聚焦台州"全国旅游新闻摄影大赛在台州举行，来自全国六十多家地市级新闻媒体的百余名记者上岛采风。

12月14日　在温州市区的原大陈岛青年志愿垦荒队员聚会，纪念上岛垦荒、建设大陈岛50周年。

12月19日　共青团椒江区委组织二十多名团员代表奔赴温州，开展"寻访垦荒史，重走垦荒路、传递垦荒火炬"活动，掀起椒江青年

纪念大陈岛垦荒活动热潮。

12月21日 许训一、何光明、王星任大陈岛开发建设管理委员会副主任。

12月24日 上午,台州市暨椒江区纪念大陈岛垦荒50周年大会在椒江剧院隆重举行。胡耀邦夫人李昭发来贺电,浙江省政协副主席徐鸿道,共青团中央常委、宣传部部长刘可为,共青团浙江省委书记赵一德,台州市领导蔡奇、张鸿铭、陈子敬、陈聪道、周国辉和椒江区领导王建平等出席。中共台州市委书记蔡奇在会上发表《弘扬大陈岛垦荒精神,加快推进台州"两个社会"建设》的主旨讲话。

同日 下午,中共椒江区委、区政府召开大陈岛老垦荒队员座谈会,区委书记王建平发表主旨讲话,区四套班子成员参加。

同日 晚上,参加大陈岛老垦荒队员座谈会全体代表向中共椒江区委、区政府递交建议书,提出:(一)把大陈岛电影院恢复为大陈岛友谊俱乐部,并列为文物保护单位,设立碑记;(二)建立陈显坤、王小玉烈士陵墓,并设立路牌;(三)营造垦荒纪念林,为省级森林公园添景;(四)扩建垦荒纪念碑园区,设置纪念亭、长廊等;(五)对大陈岛青少年宫内垦荒业绩陈列室进行扩容,并增添防腐防潮设施。中共椒江区委书记王建平当即作出批示。

12月 周桂华任中共大陈镇委副书记、纪委书记;郭锋、汤永胜任委员。

12月29日 大陈岛上第一家大型连锁超市——台州华联超市大陈连锁店开业。

2005年 大陈镇实现渔工业总产值14090万元。财政总收入118万元,首次突破百万元,其中地方财政收入90万元。渔民人均可支配收入5680元。

是年 上岛游客3.9万人次。

编姚建杭等一行上岛,就在大陈岛建造中国第一座硬笔书法碑林事宜开展调研。

同日　台州市大陈冷冻脱脂鱼粉厂完成股份制改造。

7月10日　大陈镇举行台州首个"防台风日"宣传活动。

7月27日　周桂华、罗仙桃任大陈岛开发建设管委会副主任。

8月2日　椒江区海洋经济发展规划评审会召开。

8月3日　中共台州市委书记蔡奇和市委副书记陈聪道、周国辉及副市长徐仁鹤、台州军分区副司令员姜长超等赴大陈岛考察调研,并召开大陈岛开发建设工作汇报会。蔡奇要求椒江区和市直有关部门围绕建设"三岛四基地"的目标,进一步加大大陈岛开发力度,并就加快基础设施建设、推进新渔村建设、进一步形成开发大陈岛大格局提出具体工作要求。中共椒江区委书记王建平等陪同。

8月4日　浙江省政协副主席、农工民主党浙江省委会主委徐鸿道一行代表农工民主党浙江省和台州市、椒江区三级委员会到大陈岛捐赠医疗用品。台州市和椒江区领导陈子敬、王建平、刘建华、管文新等陪同。

8月17日　中共椒江区委副书记、政法委书记蒋冰风上岛考察经济发展和社会治安状况。

8月21日　阮华平任中共大陈镇委、镇政府驻上大陈工作组组长。

8月25日　椒江区人民政府副区长吴坚斌、林定刚等上岛调研。

8月26日　下大陈客运站新候船大厅落成。

8月29日　中共浙江省委书记、省人大常委会主任习近平考察大陈岛,看望在岛上的大陈岛垦荒队员,作出"大陈岛开发建设大有可为"的重要指示。中共浙江省委常委、秘书长李强,省人大常委会代表与选举工委主任王建华,省委办公厅副主任舒国增,省委组织部副部长胡坚和台州市、椒江区领导蔡奇、王建平等陪同。

8月31日　经浙江省文物鉴定中心专家鉴定,大陈岛陈列馆内七件垦荒纪念品被确定为省级文物。其中,1956年1月第一批垦荒队员上岛时团中央授予的"建设伟大祖国的大陈岛"旗帜和中共温州市委授予的锦旗为省二级文物;胡耀邦赠送的望远镜、垦荒队队旗、获奖锦旗、煤油灯、养猪记录单为省三级文物。

同日　大陈岛最高气温35.1℃,为有记录以来最高值。

8月31日至9月1日　中共大陈镇第九次代表大会召开,孙尚权作工作报告,阮华平纪律检查工作报告。会议选举由许鹤鸣、阮华平、孙尚权、周桂华、郭锋组成的第九届委员会,孙尚权任书记,周桂华、阮华平任副书记;选举阮华平为纪委书记。

9月1日　按照椒政办发〔2006〕124号文件规定,自2006年秋季开学开始,对接受义务教育的学生免除学杂费。

9月2日　中央电视台《见证》栏目组上岛采风,拍摄反映大陈岛50年变化的专题片《大陈今昔》。

9月25日　阿联酋迪拜ETHRAA国际财团投资顾问公司执行总裁乌撒玛、总经理拉提夫等一行8人上岛,考察30万吨级石油储运码头建设条件。椒江区人大常委会副主任管彦德等陪同。

10月10日　大陈镇引进的造船企业——台州市银环海运有限公司制造的"银环11号"万吨轮顺利下水.

10月　大陈岛马道头养殖合作社羊栖菜养殖基地被认定为省级无公害水产养殖基地。

10月31日至11月3日　中共台州市椒江区第七次代表大会第一次会议召开,选举王建平为书记。

11月2日至3日　40多名原大陈岛青年志愿垦荒队员到江西九江共青城进行学习考察活动,两地垦荒队代表共同栽下一棵"团结友谊缅怀耀邦"木槿纪念树。

11月27日　阮敏洁任共青团大陈镇为副书记(主持工作);邱丽英任大陈镇妇联副主席(主持工作)。

12月10日　上大陈岛中咀避风港项目初步设计评审会召开。

12月11日　椒江区人大常委会副主任管彦德等三人给中共椒江区委、区政府递交《关于上大陈岛当前亟需解决的几个问题》,就上大陈岛医疗条件简陋、北岙村不通电话和广播电视等提出意见,中共椒江区委书记王建平作出批示。

12月18日　大陈镇质量兴镇领导小组成立,周桂华任组长,何光明任副组长。

12月26日　上大陈岛中咀避风港建设工程开工,港池面积369亩,可容400艘小型渔船避风。

12月26日至27日　由共青团浙江省委副书记徐旭率领的2006浙江省青年山海协作系列行动之"科技、文化、卫生下乡活动"在大陈岛举行。

至12月底,大陈岛建成深水网箱省级无公害基地两个,共有深水抗风浪网箱116个,养殖面积150公顷,成为全国最大的深水抗风浪网箱养殖基地。

2006年　大陈镇实现渔工业总产值17000万元。财政总收入247万元,其中地方财政收入206万元。渔民人均可支配收入5930元。

是年　大陈镇共有渔轮32对、近海涨网作业船只205艘,捕捞总产量33103吨,产值11256万元。

是年　共投放生态型人工鱼礁1.5万空立方米,投放黑鲷15万尾;设立四处浙江省岛礁贝类增养殖试验区,人工增殖放流3000公斤荔枝螺、两万只鲍鱼幼苗和1500公斤各类贝壳苗,共计两亿颗(粒),并授权村集体及渔民专业合作社做好后期抚育工作。

是年　上岛游客4.6万人次,比上年增长15%。

6月10日　台州电视台、台州歌舞团组织文艺节目上岛,为海岛群众献演。

6月14日　椒江区政府召集区水利局、财政局、审计局、监察局、建设规划分局、新农村建设办公室、大陈镇政府、台州军分区海防营、台州自来水公司等单位负责人,就解决上大陈岛军民用水问题进行专题协调,并形成会议纪要。椒江区人大常委会副主任管彦德参加会议。

6月25日　《大陈镇省级生态镇建设实施方案》发布。

6月27日　"天天物流"助学计划在大陈岛启动,椒江区副区长杨玲玲到场指导。

同日　由会长冯宗木率领的台北市台州同乡会一行上岛参观考察。

7月5日　椒江区人大常委会副主任管彦德上岛慰问困难群众,并送上慰问金。

7月9日至10日　政协台州市椒江区八届常委会第三次会议在大陈岛召开,会议专题听取大陈岛开发建设情况汇报。椒江区政协主席刘建华、区委副书记蒋冰风、常务副区长徐仁标、区人大常委会副主任管彦德等参加。

7月17日　国防大学副校长李殿仁中将率国防研究班学员一行,在浙江省政府副秘书长詹泰安、浙江省军区副参谋长李陆湘和台州市、椒江区领导陈铁雄、王建平等陪同下,考察大陈岛海防建设。

7月24日　大陈帆板队在浙江省青少年OP帆船锦标赛中获得2金3银1铜的佳绩。

8月14日　大陈岛遭遇二十年一遇的强降雨袭击。

8月29日　中共椒江区委副书记、纪委书记张迎华和区委常委、组织部部长朱崇敏,区委常委、统战部部长郑福华,区委常委、宣传部长周澍上岛调研基层组织建设情况。

9月9日　大陈实验学校校长翁丽芬作为"全国模范教师""巾帼建功标兵"荣誉称号获得者代表,应邀参加在北京举行的全国庆祝第23个教师节大会。

9月10日至11日　椒江区统战系统信息工作培训班在大陈岛举行,中共椒江区委常委、统战部部长郑福华等参加。

9月27日　中国石油天然气股份有限公司副总裁孙龙德上岛,考察30万吨级石油码头选址、规划等前期准备工作情况。中共台州市委副书记、代市长陈铁雄等陪同。

9月28日　椒江区政府召开上大陈岛中咀避风港建设有关问题协调会议,并形成会议纪要。椒江区领导郑福华、许良友等参加。

9月　大陈岛深水网箱养殖基地建设项目列入2007年农业部农业综合开发优势特色种养示范项目。

10月4日　由于受2007年第16号台风"罗莎"的影响,132名游客滞留大陈岛;6日至7日,"罗莎"袭击浙东沿海,大陈镇委、镇政府全力做好各项保障工作;8日下午,滞留在大陈岛的旅客全部安全接回椒江。

10月15日　大陈镇非物质文化遗产保护工作领导小组成立,周桂华任组长,王星任副组长。

11月6日　大陈镇政府会同椒江海事局成功营救27名在大陈海域遇险的船员。

11月8日　香港椒江同乡会参访团一行27人考察大陈岛。

11月15日　公安部"三基"工作检查组一行20人考察大陈岛,检查大陈边防派出所的"三基"工作。

11月20日　浙江省文史研究馆党组书记方泉尧一行14人上岛考察调研,中共椒江区委副书记、区委政法委书记蒋冰风陪同。

11月28日　椒江区首届渔民就业洽谈会举行。

12月17日　椒江区政府常务会议讨论《大陈岛总体规划》编制和岛际交通等问题,并形成会议纪要。

12月18日　浙江省防汛抗旱指挥部、省人事厅等部门表彰我省荣获全国防汛抗旱先进集体和模范个人,大陈镇政府周桂华榜上有名。

12月24日　椒江区政府召集区安监局、公安分局、国土资源分局、大陈镇政府等单位负责人,专题协调大陈岩仓移位问题,决定从下大陈岛潮化室移至竹牛坑。

12月29日　台州市人民政府命名大陈镇为教育明星乡镇。

2007年　大陈镇实现渔工业总产值16900万元。财政总收入1052万元,其中地方财政收入737万元,分别比上年增长378.2%和309.4%。渔民人均纯收入7065元。

是年　列入台州市发展循环经济重点项目的大陈岛生态休闲型人工鱼礁共投放62只报废船只和钢架礁体,共计3.1万空立方米,完成投资351.13万元,并通过省级中期验收。

是年　大陈镇共有渔船32对、近海涨网作业船只205艘,捕捞总产量35931吨,产值16210万元,被认定为浙江省农业优势特色产业强镇。

是年　利用军事坑道和民房改建成避灾中心12处。

是年　上岛游客5.2万人次。

先进个人,大陈镇政府榜上有名。

8月7日 《大陈岛总体规划》征求意见会召开。椒江区领导郑福华、管彦德、褚义军出席。

8月14日 中共浙江省委副书记、省长吕祖善和副省长金德水率省级有关部门负责人赴大陈岛考察大石化项目。台州市和椒江区领导张鸿铭、陈铁雄、元茂荣、王建平等陪同。

8月26日 壳牌中国集团主席林浩光一行6人上岛,考察30万吨级石油中转码头选址情况。中共台州市委常委、常务副市长元茂荣陪同。

8月29日 陈方志任中共大陈镇委委员、中共大陈岛开发建设管委会工委委员。

9月3日 大陈镇浙椒渔6119、6120船对被台州市综治委、台州市公安边防支队命名为2008年度台州沿海"爱民固边"模范船。

9月4日 椒江区政府召开一江山岛战役纪念地保护性规划和旅游规划会审会议,并原则予以通过。台州市政协副主席、市旅游局局长张正煜和椒江区副区长褚义军、区政协副主席李荣芳等出席。

9月17日 王业任大陈镇综合治理办公室(民政办公室、信访办公室)主任。

9月18日 台州市人民政府副市长李跃程上岛考察大陈渔港建设情况。

10月7日 椒江区政府第22次区长办公会议听取大陈镇政府有关大陈岛际交通船只建设情况的汇报,就投资规模、业主单位、运营主体、招标方式等问题形成会议纪要。

10月8日 应勇任大陈岛开发建设管委会副主任。

11月3日 台州市政府召集市发改委、海洋与渔业局、港航管理局、海事局、石化项目办等单位负责人,就大陈岛30万吨级码头及大港湾1至5万吨级综合配套码头工程海域海上作业航行相关事宜进行专题协商,并形成会议纪要。

11月12日 浙江省人民政府发文,批准设立台州大陈省级海洋生态特别保护区,保护范围2160公顷,主要在竹屿——洋旗岛海城。

11月19日 中共椒江区委、区政府表彰参加台州市第三届运动会的椒江区先进集体和先进个人,大陈实验学校和优秀教练员梅志浩、朱敏及优秀运动员魏梦喜等受到表彰。

12月1日 温州市举行"青春相伴的日子——纪念改革开放30周年温州青年群英会",原大陈岛青年志愿垦荒队队长王宗楣出席群英会并获得奖章。

12月12日 在大陈镇政府和椒江区台湾事务办公室、椒江区教育局的牵线下,椒江区中山小学与台湾基隆长乐小学缔结为友好学校。

12月18日 中共浙江省委巡视组一行考察大陈岛。台州市和椒江区领导王文娟、王建平、张迎华等陪同。

12月29日 中共椒江区委书记王建平主持召开大陈镇避灾中心建设专题协调会,决定新建3处避灾中心、改建2处避灾中心,并要求在2009年台风季节来临前建成投用。

12月30日 浙江省环境保护局命名大陈镇为浙江省第五批"省级生态乡镇"。

2008年 大陈镇实现渔工业总产值20500万元,首次突破2亿元,比上年增长21.3%。财政总收入2006万元,首次突破两千万元;其中地方财政收入1218万元,比上年分别增长90.68%和65.26%。渔民人均纯收入7902元,比上年净增722元,增长10.06%。

是年 实现渔业捕捞总产量37800吨,总产值13400万元;海水养殖产值992万元。

是年 开展海岛文物普查工作,新发现文物点11处。

是年 上岛游客4万人次。

2009 年

1月15日至16日　中共大陈镇第九次代表大会第四次会议召开。孙尚权作题为《解放思想,坚定信心,迎难而上,抢抓机遇,努力开创大陈经济社会发展新局面》的工作报告,阮华平作题为《坚持科学发展,强化纪检职能,为我镇经济社会全面发展提供坚强保证》的纪律检查工作报告。

1月16日至17日　大陈镇第十四届人民代表大会第三次会议召开。何光明作政府工作报告,郭锋作人大主席团工作报告。

1月16日　椒江至大陈广播电视节目海岛微波传输联网工程安装调试完毕,所传送的11套省、市电视节目基本达到收看要求。

同日　大陈镇避灾中心选址正式确定。上大陈岛为原老人协会地块,面积285平方米,拟建540平方米以内。下大陈岛一处为卫星村地块,面积112.5平方米,拟建220平方米以内;一处为60平方米的玻璃坑坑道口地块,拟建60平方米以内。以上项目,总投资约300万元。

2月6日　椒江区人民政府发布《椒江区标准渔港建设规划》。

2月11日　大陈镇政府会同椒江区海洋与渔业局在洋歧海域放流岩头蟹苗种20万只。

2月12日　在温州市区的原大陈岛青年志愿垦荒队员聚会,纪念上岛垦荒、建设大陈岛53周年。

2月18日　共青团大陈镇第十二次代表大会召开,选举曹毅侃为书记,项孔军、张健为副书记。

3月2日　《椒江30年记忆》丛书首发式举行。

3月6日　南京军区司令员赵克石上将、副司令郑炳清中将,在

政府、台州军分区、浙江省长途电信线务局和台州市发改局、海洋与渔业局、港航管理局、海事局、海防口岸办、电信公司、椒江区政府、路桥区政府等单位，举行《浙江台州炼化一体化工程大陈岛至黄礁岛海底输油管道路由勘察报告》审查会议，并形成会议纪要。

11月6日　大陈镇第十四届人民代表大会第四次会议召开。会议补选何光明为大陈镇人民政府镇长，杨昌官为镇人大主席团副主席，徐驰为副镇长。椒江区人大常委会副主任管彦德到会指导。

11月13日　椒江区政府召集区发改局、交通局、财政局、监察局、海洋与渔业局、审计局、大陈镇政府等单位负责人，就上大陈岛南岙村至北岙村联网公路中咀段建设有关问题进行专题协调，并形成会议纪要。

11月26日　35千伏大陈陆岛联网输变电工程正式进入投运调试。该工程为浙江省重点建设项目，总投资1.1亿元，历时三年完工。

11月27日　总投资2.87亿元的大陈岛风力发电一期工程进入并网发电，预计年发电量5890万千瓦时。

11月　国家国防教育工作办公室发文，命名"解放一江山岛烈士陵园"为国家国防教育基地。

12月9日　椒江区发改局批复大陈镇政府要求建造浪通门大坝的项目建议书。拟建大坝长170米，高15米，坝顶宽6米，坝顶防护胸墙高1.2米、厚0.3米，估算总投资2000万元。

12月10日　中共椒江区委、区人民政府举行"台湾大陈人士故乡行"招待酒会，中共椒江区委书记王建平在酒会上致辞。有24名台湾各地市民代表、有一定影响力的大陈籍台胞组成的返乡访问团，12月9日至11日到椒江和大陈岛开展寻根访友、文化交流、经贸洽谈活动。

12月12日　大陈镇通过台州市文明乡镇验收。

2009年　大陈镇实现渔工业总产值17000万元。实现财政总收入977万元,比上年下降36.8%;其中地方财政收入744万元,比上年下降44.1%。渔民人均纯收入8696元,比上年净增794元,增长10%。

是年　实现渔业捕捞总产量38600吨,总产值14000万元;海水养殖产值1316万元。

是年　共为居民免费体检802人次。

是年　上岛游客六万人次。

2010年

1月18日　中共椒江区委、区人民政府召开纪念解放一江山岛55周年座谈会。原二十军军长、国务委员兼国防部长梁光烈题词,部队首长和海协会领导何其宗、张翔、赵国均、黄恒美、王在希、张远、张卫兵、辛光军、徐远林、黄银贵、郭之柯等出席,台州市和椒江区领导陈铁雄、肖培生、王建平等参加。

同日　椒江区新的社会阶层人士联谊会大陈岛服务基地成立,并邀请老垦荒队员等举办"难忘垦荒史"座谈会。

1月27日　中共大陈镇第九次代表大会第五次会议召开,孙尚权作题为《抢抓机遇,乘势发展,改革创新,努力开创大陈科学发展新局面》的工作报告,阮华平作《全面加强反腐倡廉建设,为加快大陈科学发展创造良好环境》的纪律检查工作报告。会议邀请少数民族代表、离退休老干部列席,这在大陈岛尚属首次。

1月28日至29日　大陈镇第十四届人民代表大会第五次会议召开。何光明作政府工作报告,杨昌官作人大主席团工作报告。

1月29日　大陈司法所成立。

1月31日　在温州市区的原大陈岛青年志愿垦荒队员聚会,纪念上岛垦荒、建设大陈岛54周年。

2月3日　大陈岛陆岛联网输变电暨风力发电工程和中咀避风港建设工程竣工投运仪式举行,台州军分区副司令员蒋亮东和椒江区领导林定刚、管彦德、许良友、刘碎雪等出席。

3月4日　上、下大陈岛岛际交通船"庆达12号"投运。

3月8日　大陈镇妇联、文化站举办庆"三八"海岛妇女长跑比赛。

源岛、青春岛;"四基地"即海洋生态渔业基地、海岛旅游休闲基地、石油储运基地、风力发电基地。

9月7日　中共台州市委书记陈铁雄率市直机关负责人到椒江专题调研大陈岛开发建设问题。

9月10日　中共椒江区委召开常委扩大会议,学习传达贯彻中共浙江省委书记赵洪祝考察大陈岛时的重要讲话精神,提出进一步推进大陈岛开发建设的意见。

同日　大陈镇成人文化技术学校成立。

9月15日　叶兆林任中共大陈镇委、镇政府驻上大陈工作组组长。

9月16日　大陈镇第十四届人民代表大会第六次会议召开。何光明作《关于大陈镇总体规划编制的说明》,会议通过《大陈镇总体规划(2008—2025)》,补选孙宇峰为大陈镇人民政府副镇长。

9月28日　台州市委市政府农村工作办公室等五单位发起的台州市农家乐五十佳评比活动揭晓,大陈镇卫星村被评为农家乐特色村,海城酒店、名弘宾馆被评为农家乐经营户。

10月8日　浙江省科学技术协会命名大陈镇为第六批浙江省科普示范乡镇。

10月12日　大陈岛少数民族服务站成立,郑雪梅任站长。

10月19日　池德杰等15名老垦荒队员倡议在大陈岛上竖立一尊胡耀邦同志纪念铜像,得到广大老垦荒队员和大陈岛干部群众的热烈响应,几日内就有206人参加捐款,共捐资26万元。

10月21日　王卫国任大陈镇社会事务管理办公室(人口与计生办公室)主任。

11月1日　浙江省渔政管理处、台州市海洋与渔业局联合在竹屿海域进行增殖放流,共投放黑鲷鱼苗66.7万尾,贻贝苗1.25万公斤。

同日 据第六次人口普查统计,大陈镇户籍人口3642人,外来人口957人(其中来自省外人员406人)。

11月10日 台州市交通局组织相关部门和专家对大陈岛环岛公路进行验收,评定为优良工程,同意交付使用。

11月25日 台州市司法局、台州市民政局、台州市依法治市普法教育领导小组办公室表彰首批"台州市民主法制村",大陈镇南岙村榜上有名。

11月 大陈岛风力发电CDM项目在联合国能源部门成功注册,获国际项目级碳汇交流资格。

12月2日 浙江省共青团组织参与"大陈青春岛"建设誓师大会在大陈岛垦荒纪念园区举行。共青团浙江省委副书记苗伟伦、中共台州市委副书记肖培生、中共椒江区委副书记蒋冰风等出席。

12月6日 椒江区政府召集有关部门,就大陈岛地震综合台建设的有关问题进行专题协调,决定在镇政府南坡建设面积100平方米的建筑,并进行深井钻探、设备安装,总投资90万元。椒江区副区长施招英出席。

12月20日 大陈岛开发管理委员会主任、中共大陈镇委书记孙尚权和原大陈岛青年志愿垦荒队队长王宗楣及垦荒队员代表张其元等,专程赴北京看望胡耀邦夫人李昭,对其90寿诞表示祝贺。

同日 经椒江区慈善总会批准,大陈慈善分会成立,陈方志任会长,陈仙友任副会长。

12月24日 大陈镇十二五规划研讨会举行,椒江区人大常委会副主任管彦德、区政协副主席刘碎雪和区级机关各有关部门负责人出席。

12月28日 在温州市区的原大陈岛青年志愿垦荒队员聚会,纪念上岛垦荒、建设大陈岛55周年。

2010年　大陈镇实现重点项目建设资1201万元。渔工业生产总值25000万元,比上年增长44%。渔业总产量14157吨,总产值5332万元;其中海水养殖产值1000多万元。财政总收入1305万元,其中地方财政收入1305万元,分别比上年增长33.57%、39.1%。渔民人均纯收入9652元,比上年净增956元,增长11%。

是年　编制完成《大陈镇国民经济和社会发展十二五规划》《大陈岛(镇)总体规划(2008—2025)》《大陈岛总体发展概念规划》《大陈镇土地利用总体规划》。

是年　大陈岛黄鱼地理证明商标通过国家工商总局认定正式注册成功,成为我区首个地理证明商标。

是年　大陈岛周边海域新投放25000空立方人工鱼礁,放流曼氏无针乌贼受精卵140万粒、黑鲷66.67万尾、贻贝25000公斤。

是年　植树造林108亩,抚育8020亩,通过浙江省沿海防护林建设验收。

是年　大陈岛用电负荷达到4022kW。

是年　上岛旅客八万人次。

10月27日至28日　中共浙江省委常委、纪委书记任泽民到大陈岛调研,慰问老垦荒队员,考察便民服务中心。中共台州市委常委、纪委书记陈章永和中共椒江区委副书记、纪委书记张迎华陪同考察。

11月2日　椒江区大陈渔港建设领导小组成立,许良友任组长,孙尚权、李昌建、邱家正、林维平任副组长;下设指挥部,李昌建任指挥,何光明、陶剑波、甘国跃任副指挥,何光明兼任指挥部办公室主任。

11月4日　椒江区政府召集区级机关各相关部门和大陈镇政府负责人,就台州炼化一体化项目上大陈岛南岙村油罐区涉及土地、房屋拆迁等有关问题进行专题协调。中共椒江区委常委、常务副区长管文新出席。

11月15日　林金荣任椒江区人民政府副区长、代区长。

11月17日至19日　以"同一个大陈、同一个梦想"为主题的海峡两岸首批海岛大陈人家庭结对活动在大陈岛举行,来自台湾的颜达中等五户大陈人与大陈岛上的李京州等五户垦荒队员结成"对子",互为"亲戚"。

12月7日　椒江区政府常务会议听取大陈镇政府工作汇报,讨论上大陈岛南岙码头建设问题和设立大陈岛综合开发试验区、对台文化交流与经贸合作先行区等有关事项,并作出会议纪要。

2011年　大陈镇实现渔工业总产值28188万元。财政总收入1555万元,比上年增长19.2%;其中地方财政收入1305万元,比上年增长26.08%。渔民人均纯收入10810元,比上年增长24.3%。

是年　大陈岛周边海域放流曼氏无针乌贼受精卵204万粒、梭子蟹苗957万只、海蜇苗930万只。

是年　共植树造林650亩。

是年　共免费为居民体检4788人次。

是年　上岛游客8.9万人次,比上年增长20%。

2012 年

1月11日至12日　大陈镇第十五届人民代表大会召开,何光明作政府工作报告,杨昌官作人大主席团工作报告。会议选举李昌建为镇人大主席,杨昌官为副主席;选举何光明为大陈镇人民政府镇长,应勇、孙宇锋、徐卫兵为副镇长。会议确定今后五年工作的总体思路是:深入贯彻落实科学发展观,按照"四岛四基地"的战略部署,以浙江海洋经济战略推进为契机,以生态保护、旅游开发为抓手,着力改善民生、建设和谐社会,实施生态引领、民生推进、开发带动、陆岛联动四大战略,全面推进省级森林公园、省级海洋生态特别保护区、省级中心镇、台州海洋经济集聚区建设,积极打造浙江省海岛综合开发试验区、国家级生态镇、省级旅游岛、AAAA级景区,努力建设"小康的大陈,现代化的大陈",使大陈成为璀璨的东海明珠。椒江区领导孙尚权、管彦德、徐赞军应邀到会指导。

1月12日　在温州市区的原大陈岛青年志愿垦荒队员聚会,纪念上岛垦荒、建设大陈岛56周年。

1月19日　李昌建任大陈岛开发建设管理委员会主任。

2月27日至3月2日　政协台州市椒江区九届一次会议召开,选举董晓燕为椒江区政协主席。

2月28日至3月3日　台州市椒江区九届人大一次会议召开,选举万敏杰为椒江区人大常委会主任,林金荣为椒江区人民政府区长。

3月12日至13日　中共椒江区委常委、统战部部长孙尚权等到大陈岛开展"进村入企"大走访活动。

3月26日至27日　全国政协常委、九三学社中央副主席赖明一行到大陈岛考察。九三学社浙江省委会副主委叶烈窑,台州市政协

副主席张蕴华等陪同考察。

3月27日　余禹溪任大陈自来水厂厂长。

4月15日至25日　由中央电视台记录频道策划的十集电视纪录片《激战一江山》在一江山岛、大陈岛进行采风和实景拍摄。

4月19日　郑锡江任中共椒江区委副科级组织员。

4月20日　国土资源部副部长、国家测绘地理信息局局长徐德明率国土资源部、国家发改委、国家海洋局等相关部门负责人上岛，看望岛上测绘工作者。

4月　路桥区金清港白沙客运码头正式动工建设。

5月2日　共青团中央第一书记胡春华在北京京西宾馆看望应邀参加中国共产主义青年团成立90周年纪念大会的原大陈岛青年志愿垦荒队队长王宗楣。

同日　上大陈岛南岙500吨级客运码头建设工程动工。

5月4日　王宗楣作为新中国成立以来先进青年典型之一，应邀出席纪念中国共产主义青年团成立90周年大会，受到中共中央总书记胡锦涛等领导亲切接见。

5月8日至9日　椒江区政协主席董晓燕率大陈岛开发调研组上岛视察。调研组考察了一江山岛、上下大陈岛，并在大陈岛青少年宫召开座谈会，听取大陈岛开发建议管委会有关开发建设情况介绍。与会人员就大陈岛开发中长期发展规划、开发定位、发展路径、要素保障以及政策支持等提出了许多前瞻性、建设性的意见建议。

5月16日　中共浙江省纪委副书记、省监察厅厅长、预防腐败局局长马光明到大陈岛调研党员180服务中心和大陈镇便民服务中心建设情况。中共台州市委常委、纪委书记陈章永等陪同。

5月29日　浙江省涉台教育基地授牌仪式在大陈岛青少年宫举行。浙江省台办副主任陈正仁，中共椒江区委常委、统战部部长孙尚

补助标准从每月800元提高到每月1000元,在岛去世的老垦荒队员遗属补助标准从每月200元提高到每月400元。

2月25日　在温州市区的原大陈岛青年志愿垦荒队员聚会,纪念上岛垦荒、建设大陈岛57周年。

3月21日　中共大陈镇委、镇政府在大陈岛青少年宫召开大陈镇创建省级森林城镇暨镇区绿化动员会。

3月28日　大陈岛入选由中国城市研究院、世界文化地理研究院、亚太环境保护协会等部门联合主持评选的100个中国海洋宝岛榜单,排名第12位。此次宝岛评选旨在倡导公众"亲岛、爱岛、游岛、绿岛、护岛",评选指标主要包括海岛的本土及海外知晓率与美誉价值、海岛历史文脉与国土地标价值、海岛资源环境禀赋价值、海岛景观美学价值、海岛旅游休闲可塑性价值、海岛科学考察及生态保护价值、海岛科学合理开发利用价值等指标,同时考虑市民口碑、专家口碑和媒体口碑等因素。

4月2日　台州市暨椒江区隆重举行祭扫解放一江山岛烈士陵园活动。

4月20日　浙江省政协副秘书长单志强率省政协调研组上岛调研。调研组一行实地考察了大陈岛海岛保护、城镇建设、旅游开发等情况,参观了大陈青少年宫,听取了大陈岛开发建设管委会的工作汇报。

5月2日　由中共椒江区委宣传部、共青团椒江区委、中共大陈镇委、椒江区党外知识分子联谊会、椒江图书馆等单位共同组织的"建设青春岛,唱响中国梦"活动启动仪式,在大陈岛垦荒纪念碑园区举行。中共十八大代表、浙江省十大杰出青年、大陈岛阳光教育中心负责人翁丽芬和六十多名团员青年共同发出"建设青春岛,唱响中国梦"的誓言。

5月3日　温州科技职业技术学院经贸管理系团总支组织25名团员登上大陈岛,开展"温州青年重走垦荒路,旗帜飘扬践行中国梦"活动。

6月7日　上午,一场特大暴雨袭击大陈岛,降雨量达到213毫米,导致道路严重受损和部分山体滑坡,直接经济损失1044.8万元。

6月13日　椒江区政府召集区民政局、财政局、水利局、交通运输局、住建分局、国土资源分局、慈善总会、大陈镇政府等单位负责人,就大陈岛特大暴雨灾后救助和重建有关事项进行专题协商,要求各有关部门齐心协力,开展救灾助困工作,帮助海岛人民重建家园。

6月　人陈岛一级渔港修复与整治工程列入国家海洋渔业局重点建设项目。

7月16日　中共大陈镇委、镇政府组织卫生系统人员在下大陈岛三角街开展纪念第24个世界人口日暨"计生国策"宣传月义诊活动。

8月12日至15日　2013年首届台(州)台(湾)两岸青少年武术文化交流大会在椒江举行。

8月26日　国家住建部、文化部、文物局等部门公布第二批列入中国传统村落名录的村落名单,大陈镇大小浦村榜上有名。

8月下旬　总投资八百多万元的大陈实验学校和大陈镇中心幼儿园修建工程完工并投入使用。

8月　2013年第12号台风"潭美"严重影响大陈岛。

9月5日　2013年中国(台州)东海文化旅游节在椒江开幕,来自上海、浙江、福建等二十多个省市的旅行社和七十多家新闻媒体记者参加活动。

9月10日　中共中央办公厅秘书局办文处和中共浙江省委办公厅督察室负责人上岛考察,看望老垦荒队员,瞻仰大陈岛青年广场胡

耀邦纪念铜像。

9月23日　中国帆船帆板协会高水平后备人才基地授牌仪式举行,标志着椒江第一个国家级竞技体育项目人才培养基地正式诞生。国家体育总局水上运动管理中心运动一部部长姚新培为基地授牌,台州市和椒江区领导徐林德、林金荣等出席。

10月5日至8日　2013年第23号台风"菲特"严重影响大陈岛,岛上基础设施、海水养殖严重受损。

10月16日　中共椒江区委、区政府召开大陈岛开发建设推进会,专题研究如何加快大陈岛开发建设。

10月　大陈实验学校被浙江省普法办公室列为全省首个"法制动漫园地"。

11月12日　十集电视纪录片《激战一江山》在中央电视台首播。

11月　大陈岛森林公园被浙江省林业厅等部门授予"浙江省生态公园"称号。

12月4日　总投资1080万元的上大陈岛南岙500吨级客运码头工程通过竣工验收。

12月　台州市大陈岛综合开发有限公司和卫星、胜利、凤尾、大沙头、南岙、北岙六个村经济合作社共同出资成立大陈岛惠民旅游开发有限公司,初始注册资金40万元。

2013年　大陈镇实现渔工业总产值40670万元,比上年增长16.9%。实现财政总收入1823万元,其中地方财政收入1418万元,分别比上年增长19.4%和13.6%。渔农村居民人均可支配收入13318元,增长10%。

是年　全镇实现渔业捕捞产量48976吨,比上年增长1%;实现渔业总产值34865万元,比上年增长20.7%。实现海水养殖总产量3257吨,比上年增长1.1%,实现养殖总产值6855万元,比上年增长

米、游步道27393平方米、观景平台3620平方米、餐厅和管理用房建筑面积1264.83平方米,总投资6263.5万元。椒江区副区长程建乐出席。

7月8日 一江山岛战役遗址一期工程正式动工。中共椒江区委常委蔡士荣任工程建设指挥部总指挥,倪国正、楼祖民、夏善文等任副总指挥。

7月上旬 由台州市恒胜水产养殖专业合作社投资800万元建设的铜合金网海水养殖场正式建成投用。至是年年底,成品鱼销售额共计800多万元,当年收回投资。

7月13日 椒江区政府召集区交通运输局、港航管理处、大陈镇政府、荣远客运公司、大陈客运公司等单位负责人,就椒江至大陈客运航线有关问题进行专门协调,决定自7月21日起取消大陈客运公司的预订票,统一由荣远客运公司售票,每航班预留20%客票用于大陈居民和驻岛部队官兵出行,并适时进行调整。中共椒江区委常委蔡士荣出席。

7月21日 椒江区政府召集区发改局、风景旅游局、交通运输局、海洋与渔业局、工商分局、海事处、港航管理处、大陈镇政府、前所街道办事处、椒渔总公司等单位负责人,就一江山海洋旅游开发有限公司休闲渔船项目有关问题进行专门协调,并形成会议纪要。中共椒江区委常委蔡士荣出席。

8月8日 全长3700米、宽39.5米的海门大桥(椒江二桥)于零时正式通车。该桥桥型为双塔双索面斜拉桥,塔高153米,通航净空高度40米,总投资19亿元。

8月28日 椒江区政府常务会议听取大陈镇政府工作汇报,讨论提高在岛老垦荒队员定期生活补助问题,决定将在岛老垦荒队员补助标准从每月1000元提高到每月1200元,在岛去世的老垦荒队员遗属补助标准从每月400元提高到每月500元。

同日　路桥区金清港白沙客运码头建成。

9月上旬　大陈镇中心幼儿园获浙江省二级幼儿园称号；大陈镇荣获"市级学前教育合格乡镇"称号。

9月29日　椒江区政府常务会议听取区风景旅游局有关大陈岛省级旅游度假区可行性研究报告和区人民防空办公室有关大陈岛人防教育基地（军事记忆体验区）建设项目等的情况汇报，并形成会议纪要。

10月9日至13日　下大陈岛梅花湾风貌整治工程分成三个标段先后完成招标，总投资1950.88万元。

10月14日　总投资135.7237万元的下大陈岛梅花湾亮化工程成功招标，施工工期为两个月。

10月18日　大陈帆船队运动员魏梦喜在2014国际帆联世界杯帆船赛青岛站比赛中，获得女子470级冠军。

10月20日至23日　"东港杯"2014中国大陈岛国际海钓邀请赛暨全国海钓锦标赛举行，来自北京、上海、广东、海南和香港、澳门、台湾等地的36支代表队共108位选手参加比赛。

10月30日　椒江区政府常务会议听取区交通运输局、海洋与渔业局、大陈镇政府的工作汇报，讨论新建椒江至大陈航线高速客轮、涉渔"三无"船舶渔民扶持、加快推进大陈岛渔民转产转业等有关事项，并出台相关规定。

11月3日　大陈镇政府、区人民防空办公室成立大陈岛军事记忆体验区项目联合领导小组，李昌建、杨足友任组长，孙宇锋、陈道夫任副组长。椒江区发改局、台州市人民防空办公室分别于8月18日、9月4日批准在下大陈岛垦荒纪念区内设立大陈岛人防教育基地（军事记忆体验区），项目包括新建524米游步道和三座景观平台、修缮

三个山洞以及管理用房、配电房、公厕等,总投资597万元。

11月4日　椒江区政府发布《大陈传统渔民参照执行被征地农民基本生活保障实施办法》。大陈镇566名传统海岛渔民参照"失地"农民待遇,纳入被征地农民养老保险体系。至此,椒江区所有传统渔民的养老保险问题全部得到解决。

11月20日　大陈岛美丽乡村建设指挥部成立,唐奇峰任总指挥,杨昌官任副总指挥。

11月25日　椒江区政府召集区发改局、财政局、人力社保局、海洋与渔业局、教育局、市场监管局、风景旅游局、民政局、交通运输局、农林局、安监局、农办、台办、边防大队等单位负责人,在大陈岛青少年宫召开现场办公会议,就如何解决"三无"船舶整治后大陈渔民生产生活存在的问题进行专门协调,并形成会议纪要。中共椒江区委副书记、区长林金荣主持会议,区委常委蔡士荣、副区长程建乐、区长助理郎平等出席。

11月　根据上级统一部署,大陈镇对"三无"船只开展集中整治,当月共拆解"三无"船舶179艘。其中,12米及以下船舶59艘,12米以上船舶120艘;内中钢质船舶138艘、木质船舶41艘。

12月8日　卢启江任大陈岛开发有限公司董事长,王菊琴、叶洪明任董事;何宝金、王伟聪、徐卫建、项孔军、崔伟军任监事。

12月17日　全镇各村经济合作社完成股份合作制改革,成立董事会、监事会。

12月23日　椒江区政府区长办公会议听取大陈镇政府工作汇报,讨论大小浦度假村土地出让和公司注册有关问题,决定由大陈岛综合开发有限公司和椒江旅游开发有限公司组建新公司参与度假村的招拍挂,前者占股65%,后者占股35%。

12月31日　唐奇峰任大陈岛开发建设管理委员会副主任。

工程。团中央农村青年工作部副部长张传慧、中共椒江区委副书记王国平等出席。

同日　潘超任大陈镇团委副书记(主持工作);曹娅萍任大陈镇妇联副主席(主持工作)。

4月29日　椒江区政府常务会议听取大陈镇政府工作汇报,讨论大小浦度假村租赁有关问题,形成会议纪要。

5月5日　椒江区政府召集区财政局、审计局、风景旅游局、农林局、住建分局、环保分局、国土资源分局、规划处、大陈岛核心景区指挥部、大陈镇政府等单位负责人,就大陈岛核心景区二期工程项目招标有关问题进行专题协调,形成一致意见,并作出会议纪要。

5月上旬　新建的上大陈岛卫生服务站投入使用,这是椒江区唯一一家位于海岛的社区卫生服务站。该站占地面积258平方米,建筑面积516平方米,每年门诊接待可达一万人次。

6月4日　中国青年旅行控股股份有限公司董事长张骏一行上岛,考察大陈岛旅游资源和基础设施建设状况。台州市和椒江区领导赵跃进、林金荣、蔡士荣等陪同考察。

6月10日至13日　“东港杯”2015年中国大陈岛国际海钓邀请赛暨全国海钓锦标赛(台州站)举行,中国大陆、台湾和港澳地区的36支代表队共108位选手参赛。台州市和椒江区领导叶海燕、蔡士荣、崔波等出席开幕式。

6月11日　中央电视台第七套《军旅人生》栏目专题报道驻大陈岛某部雷达连三级军士长吕敬一的先进事迹。上年,吕敬一被评为全国首届卫国戍边英雄。

6月　大陈岛获国家级海钓竞赛基地称号。

7月10日至11日　台风“灿鸿”经过大陈岛,岛上最大风力达到16级,海面最大浪高达14米,导致全镇农林牧渔各业直接经济损失

9000多万元,海水养殖几乎全军覆没。

8月18日 椒江至一江山岛航线正式开通。

9月26日 椒江区政府召集区财政局、发改局、审计局、风景旅游局、国土资源分局、规划处、大陈岛核心景区指挥部、大陈镇政府等单位负责人,就上大陈岛乌沙头景区管理用房、下大陈岛甲午岩景区配套用房有关问题进行专题协调,决定把前者从1545平方米调整为637.4平方米,后者为715平方米,实行分别招投标。

10月13日 王宗楣、张其元、池德杰、李京州、金可人等老垦荒队员发出《我们的心愿》公开信,热切期望后代们发扬优良传统,弘扬垦荒精神,为父辈接力。

10月20日至22日 中央电视台军事农业频道《科技苑》栏目组到大陈岛拍摄大黄鱼养殖技术——铜合金网箱海水养殖。

11月 35千伏大陈变电站扩建工程投入运行,标志着大陈岛从此告别单变压器供电历史,改为双变压器一用一备,为岛上居民和经济发展提供更为可靠的供电。

11月11日 椒江区政府召集区政府办公室、财政局、审计局、风景旅游局、海洋与渔业局、农林局、体育局、住建分局、环保分局、国土资源分局、规划处、海事处、农办、人防办、同创办、大陈镇政府、椒渔总公司、一江山岛战役遗址管理有限公司、荣远客运有限公司等单位负责人,在大陈岛青少年宫召开海洋旅游开发建设项目推进会,对大陈岛核心景区建设、环岛公路建设、智慧旅游中心建设、海上交通、梅花湾改造、海岛风情特色村创建、休闲渔船安全管理、清洁家园行动等12个问题进行了明确。中共椒江区委副书记、区长林金荣主持会议,区委常委蔡士荣等出席。

11月27日 中国帆船帆板高水平后备人才基地选址下大陈岛卫星村潮化室,用地面积4667平方米,建筑面积约5200平方米,投资

估算1681万元。

12月3日　椒江区政府常务会议听取大陈镇政府工作汇报,讨论重新编制大陈岛总体规划、大陈渔民社保衔接等有关问题,并形成会议纪要。

12月4日至5日　庆祝大陈岛垦荒60周年纪念大会在大陈岛友谊俱乐部隆重举行,椒江区四套班子成员与来自温州、台州两地的一百五十多名垦荒队员及相关人员共聚一堂,回顾大陈岛开发建设历程,弘扬大陈岛垦荒精神,激励人们奋发进取,积极推动大陈岛发展。

12月13日　原大陈岛青年志愿垦荒队队长王宗楣向老垦荒队员和"垦二代"发出公开信,要求大家牢记并大力弘扬"大陈岛垦荒精神",为早日建成"小康的大陈、现代化的大陈"而共同奋斗!

2015年　大陈镇完成全社会固定资产投资18500万元,比上年增长1.2倍;实现海洋经济总产值54200万元,比上年增长26%;地方财政收入737万元,比上年增长6.7%。渔农村居民人均纯收入17152元,比上年增长14.99%。

是年　全镇实现水产品产量6.84万吨,其中捕捞产量6.36万吨、海水养殖产量0.48万吨;实现渔业总产值5.41亿元,比上年增长26%;渔业增加值1.24亿元,比上年增长23%。

是年　据椒江农村合作银行大陈支行统计:全镇各类存款达9465万元,其中对公存款3137万元,个人储蓄6328万元,比2011年分别上升3330万元、917万元、2413万元。个人贷款余额1126万元,比2011年底的779万元增加了347万元。

是年　新建污水处理站1座,污水井847口,铺设排污管网26.3公里。

是年　上岛游客6.5万人次。

祖国、热爱人民，努力成长为有知识、有品德、有作为的新一代建设者，准备着为实现中华民族伟大复兴的中国梦贡献力量。

"六一"国际儿童节即将来临，我祝你们节日快乐，祝全国小朋友节日快乐！

习近平

2016年5月30日

张婧怡等12名小学生以"大陈岛老垦荒队员后代"的名义，于5月5日给习近平总书记写信，汇报学习、生活情况，表达传承大陈岛垦荒精神，做爱学习、爱劳动、爱祖国好少年的决心。

5月31日　中共大陈镇委、镇政府组织全体机关干部观看中央电视台《新闻联播》，学习习近平总书记给大陈岛老垦荒队员后代的回信精神。

6月1日　《人民日报》头版头条刊登中共中央总书记、国家主席、中央军委主席习近平给大陈岛老垦荒队员后代的亲笔回信。

同日　下午，中共台州市委书记王昌荣、市长张兵率相关部门负责人登上大陈岛，看望老垦荒队员，调研大陈岛开发建设工作。王昌荣强调要以学习贯彻总书记回信精神为契机，大力弘扬大陈岛垦荒精神，高起点谋划大陈岛新一轮发展，加快大陈岛开发建设，努力建成"小康的大陈、现代化的大陈"。

6月2日　椒江区政府常务会议听取大陈镇政府工作汇报，讨论大陈岛休闲渔船项目指标有关事项，明确解决搭载12人以下、船长20米以下休闲渔船指标25艘，促进大陈传统渔民转产转业。

同日　国家质量技术监督总局副局长张沁一行上岛考察。

6月3日　椒江区召开党政联席会议，传达学习习近平总书记的回信精神、中共台州市委常委（扩大）会议和市委书记王昌荣在大陈

333

岛调研时对大陈岛新一轮开发建设提出的十方面指导性意见,研究部署加快推动大陈岛新一轮开发建设工作。

同日　中共椒江区委发布《关于学习贯彻习近平总书记回信精神的意见》。

6月12日　椒江区住建系统志愿服务大陈岛授旗仪式在大陈岛垦荒纪念碑下举行,65名志愿者面对垦荒纪念碑庄严宣誓,立志为建设"美丽大陈"添砖加瓦。

6月14日　大陈镇总体规划讨论会举行。会议要求设计单位从三个方面进一步深化规划方案:一是进一步明确大陈岛发展的功能定位;二是对大陈岛的产业结构、人口、交通、村镇体系等内容进行科学分析;三是对交通瓶颈、生态保护、建筑风格、防台防灾、公共配套设施和重点项目建设等难题进行系统分析。椒江区领导林金荣、蔡士荣出席。

6月14日至15日　浙江省十一届人大常委会副主任、省关工委主任徐宏俊一行看望老垦荒队员及其后代,调研垦荒精神主题教育实践活动和大陈岛开发建设情况。椒江区领导林金荣、王国平、莫锋等陪同调研。

6月22日　大陈岛养殖1号、2号海域和百夹山养殖1号、2号、3号海域使用权公开出让,在台州市公共资源交易中心现场签订成交确认书,成交总金额44.7万元。这是大陈岛海域使用权第一次通过招投标形式公开出让。

6月25日　全台湾"大陈岛乡情文化促进会"在台湾新北市成立,胡志伟任首届理事会理事长。

6月下旬　一江山岛入选"中国十大美丽海岛"评选活动特别提名单位。

6月30日　椒江区政府常务会议听取大陈镇政府工作汇报,讨

论大陈自来水厂体制等有关事项,决定把大陈自来水厂划入台州自来水有限公司,新成立大陈清泉供水服务有限公司;讨论提高在岛老垦荒队员及遗属定期生活补助问题,决定第一类人员从每月1200元提高到1600元,第二类人员从每月1100元提高到1400元,第三类人员从每月900元提高到1100元,第四类人员从每月500元提高到600元。

6月　来自大陈镇卫生院、大陈镇供电所等单位的15名党员和入党积极分子组成"新垦荒人志愿服务队",利用轮休时间开展医疗、安全用电等志愿服务活动,以进一步传承和弘扬大陈岛垦荒精神。

7月1日　全国取消农业户口和非农业户口性质划分,统一登记为居民户口,中国正式迈入城乡户口一元制时代。

7月18日　中共台州市委、台州市人民政府出台《关于大力弘扬大陈岛垦荒精神,加快"小康的大陈、现代化的大陈"建设的若干意见》,提出把大陈岛打造成浙江生态渔业示范区、国家海洋文化示范区、国际休闲旅游度假区、全国垦荒精神教育创业基地、海峡两岸交流合作基地、中国沿海重要物资储运基地。

7月24日　由台州市人民政府主办的"2016台州影视项目推介会"在上海国际会议中心举行,中共椒江区委副书记、区长林金荣就电影纪录片《家在大陈岛》与新影佳映(北京)电影文化发展有限公司委托人、中央电视台著名导演顾筠签约。

8月9日　中共大陈镇委统战工作领导小组成立,李昌建任组长,徐浩洲、周安、滕裕敏任副组长;下设办公室,滕裕敏兼任主任。

8月10日　椒江区人民政府出台《大陈岛创建国家AAAA级旅游景区工作实施方案》。

8月16日　浙江省人民政府副省长孙景淼上岛考察,实地踏勘上大陈岛游客接待中心、大陈岛综合码头项目和浪通门、甲午岩、军峰为大陈镇人民政府镇长,徐卫兵、叶敏、赵昌东为副镇长。会议提出今后五年经济社会发展的主要奋斗目标是:经济实力大幅跃升,经济保持中高速增长,在提高发展的平衡性、包容性和可持续性的基础上,地区生产总值比2011年翻一番。居民生活水平普遍提高,农村人均纯收入年均增长10%以上,市民文明素质和社会文明程度显著提高。经济结构持续优化,传统产业转型升级步伐加快,战略性新兴产业对经济的支撑作用明显增强。集镇功能进一步完善,森林覆盖率进一步提高,生态环境质量总体改善。

12月　大陈镇政府被浙江省国防动员委员会评为全省"十二五"期间人民防空工作先进单位。

2016年　大陈镇实现固定资产投资42000万元;实现渔业生产总值58000万元,比上年增长7.5%;渔业增加值25000万元,比上年增长5.2%。财政总收入1580万元,其中地方财政收入770万元,分别比上年增长8.9%和5.1%。渔农村居民人均纯收入17580元。

是年　新建污水处理站1座,分散式一体化污水处理设施7套,铺设排污管网26.3公里,污水排放达到一级A标准。

是年　人工补植造林3390亩,封山育林16120亩,人均绿地面积达到25平方米以上,森林覆盖率超过60%。

是年　投放人工鱼礁7000空立方米,放流各类苗种1.82亿单位。

2017年

1月6日 中共台州市委宣传部、台州广电集团、台州日报社联合推选的"2016年度台州市十大新闻"出炉,《习近平总书记给大陈岛垦荒队员后代回信》被推为首条新闻。

1月7日 在温州市区的原大陈岛青年志愿垦荒队员聚会,纪念上岛垦荒、建设大陈岛61周年。

1月11日 椒江区政府召集区财政局、国土资源分局、大陈镇政府等单位负责人,对大陈岛地质公园建设有关事项进行专题协调,决定由大陈镇政府作为业主单位,通过政府采购平台公开招投标予以实施,所需393万元资金由区财政安排。椒江区副区长周斌主持会议。

1月22日 椒江区发改局、大陈镇政府联合发布《大陈镇"十三五"国民经济和社会发展规划》。

2月3日 中共大陈镇委、镇政府召开大陈铁军誓师大会,全体机关干部在大陈岛垦荒纪念碑前庄严宣誓:继承和发扬大陈岛垦荒精神,为加快建成"两个大陈"而努力奋斗!

2月4日 陈军任大陈镇社会事务管理办公室(人口和计划生育办公室)副主任,兼镇文化站副站长、便民服务中心副主任;王鑫任大陈镇社会事务管理办公室(人口和计划生育办公室)副主任,兼镇妇联副主席、计生协会秘书长;李伟任大陈镇党政办公室副主任;何晓微任大陈镇工会副主席;苏莹任大陈镇财政所副所长;潘超任大陈岛开发建设管委会建设管理办公室副主任。

3月1日 椒江区政府常务会议听取区旅游集团工作汇报,讨论大陈岛全岛旅游开发委托设计等有关事项,尤其是对青垦文化旧址

公园、两岸乡情文化公园建设和大陈岛青少年宫、大陈岛友谊俱乐部改造提升等提出指导性意见,并形成会议纪要。

3月10日　大陈镇村居党支部换届选举工作结束。陶强法任中共大陈镇卫星村支部书记,管军武任中共大陈镇凤尾村支部书记,陈立平任中共大陈镇胜利村支部书记,贺明岳任中共大陈镇大沙头村支部书记,颜春才任中共大陈镇南岙村支部书记,林保福任中共大陈镇北岙村支部书记,黄海明任中共大陈镇沿港居委会支部书记。

3月12日　大陈镇"最多跑一次"改革工作领导小组成立,倪国正任组长,徐浩洲任副组长。

3月28日　中共大陈镇委、镇政府发布《大陈镇创建省级卫生镇活动实施方案》。

3月29日　由中共台州市委宣传部、台州市档案局主办的"大陈岛垦荒记忆史料影像展"开展暨捐赠移交仪式在台州市档案馆举行,中共台州市委常委、宣传部部长叶海燕等出席。共有三千余件反映大陈岛垦荒历史的文字、图片、影像、实物展出,有五千多市民前往参观。

4月1日　中共大陈镇委、镇政府出台《关于推进"四个平台"建设提升基层治理能力实施方案》。"四个平台"是指综治工作平台、市场监管平台、综合执法平台、便民服务平台,配套建立"四个平台"联席会议制度、属地考评制度、网格化管理和组团式服务制度,实行政务闭环式管理。

4月10日　中共大陈镇委、镇政府发布《大陈镇"清洁家园行动"实施方案》。

4月14日　大陈岛综合治理办公室增挂综合信息指挥室牌子。

4月19日　大陈镇顺利完成"村两委"换届选举工作,各村村民委员会领导班子和经济合作组织领导班子产生。

郑志敏、章伟勤、陶智炳,副组长詹朝晖、倪国正;下设办公室,何昌廉任主任。

同日　大陈镇红十字会成立大会召开,成为椒江区首个镇(街道)红十字会。

8月31日　中共台州市委书记王昌荣考察路桥区金清港白沙客运码头,要求加快进度,务必在2018年"五一节"实现与大陈岛的通航。

9月4日　浙江省海洋与渔业局局长黄志平一行上岛考察调研。

9月6日　在天津举行的中国第十三届全运会帆船锦标赛上,大陈帆船帆板训练基地培养输送的运动员徐建勇、魏梦喜分获男女470级银牌、铜牌。

9月8日　中共中央总书记、国家主席、中央军委主席习近平致电老垦荒队员池德杰,表示对大陈岛老垦荒队员的关切和问候。

9月12日　大陈岛海上游乐园项目确定选址下大陈岛土地堂海湾。

9月16日　中央电视台新闻联播播出《喜迎十九大系列报道——满怀信心·续写新篇章》,报道一代代建设者用青春和热血践行垦荒精神,使大陈岛成为全国海洋经济开发建设示范岛的成就。

9月17日　由椒江广电中心制作的六集电视专题片《最可爱的人——大陈岛青年志愿垦荒队记述》,获中国电视艺术家协会主办的第五届全国县市台专题类一等奖。

9月20日　大陈镇第十六届人代会第二次会议召开,补选王啸啸为大陈镇人民政府镇长。椒江区人大常委会副主任孙尚权、缪信权到会指导。

同日　刘杰任中共大陈镇纪工委专职副书记;潘超任大陈镇团委书记、城建办公室主任;叶雯婷任大陈镇团委副书记、旅游办公室

345

副主任;丁荣任大陈镇劳动管理所副所长。

9月21日　总投资一亿五千万元的大陈岛客渡码头建设工程动工。

10月1日至7日　首届大陈岛海鲜啤酒节举行。

10月12日　《人民日报》区域经济版发表《荒岛变身海洋地质公园——浙江台州大陈岛新一代垦荒者记事》;浙江卫视新闻联播播出《大地的回响——习近平总书记在浙江的探索与实践:文化自信》(大陈篇)。

同日　由椒江广电中心制作的六集电视专题片《最可爱的人——大陈岛青年志愿垦荒队记述》获首届浙江省纪录片"丹桂奖"优秀系列纪录片奖。

10月12日　李伟任大陈镇财政所副所长(主持工作)。

10月24日　《浙江日报》头版重要位置发表题为《台州大陈岛干部群众学报告谋发展:以垦荒精神共建共享》的报道。

10月25日　农业部办公厅公布2017年休闲渔业品牌创建主体认定名单,大陈镇人民政府(大陈岛旅游度假区)被认定为全国精品休闲渔业示范基地(休闲渔业主题公园)。

11月2日至3日　中共浙江省委书记、省人大常委会主任车俊到大陈岛宣讲党的十九大精神。他强调指出,习近平总书记要求大力弘扬红船精神,也充分肯定了垦荒精神,垦荒精神与红船精神是相融贯通、一脉相承的,是社会主义核心价值观的具体体现。垦荒精神不老,红船精神永存。大家一定要牢记总书记的嘱托,以十九大精神为引领,更高水平规划,更高水平发展,努力建成小康的大陈、现代化的大陈,靠勤劳的双手建设更加美丽的海岛,创造更加美好的生活。他勉励老垦荒队员学习好、贯彻好、落实好十九大精神,教育好下一代,让垦荒精神一代代传下去。中共浙江省委常委、秘书长陈金彪,

中共台州市委书记王昌荣,中共椒江区委书记陈挺晨等陪同。

11月4日 《人民日报》要闻版刊登题为《全面贯彻落实党的十九大精神——大陈岛上话小康》的报道。

11月5日 为了做大做强大陈黄鱼产业,着力提升"中国东海大黄鱼之都"地缘优势和独特魅力,促进传统渔业转型升级和渔民转产转业,加快浙江大陈海洋开发与保护示范岛建设,椒江区人民政府出台《大陈黄鱼养殖基地建设扶持办法(试行)》。

同日 《浙江日报》头版、浙江卫视新闻联播头条报道"大陈岛最多跑一次改革——'渔小二'代办模式"。

11月8日 大陈镇通过省级卫生乡镇创建专家组验收。

同日 "醉美大陈"公众号被评为2017年度椒江"十佳新媒体"。

11月10日 椒江区首个国家级竞技体育项目人才培训基地——大陈岛中国帆板帆船高水平后备人才基地项目正式动工。

11月13日 第三批国家级海洋牧场示范区名单公布,大陈海域海洋牧场示范区成功上榜。大陈海域海洋牧场示范区规划海域总面积7.02平方公里,主要由下大陈岛及其西部的竹屿、南部的洋旗岛等周边海域组成。示范区已建成鱼礁礁体数量426组,鱼礁规模10.5万立方米,海域面积5.14平方公里。

11月15日 浙江卫视新闻联播播出题为《我们的新时代:我们是扎根海岛的"新垦荒人"》。

11月16日 《浙江日报》头版重要位置刊发题为《我们,是新时代的"垦荒人"——新一代大陈岛人群像》的报道。

同日 大陈镇人口和计划生育办公室更名为卫生和计划生育办公室。

11月20日 在广东珠海举行的全国帆船锦标赛上,大陈帆船帆板训练基地培养输送的运动员徐建勇、魏梦喜包揽男女470级冠军。

地,陆上教育基地设在椒江区委党校,岛上教育基地设在大陈实验学校。

3月3日 中共台州市委书记陈奕君登上大陈岛,瞻仰垦荒纪念碑,调研大陈岛开发建设。她强调,大陈岛开发建设要牢记习近平总书记提出的"建设一个小康的大陈、现代化的大陈"要求,以十九大精神为引领,按照"三区三基地"定位,把海岛经济和湾区经济有机结合起来,建设更加美丽的海岛。中共椒江区委书记陈挺晨等陪同考察。

3月4日 《大陈岛省级森林公园总体规划(2017—2025)》评审会在大陈岛青少年宫举行。大陈岛森林公园由上、下大陈岛及周边岛礁组成,陆域总面积672.3公顷。评审专家经过认真讨论和审议,认为该规划指导思想明确,内容全面,体系完整,一致同意通过。

3月19日 大陈岛开发建设管理委员会授牌仪式在椒江区政府会议中心举行。中共台州市委书记陈奕君为管委会党工委授牌,中共椒江区委书记、台州大陈岛开发建设管委会党工委书记陈挺晨接牌;中共台州市委副书记、代市长张晓强为台州大陈岛开发建设管委会授牌,中共椒江区委副书记、椒江区区长、台州大陈岛开发建设管委会主任杨玲玲接牌。中共台州市委书记陈奕君要求管委会从成立之日起,勇敢担当起大陈岛开发建设的历史重任,传承和弘扬"大陈岛垦荒精神",把新时代大陈岛开发建设作为新一轮的"垦荒",努力在建设"小康的大陈、现代化的大陈"中建功立业。中共台州市委常委、常务副市长董贵波主持授牌仪式,中共台州市委秘书长周凌翔、市政府秘书长林金荣等参加仪式。

3月22日 海峡两岸大陈乡贤二十余人登上大陈岛,考察海岛环境,洽谈投资项目,当场达成渔村民宿开发等多项意向。

4月9日 大陈岛青垦文化旧址公园列入2018年度浙江海洋经济发展重大建设项目实施计划。该公园总面积94032平方米,计划投资5000万，建设工期为2年，项目包括对青少年宫、友谊俱乐部、中国垦荒史迹馆、部分民宅等建筑立面进行改造，对规划范围内景观、绿化进行美化提升。通过修缮旧居、梳理旧址、重塑记忆、缅怀历史、美化家园等方式打造青垦文化旧址公园，体现垦荒队员从登岛到开发建设大陈岛的艰辛历程，让人们切身体会"大陈岛垦荒精神"。

4月11日至12日　浙江省国土资源厅组织专家，对大陈岛省级地质公园建设情况和揭碑开园前准备工作进行实地检查，并提出意见。9月16日，该厅同意大陈岛省级地质公园揭碑开园。

4月22日至23日　由中共椒江区委、区人民政府和台州市台湾事务办公室联合主办的"2018两岸大陈乡情文化节"在大陈岛举行，来自台湾的182名大陈籍台胞重返故里，寻根祭祖。本次文化节以"想家·回家·两岸一家"为主题，活动包括启动仪式、主题联欢晚会、"孝慈堂"祭祖仪式、大陈乡情文化研讨会暨两岸大陈新村村（里）长交流座谈会、两岸文化讲座、"大陈故事"方言演讲赛、"大陈记忆"环岛健身跑、环岛参观等内容。

4月28日　下午，中共台州市委以视频会议形式，召开"弘扬大陈岛垦荒精神，建设新时代美丽台州"动员大会。中共台州市委书记陈奕君在会上强调，全市上下要牢固树立以人民为中心的发展思想，大力弘扬大陈岛垦荒精神，把建设美丽台州作为新时代的垦荒，以更高的站位、更高的标准建设美丽台州，打造美丽中国的先行城市和美丽浙江的示范样本。会议决定开展规划设计提升行动、景观形象美化行动、基础设施会战行动、生态环境治理行动、民生事业跨越行动、城市管理提效行动、美丽乡村升级行动及社会文明提质行动等八大专项行动，切实打响美丽台州建设攻坚战。中共台州市委副书记、代市长张晓强主持。

5月4日　上午九时，路桥金清至大陈岛航线通航仪式举行，庆

达9号客轮首航大陈岛。该航线起自路桥区金清港白沙客运码头，止于下大陈岛客运码头，总里程14海里，高速客轮航行时间仅需40分钟。

5月10日　上午，中共椒江区委以视频会议形式，召开"弘扬大陈岛垦荒精神，建设新时代美丽新府城"动员大会。中共椒江区委书记陈挺晨强调，全区上下要以习近平新时代中国特色社会主义思想和党的十九大精神为统领，坚持以人民为中心的发展思想，努力把椒江建设成宜居、宜业、宜游的美丽浙江先行城区和美丽台州示范样本。中共椒江区委副书记、区长杨玲玲主持。

5月中旬　大陈镇获"2017年度台州市美丽公路示范乡镇（街道）"称号，为椒江区唯一一家。

5月16日　由台州市档案局编辑的《大陈岛垦荒记忆史料影像展》画册出版。

5月17日　为大力弘扬"大陈岛垦荒精神"，宣讲台州改革开放40年来发展的生动实践和辉煌成就，台州学院教师教育学院举行"大陈岛垦荒精神"宣讲大赛。

5月22日　大陈镇获评浙江省小城镇文明行动样板乡镇。

5月25日　中央团校党委书记倪邦文一行到大陈岛调研，瞻仰大陈岛垦荒纪念碑，考察青少年宫、党群服务中心等，并与老垦荒队员代表、岛上干部群众开展座谈。

5月26日　由台州市体育局和椒江区政府主办的台州市第七届体育旅游休闲节暨大陈岛站体验活动拉开帷幕，来自全国各地的一百二十多位体育旅游爱好者参加大陈岛体验之旅。

6月23日　椒江区政府、台州市海洋与渔业局联合海警、海事、边防、港航监督等部门，到大陈岛海域开展"打非治违"行动，共查获"三无"船只32艘，违规搭客船只两艘。

察。袁家军瞻仰了垦荒纪念碑,看望了老垦荒队员代表,检查了大陈岛便民服务中心的工作。袁家军说,垦荒精神的底色就是革命精神、奋斗精神和奉献精神,与"红船精神"一脉相承、高度契合。他强调,现在大陈岛发展迎来了新机遇,我们要牢记习近平总书记的殷切嘱托,敢于担当,敢为人先,敢于追求美好生活,更好地继承和发扬大陈岛垦荒精神,艰苦创业,奋发图强,开拓创新,无私奉献,高水平建设"小康的大陈、现代化的大陈"。省政府秘书长陈新,台州市和椒江区领导陈奕君、张晓强、陈挺晨、杨玲玲等陪同考察。

8月18日　总投资500万元、面积1080平方米的大陈岛养老院(大陈岛颐养中心、大陈岛居家养老服务中心)试营业。60周岁以上的大陈居民,一天只需12元,就能享受该中心的服务。

8月28日　台州大陈岛干部学院与新疆三五九旅干部学院战略合作协议签约暨三五九旅干部学院大陈岛教学基地授牌仪式在大陈岛干部学院举行。

8月29日　以国家级非遗台州乱弹传统戏曲为表演形式、再现大陈岛垦荒精神的《我的大陈岛》入选国家文化和旅游部2017年度戏曲剧本孵化计划,为浙江省唯一入选项目。

同日　《浙江日报》刊发专版介绍大陈岛:《新"垦荒"路线图下的"海上仙子国"》。

9月4日　大陈镇台侨联谊会第二次代表大会召开,陈招德蝉联会长,王建、卢阳雨、胡志伟为副会长,翁丽芬为秘书长。

9月6日　椒江区国土资源分局、椒江农商银行在大陈岛举行"一窗受理,延伸服务"不动产抵押登记启动仪式。自此,岛上居民足不出户即可办理相关登记业务。

9月11日　大陈镇举行新行政村成立授牌仪式。下大陈岛设立梅花湾(卫星村、大沙头村合并)和东镇(胜利村、凤尾村合并)两个村,上大陈岛设立上大陈村(南岙村、北岙村合并)。

9月12日　大陈镇列为浙江省农业特色强镇创建单位。

9月21日　中共中央宣传部、中央文明办在北京举行第十三届中国公民道德论坛,中共台州市委书记陈奕君作题为"弘扬大陈岛垦荒精神,争做新时代合格公民"的演讲。

9月28日　下午,中共浙江省委统战部常务副部长王晓峰一行考察大陈岛垦荒精神研究中心。

10月11日　《大陈镇深化"渔小二"代办制,让全岛共享改革红利》获评台州市解放思想经典案例展示活动"十佳案例"。

10月13日　椒江区重大项目集中开工暨大陈岛2018年开发建设项目开工仪式在大陈实验学校操场举行,陈挺晨、杨玲玲、王国平、严灵章等椒江区四套班子成员和区级机关各部门负责人,老垦荒队员代表参加。本次开工的主要有青垦文化公园、两岸乡情文化公园、梅花湾核心区改造、民宿改造等15个项目,总投资达6.7亿元。

同日　蒋友松率台湾地区退役军人等8人到大陈岛访问。

10月13日至14日　中央电视台《地理中国》分两集播出《巨浪岛的秘密》,揭秘大陈岛浪通门巨浪。

10月15日　上午,台州学院举行"1+N"教学模式改革暨"大陈岛垦荒精神"进课堂研讨会,聘任李欠梅、楼祖民、王春明、翁丽芬、程建平等为台州学院德育导师。

同日　中央电视台《焦点访谈》聚焦大陈岛垦荒精神。

10月17日至18日　中共台州市委组织部、市委党校组织2018年市管干部进修二班师生40多人,上岛开展现场教学,真切体验"艰苦创业、奋发图强、无私奉献、开拓创新"的大陈岛垦荒精神,并融入新时代新实践。

10月18日　"大陈镇巾帼传承垦荒精神"被中宣部、全国妇联等

单位选为"全国终身学习品牌项目"。

10月22日　新华社每日电讯以《大陈岛又来了年轻人》为题,关注大陈岛乡村振兴行动。

10月26日　台州市椒江区大陈镇政府与通化市东昌区金厂镇政府签署友好合作乡镇协议。

10月下旬　椒江籍运动员、原大陈岛帆板队员魏梦喜荣获在潍坊举行的首届中国帆船联赛女子470级场地赛、女子470级长距离赛冠军;施锦秀荣获女子470级场地赛、女子470级长距离赛亚军。

11月5日至6日　第三届中国大黄鱼文化节暨第五届大黄鱼产业发展论坛在椒江城区和大陈岛同期举行,活动由中国渔业协会、椒江区人民政府、国家大黄鱼产业科技创新联盟主办,大陈镇人民政府等承办,来自国内知名的行业专家、学者及大黄鱼育苗、生产、装备、销售等全产业链企业代表两百多人参加活动。

11月7日　台州海事局领导班子赴大陈岛开展工作调研,并就海事监管、服务地方经济、助推大陈岛发展等相关工作与大陈镇政府磋商。

11月11日　以"传承大陈岛垦荒精神,践行新时代新闻使命"为主题的程建平大陈岛专题影视作品展在椒江图书馆举行开展仪式,中共椒江区委常委陶智炳、区人大常委会副主任孙尚权等出席。

11月13日　"传承弘扬大陈岛垦荒精神,打造新时代党建共同体"签约仪式在台州学院举行,中共大陈镇委与台州学院、台州建设银行结成党建共同体,台州学院医学院2016级临床医学班被授予"垦荒班"称号。

11月14日　台州大陈岛开发建设管委会领导班子(扩大)会议召开,椒江区领导陈挺晨、杨玲玲、陶智炳、孙尚权、缪信权等参加。会议回顾过去一个时期工作,提出牢记殷切嘱托、瞄准发展目标、遵精神,争做新时代雷锋传人"主题活动暨万朵鲜花送雷锋活动。启动仪式上,2019年第一季度台州好人榜正式发布,并向35名"台州好人"颁发好人证书,"红领巾"小志愿者向好人们送上鲜花并敬礼。活动号召全市群众积极行动起来,深入践行雷锋精神,以实际行动推动台州文明进程。中共台州市委常委、宣传部部长叶海燕,市委常委、副市长芮宏,市人大常委会副主任沈宛如,市政协副主席李立飞等参加活动。

同日 大陈镇被评为2018年度"美丽台州建设突出贡献集体"。

3月8日 椒江至大陈航线"海钜号"客轮停靠在下大陈码头时不慎起火,幸无人员伤亡。

3月12日 上午,浙江省政协副主席马光明一行考察大陈岛垦荒精神研究中心。台州市政协副主席、民进台州市委会主委徐林德,市政协副秘书长高素萍等陪同考察。

3月20日 中共台州市委副书记、政法委书记吴海平参加在椒江口、一江山岛、大陈岛海域开展的海事、海警、渔政联合执法活动,并调研大陈海事监管码头。

3月22日 台州市政协系统秘书长会议在大陈岛召开。会议贯彻落实市五届三次党代会精神,学习弘扬大陈岛垦荒精神,探讨交流新一年政协工作思路,不断推动政协履职提质增效,为助推"两抓"年活动和现代化湾区建设凝聚共识和力量。

3月26日 大陈镇启动新一轮"村规民约"修订工作。

4月11日 浙江新闻联播"壮丽70年·奋斗新时代"专栏播出《大陈岛:几代垦荒人垦出"东海明珠"》,聚焦大陈岛垦荒精神。

4月17日 中共椒江区委副书记、区长杨玲玲到大陈岛督查安全生产、垃圾分类、饮用水安全等工作。

4月22日 台州乱弹现代戏《我的大陈岛》在椒江剧院首次公

演。《我的大陈岛》以台州乱弹传统戏曲表演形式,再现大陈岛"艰苦创业、奋发图强、无私奉献、开拓创新"的垦荒精神。该剧实现了自文化部戏曲剧本孵化计划实施以来台州市"零"的突破。首演后,《我的大陈岛》在全市各地巡回公演了近30场。

4月23日　中央电视台一套"朝闻天下"栏目播出《壮丽70年·奋斗新时代——浙江大陈岛:从海上荒岛到"东海明珠"》。

4月29日　中国新闻网推出《潮起东方澎湃时,大陈垦荒新历程》的专题报道。

4月30日　新华社发布《"东海明珠"挺立一座"精神灯塔"——追寻浙江台州大陈岛垦荒精神》通稿。

5月5日　《浙江日报》头版头条刊发题为《垦荒精神再写传奇——一代代的艰苦奋斗换来台州大陈岛沧桑巨变》的报道。

同日　台州湾蓝色海湾整治行动项目入围2019年度中央财政支持蓝色海湾整治行动项目竞争性评选,位列全国前五,获得国家财政奖励补助资金3亿元,其中大陈岛生态修复项目获得1.2亿元奖补。

5月6日　大陈镇举行"红十字卫生院"授牌仪式。经浙江省红十字会批准,大陈镇卫生院成为椒江区首家"红十字卫生院"。当天,还启动大陈岛老垦荒队员医疗救助项目,大陈镇乡贤会和台州市红十字会为该项目配捐30万元资金。

5月8日　"大陈渔嫂"品牌项目启动,志愿服务队、民宿(餐饮)服务队、红色讲解队、环境整治队、园艺美容队等5支渔嫂团队正式成立,人民网、新华社等媒体争相报道。

同日　央广网刊发《壮丽70年·奋斗新时代——大陈岛上的建设者:像芙蓉菊扎根岩石》;中国教育网络电视台播出《壮丽70年·奋斗新时代——大陈岛垦荒精神代代传》。

5月14日　浙江省政府副秘书长张海萍一行到大陈岛考察调研。

5月16日　新华网刊文题为《大陈岛精神:挺立在"东海明珠"上的"精神灯塔"》的报道。

5月26日　《人民日报》"壮丽70年·奋斗新时代"专栏刊发《大陈岛的垦荒者》。

5月27日　台州乱弹现代戏《我的大陈岛》在浙江省人民大会堂上演。该剧以台州乱弹传统戏曲表演形式再现历史、致敬垦荒英雄,大力继承与弘扬大陈岛垦荒精神。

5月29日　浙江省民生实事·送药上山进岛——大陈岛便民服务点授牌仪式举行,在大陈卫生院、上大陈分院、下大陈码头游客服务中心、一江山岛战役遗址史料馆等地设立四个便民服务点,解决海岛群众"购药远、购药难"问题。

6月2日　中共浙江省委常委、宣传部部长朱国贤在中共台州市委常委、宣传部部长叶海燕等的陪同下,考察大陈岛垦荒精神研究中心。朱国贤说,33年前,我作为一名新闻宣传工作者,亲自踏上大陈岛这座有着红色记忆的岛屿,写下了《"垦荒精神"的传人——写在大陈岛开拓三十年之际》的长篇通讯。30多年来,大陈岛垦荒精神接力传承、历久弥新,如今的大陈岛充满生机和活力,党员干部和广大人民群众时刻牢记总书记对大陈岛的殷切嘱托,正朝着"小康的大陈,现代化的大陈"大步迈进,书写着传承弘扬大陈岛垦荒精神升华为台州城市精神的华丽篇章。

6月14日　大陈岛渔家乐行业协会成立,施招荣当选为第一届理事会会长。

6月19日　以大陈供电所所长王海强为原型拍摄的微电影《传承》首映。

量发展作为新时代的"垦荒",奋力推动习近平新时代中国特色社会主义思想在台州的生动实践,让垦荒精神在台州大地绽放时代光芒。

9月19日 中央电视台第七频道《致富经》栏目以《海上垦荒记》为题,介绍大陈岛养殖大黄鱼经验。

9月23日 大陈镇第十六届人民代表大会第六次会议召开。

同日 反映大陈岛垦荒精神的电影《大陈岛誓言》首映式在杭州举行,金可人等老垦荒队员代表应邀出席。

9月24日 浙江省第十四届精神文明建设"五个一工程"获奖名单公布,台州乱弹剧团《我的大陈岛》榜上有名。

9月27日 全省首个海岛医院5G数字诊疗超声评价项目在大陈岛启用。

10月1日 2019年第18号台风"米娜"影响大陈岛,最大风力达到15级。

10月9日 中共台州市委书记陈奕君率市四套班子成员登上大陈岛,开展"不忘初心、牢记使命"主题教育活动。

10月11日 中共椒江区委书记陈挺晨率区四套班子成员上岛开展"不忘初心、牢记使命"主题教育活动。

10月16日 中共中央台办、国务院台办批准在大陈岛设立海峡两岸交流基地。

10月17日至18日 由共青团中央中国特色社会主义理论体系研究中心、中央团校、中国青年工作院校协会、中共台州市委等单位联合主办的大陈岛与青年志愿垦荒精神研讨会,在台州凤凰山庄举行。研讨会上,黑龙江共青农场党委组织部、江西共青城市委党校、椒江区委党校签订了战略合作协议,共青团历史上三大青年垦荒圣地首次汇聚一堂。

10月20日 "方远杯"2019年金秋环大陈岛徒步行活动在下大

陈岛举行。

同日　联合国粮农组织代表和智利、日本等国专家二十多人上岛，专题考察大黄鱼铜围网和深水网箱养殖。

10月25日　《光明日报》发表浙江省人民政府副省长、中共台州市委书记陈奕君题为《荒岛变热土，精神铸丰碑》的署名文章。

10月30日至31日　国家海关总署党委委员、副署长王令浚一行到大陈岛考察调研，中共椒江区委书记陈挺晨等陪同。

11月2日至3日　台州市第八届体育旅游休闲节暨大陈岛站体验活动在大陈岛举行。

11月3日至4日　联合国人居署驻华代表、中国项目主任张振山，联合国人居署中国办公室国家官员应盛一行到大陈岛考察调研。中共椒江区委副书记、代区长吴华丁等陪同。

11月7日　王宗楣、张其元等老垦荒队员到大陈岛重温垦荒誓词，并参加中共大陈镇委召开的民主座谈会。

11月18日至20日　中央电视台第四套《国家记忆》栏目分三期播出《风雨大陈岛》。

11月19日　中央电视台第四套《国家记忆》栏目播出《风雨大陈岛——收复》。

同日　《椒江区大陈镇望夫礁陆岛码头工程施工图设计》审查会议举行，台州市交通运输局、台州市港航口岸和渔业管理局、台州市港航事业发展中心、台州海事局、大陈岛管委会、大陈镇政府、椒江区港航管理处、椒江区旅游集团和五位特邀专家参加。该码头位于下大陈岛北侧，距浪通门约400米，建设规模为新建1个1000总吨级客运码头泊位（兼靠1个500总吨级客运船舶和1个500吨级货运船舶）、后方陆域形成以及相应的配套设施。

11月25日　大陈岛垦荒剧场工程方案联合审查会举行。垦荒

剧场位于下大陈岛趴脚岙,项目规划总用地面积4916.5平方米,被中共浙江省委宣传部、浙江省财政厅确定为2019年度省级文化产业发展扶持项目。

12月7日　大陈岛甲午岩景区对外试运行。

12月9日　中共大陈镇委召开主题教育专题民主生活会,中共椒江区委常委、常务副区长王智承到会专题宣讲党的十九届四中全会精神。

同日　大陈岛被中国侨联确认为第七批"中国华侨国际文化交流基地"。

12月10日　大陈渔港管理站成立。

12月13日　椒江区大陈黄鱼行业管理协会(椒江区农合联大陈黄鱼产业分会)成立,共有会员单位30家。

12月17日　大陈岛垦荒精神青少年教育基地成功入选第三批全国关心下一代党史国史教育基地。

12月18日　中共台州市委常委、宣传部部长叶海燕到大陈岛垦荒精神研究中心调研。叶海燕要求持续深化研究中心建设,大力引进高层次人才,强化理论研究,多出理论成果,使大陈岛垦荒精神焕发新时代光芒,成为推动台州不断发展的精神动力。要充分发挥研究中心"研究基地、传播阵地和红色智库"的优势和作用,推动大陈岛垦荒精神走出校园,走向社会。

12月19日　中共大陈镇第十一届代表大会第四次会议召开,票选大陈镇出席中共台州市椒江区第九届代表大会代表。

12月24日　中共台州市委书记李跃旗于履新首日考察大陈岛垦荒精神研究中心。李跃旗说,大陈岛垦荒精神与红船精神一脉相承,是一笔宝贵的精神财富。他强调,600万台州人民都是新时代的垦荒者,一定要以垦荒者的姿态迈开新步伐、拥抱新时代、取得新成

5月30日　由台州市教育局组织编写、大陈实验学校校长翁丽芬主编、浙江教育出版社出版的《少年梦，垦荒志——大陈岛垦荒精神》教育读本，在台州学院路小学举行首发仪式，还以视频连线的方式，向吉林通化沿江小学、四川峨边县街小学、椒江洪家中心小学同步直播。中共浙江省委宣传部副部长盛世豪，台州市和椒江领导叶海燕、陈挺晨、李羚、李越等出席。该书系台州市第一本大陈岛垦荒精神地方教材，分为4个单元、16个课时。

5月31日　拥有198个客位、航速29节、抗风7级的"庆达8号"投入椒江至大陈航线营运。至此，共有6艘客轮投运椒江至大陈航线，分别是：2艘普通客轮——东镇山号、庆达10号，4艘高速客轮——庆达号、庆达2号、庆达8号、庆达9号。

5月　浙江省旅游集团首次推出以实地考察为支撑的10条红色教育培训线路，一江山岛战役、大陈岛垦荒精神名列其中。

6月4日　《台州日报》整版推出题为《大陈岛好儿女，续写新时代垦荒故事》的特别报道。

6月11日　台州市新时代文明实践周暨文明好习惯养成行动启动仪式举行，由杨晓光作词、朱培华作曲、佟铁鑫演唱、台州学院学生主演、中共台州市委宣传部和中共椒江区委宣传部联合出品的以弘扬大陈岛垦荒精神为主题的MV《那时候我们正年轻》正式发布。

6月12日　由中共浙江省委宣传部和中共台州市委、台州市人民政府联合主办，中共椒江区委、区人民政府承办的第四届大陈岛垦荒精神理论研讨会在杭州举行，来自省内外的140多位专家学者和老垦荒队员代表，围绕"大陈岛垦荒精神与高水平全面建成小康社会"这一主题进行研讨。光明日报社总编辑张政致辞，中共浙江省委常委、宣传部部长朱国贤和中共台州市委书记李跃旗讲话，崔凤军、胡坚、史晋川、何显明、蒋承勇、陈立旭、高立伟、段治文等专家围绕传承弘扬大陈岛垦荒精神作主旨发言。中宣部理论局副局长唐建军和台州市、椒江区领导叶海燕、周凌翔、沈宛如、吴丽慧、李立飞、陈挺晨、李羚、谢海君等出席。

同日 《浙江日报》以《台州以垦荒精神立心，引领新时代高质量发展》为题，用两个整版跨版宣传大陈岛垦荒精神。

6月17日 以"点亮红色记忆，续写垦荒故事"为主题的"心湖夜读"读书沙龙暨台州市社会科学界第三届学术年会分论坛"垦荒精神立心"思享会，在台州学院图书馆举行。老垦荒队员代表金可人，"垦二代"代表、大陈岛供电所党支部书记王海强，"垦三代"代表、台州学院外国语学院教师杨婷应邀担任分享嘉宾。

6月下旬 台州乱弹剧团团长尚文波创作的以大陈岛垦荒队员陈显坤烈士舍己救人英勇事迹为题材的台州鼓词《一张船票》，入选中国文联2020年青年文艺创作扶持计划资助项目。

7月7日至8日 大陈镇第十六届人民代表大会第七次会议召开，王啸啸作政府工作报告，李君长作人大主席团工作报告。会议审查批准2019年财政预算执行情况和2020年财政预算草案的报告，讨论决定2020年大陈镇民生实事项目。椒江区人大常委会副主任缪信权、徐明初到会指导。

7月8日 中共上海市委机关报《解放日报》刊登题为《垦荒精神回响仍在，大陈岛都知道》的长篇报道，宣传和弘扬大陈岛垦荒精神。

7月13日 《台州日报》头版头条发表题为《大陈：打造省级黄鱼特色强镇》的长篇报道，第二版整版介绍《大陈黄鱼：传世经典再创造》，介绍椒江让"国鱼"游人寻常百姓家的做法和经验。

7月15日 上午，浙江日报集团县级融媒体中心共享联盟大陈岛工作站在大陈岛党群服务中心成立，标志着浙报集团首个乡镇级融媒体工作站正式落地。浙报集团党委书记、社长唐中祥，浙报集团

党委副书记金炳荣,中共椒江区委书记陈挺晨、椒江区人大常委会副主任孙尚权等出席。该工作站由浙报集团台州分社和椒江区传媒中心共同运营,首部融媒作品——以两代垦荒人的垦荒故事为主线、展示"两个大陈"建设丰硕成果的《向海而生》同时首发上线。

　　同日　下午,由浙江省舞蹈家协会、中共台州市委宣传部、台州市文联、中共椒江区委宣传部、椒江区文广旅体局、椒江区文联、台州市舞蹈家协会联合主办的大型舞蹈剧《大陈岛》创作启动仪式,在椒江区文化礼堂总部举行。浙江省文联党组成员、书记处书记王先中、中共台州市委宣传部常务副部长陈红雷、浙江省舞蹈家协会副主席兼秘书长潘岚分别致辞,浙江省舞蹈家协会副主席孙明君等参加,椒江区副区长李越主持。

　　7月22日至23日　中共浙江省委组织部建党百年大型纪录片《足迹》第3集《浴火重生》摄制组一行10人赴大陈岛、一江山岛开展调研勘景,追寻红色历史记忆。

　　7月28日至29日　台州市赴台陆生走进大陈岛海峡两岸交流基地夏令营活动在大陈岛举行,10多位台州赴台湾求学的大学生感受大陈人文历史、大陈岛今昔巨变和海峡两岸亲情连接的体验之旅。

　　8月3日　2020年第4号台风"黑格比"严重影响大陈岛,有关方面组织力量紧急撤离大陈岛662名旅客。次日凌晨,"黑格比"在乐清登陆,大陈岛最大风力达到14级。

　　8月12日　《浙江日报》在头版重要位置发表题为《椒江不断创新海洋渔业养殖模式——大陈黄鱼:从海湾游向深蓝》的报道。

　　8月16日　"甬台文旅大走亲"活动之"美游大陈"开启,460名游客参加活动。为活跃大陈岛旅游市场,椒江区政府设立500万元专项扶持基金,活动一直延续至11月底。

　　8月18日　浙江省发布全省12条美丽乡村夜经济精品线路,大